本书受南京晓庄学院『汉语国际教育硕士学位培育』项目经费资助

连云港方言语音地理学研究

王萍 著

武汉大学出版社
WUHAN UNIVERSITY PRESS

图书在版编目(CIP)数据

连云港方言语音地理学研究/王萍著.—武汉:武汉大学出版社,2024.4

ISBN 978-7-307-23994-4

Ⅰ.连…　Ⅱ.王…　Ⅲ. 江淮方言—方言研究—连云港　Ⅳ.H172.4

中国国家版本馆 CIP 数据核字(2023)第 176881 号

责任编辑:李　琼　　　责任校对:汪欣怡　　　版式设计:马　佳

出版发行: **武汉大学出版社**　(430072　武昌　珞珈山)

(电子邮箱:cbs22@ whu.edu.cn 网址:www.wdp.com.cn)

印刷:湖北云景数字印刷有限公司

开本:720×1000　1/16　印张:18.5　字数:309 千字　插页:1

版次:2024 年 4 月第 1 版　　2024 年 4 月第 1 次印刷

ISBN 978-7-307-23994-4　　定价:76. 00 元

目　录

第一章 绪 论

第一节 自然地理及历史沿革

一、自然地理

连云港市地处江苏省最北部，东濒黄海，北接山东省日照市和临沂市，西北与西南分别与江苏省徐州市、宿迁市毗邻，南与江苏省淮安市、盐城市相连。连云港位于东经118°24′~119°48′和北纬34°~35°07′。东西最大横距约129公里，南北最大纵距约132公里，总面积7444平方公里，市区面积1126平方公里。①

连云港市位于鲁中南丘陵与淮北平原的结合地带，地势由西北向东南倾斜，境内以平原为主，兼有丘陵、山地、湖泊、滩涂等。境内有大小山峰214座，如花果山、孔望山、云台山、大伊山、石棚山、羽山，其中花果山为江苏省最高峰，海拔624.4米。境内河网密布，有大小干支河道53条，如黑林河、青口河、范河、蔷薇河、沂河、龙尾河、临洪河等。全市共有水库168座，其中石梁河水库为江苏省最大水库。连云港市有标准海岸线162公里，21个岛屿，其中东西连岛为江苏第一大岛，面积7.57平方公里。

二、历史沿革

1. 区划历史

连云港市现下辖3区4县，分别为：新浦区、连云区、海州区、赣榆县、东

---

① 连云港市地方志编纂委员会编：《连云港市志》，北京：方志出版社2000年版。

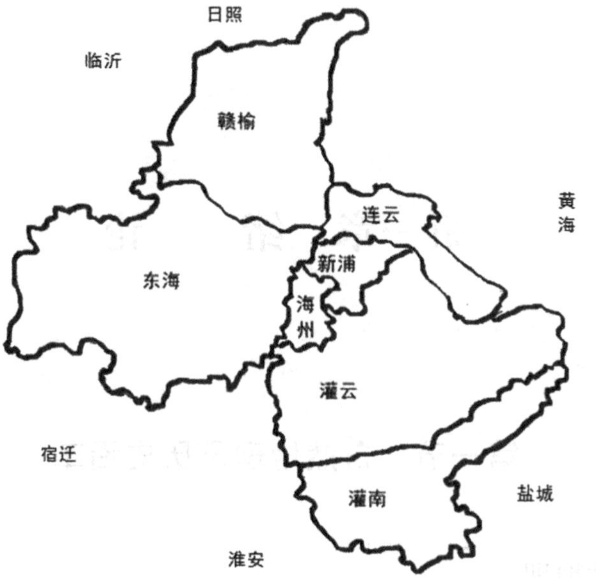

图 1-1　连云港市政区图①

海县、灌云县、灌南县，其中新浦区是市政府驻地，为全市政治、经济和文化中心。

连云港市，夏商时属徐州；春秋战国时，先属鲁后属楚；秦、两汉时，属东海郡；三国时称东海国，属魏；西晋和东晋时期，均称东海郡；南朝时，先后称东海郡、东莞郡、琅琊郡、北东海郡、北海郡、齐郡；北朝时称琅琊郡；北齐和北周时，称海州；隋朝时，先称海州，后改称东海郡；唐朝时隶属河南道；宋朝时，连云港独立设州郡，为海州；元时，属海宁州、行中书省等；明清时，先后属淮安府、海州直隶州；1935 年，连云市成立；1949 年至 1952 年，属山东鲁中南行署，先称新海连特区后称新海连市；1953 年，新海连市改属江苏省，归徐州专署管辖；1961 年，改称连云港市；1983 年，原属徐州市管辖的赣榆、东海、灌云三县划归连云港市；1996 年，原属淮阴市的灌南县改属连云港市。②

新浦区，作为地方建置的时间较短。新浦原为古海州的临海滩涂，南宋时设

① 连云港地方志办公室编：《连云港年鉴 2013》，南京：江苏人民出版社 2013 年版。

② 连云港市地方志编纂委员会编：《连云港市志》，北京：方志出版社 2000 年版。

临洪盐场；明初成为临洪镇；清乾嘉年间，新浦区才成为陆地，隶属海州直隶州；清宣统二年，属海州临洪市；民国初年至抗战胜利期间，均属东海县；中华人民共和国成立初期，属新海连特区新海市；1955 年，新浦区成立；1983 年，海州和新浦两区并为新海区，1986 年又改回原区建置。

连云区，历史较短。1946 年，在连云区设立连云市，同年 11 月改为连云港办事处；1969 年，改为连云区；1985 年起，区治设在墟沟镇；连云区现已发展成为连云港东部的濒海城区。① 近年来，连云区的建置多有变动。

海州区，建城已近 1500 年，为淮海地区第一城，素称“六郡古都”“东海名郡”。海州，春秋时，为鲁之东境，郯子国地；战国时为楚地；秦时，在此置朐县，先属薛郡，后属东海郡；汉时属东海郡；北朝时，始称海州；唐时，数次改为东海郡或海州；清雍正二年，海州升直隶州；1911 年，为东海县；1929 年，为东海第一区；1948 年，以海州为中心建锦屏区；1950 年，为新海连市第四分区锦屏区，1952 年，锦屏区更名为海州区；1983 年，海州、新浦两区并为新海区，1986 年，又恢复原海州区。②

赣榆县，夏、商时属东夷；周时先后属莒和祝其两国；春秋战国时，先后属莒、郯、越、齐、楚；秦时始有赣榆地名，属琅琊郡；两汉时，先后属赣榆、祝其、利城 3 县；南北朝至宋朝，均为怀仁县，但因各朝行政建置不同，所以具体隶属不同；元、明、清时，为赣榆县；1912 年，属江苏省；1934 年，属江苏省东海专署；1940 年至 1952 年，隶属山东省；1950 年，改回赣榆县，隶临沂专署；1953 年，赣榆县划归江苏省。③

东海县，春秋时属郯子国；战国时属楚；秦时，先后分属薛郡和东海郡；两汉时，先后分属朐县、曲阳县和东安县；三国时，分属魏东海郡和下邳郡；北朝时属琅琊郡；隋时属海州；元时属海宁州；明时属海州；明、清两朝，东海属海州；1911 年，海州改为东海县；1941 年，日军封锁陇海铁路，东海县被分割为南、北两部分，分属华中淮海区和山东海陵县；1945 年，海陵县更名东海县；

---

① 人民网，http://js. people. com. cn/city _ info. php？ type = data&city = 125&child _ city = 195&id = 10.

② 连云港市海州区地方志编纂委员会：《海州区志》，北京：方志出版社 1999 年版。

③ 赣榆县县志编纂委员会：《赣榆县志》，北京：中华书局 1997 年版。

1949年，陇海铁路南部的今安峰乡、曲阳乡、房山镇、平明乡和张湾乡分属沭阳县和灌云县，东海县属山东省临沂专区；1953年，改属江苏省徐州市；1957年，县治置牛山；1983年，属连云港市。①

灌云县，春秋时属鲁境；秦时属朐县；汉代属东海郡；北朝时，海州治于今灌云的龙苴镇；明清时，属海州；1911年，从东海县析出11个镇组成灌云县，灌云县正式建置，1911年至1948年，先后隶属江苏省徐海道、第八行政区、淮海专署、淮阴地区专员公署等；1949年至今，灌云先后属苏北淮阴行政区、江苏省淮阴专区、连云港市。②

灌南县，位于连云港市最南边，北隔新沂河，与灌云县相邻，西为山东省沭阳县，南为盐城市响水县和淮安市涟水县。灌南县，春秋时先后属鲁国和楚国；秦时属朐县；汉至西晋时属海西县；东晋至元期间，或属朐山县或属朐县；明、清时，分属海州和安东县；1911年至1957年，境内各乡镇分属灌云县和涟水县管辖；1958年，灌南县设立，由灌云县的曙红、海亭、李集、张店、新安等8个乡镇以及涟水县的六塘、硕湖、新集、花园、百禄5个乡组成，属淮阴专区；1996年，灌南县由淮阴市划归连云港市管辖。③

2. 区划变革

20世纪末，连云港各区县的行政区划较细，而且多沿用旧的建置。本书在进行调查、绘制语言地图时，也依照当时各区县的乡镇，以更全面地考察语言的地理分布和演变过程，构拟区域内的语言形成历史。参考各乡镇地方志等材料，将各个乡镇名称列出，见表1-1：

表1-1 连云港政区建置

新浦区	5个街道④	临洪街道、浦西街道、路南街道、市东街道、浦东街道
连云区	1个街道 3镇4乡	陶庵街道、墟沟镇、连云港镇、连岛镇、前三岛乡、高公岛乡、宿城乡、云山乡

① 东海县地方志编纂委员会：《东海县志》，北京：中华书局1994年版。

② 灌云县地方志编纂委员会：《灌云县志》，北京：方志出版社1999年版。

③ 灌南县地方志编纂委员会：《灌南县志》，南京：江苏古籍出版社1995年版。

④ 街道：街道办事处的简称，后文同。

续表

海州区	2 街道 1 镇 3 乡 1 开发区	海州街道、幸福路街道、锦屏镇、新坝乡、朐阳乡、洪门乡、海州经济技术开发区
赣榆县	10 镇 19 乡	墩尚镇、罗阳镇、沙河镇、青口镇、赣马镇、海头镇、石桥镇、黑林镇、城头镇、欢墩镇、徐福乡、城东乡、九里乡、柘汪乡、龙河乡、马站乡、官河乡、厉庄乡、土城乡、吴山乡、徐山乡、夹山乡、班庄乡、大岭乡、门河乡、殷庄乡、朱堵乡、城南乡、宋庄乡
东海县	14 镇 8 乡	牛山镇、房山镇、白塔埠镇、桃林镇、青湖镇、石湖镇、双店镇、温泉镇、石榴镇、安峰镇、洪庄镇、石埠镇、石梁河镇、黄川镇、张湾乡、驼峰乡、平明乡、南辰乡、李埝乡、山左口乡、曲阳乡、横沟乡
灌云县	8 镇 15 乡	伊山镇、燕尾港镇、板浦镇、四队镇、龙苴镇、杨集镇、同兴镇、圩丰镇、下车乡、东辛乡、伊芦乡、南岗乡、宁海乡、小伊乡、东王集乡、图河乡、侍庄乡、鲁河乡、白蚬乡、向阳乡、沂北乡、穆圩乡、陡沟乡
灌南县	6 镇 15 乡	新安镇、长茂镇、堆沟港镇、北陈集镇、张店镇、汤沟镇、田楼乡、九队乡、五队乡、大圈乡、白皂乡、孟兴乡、六塘乡、李集乡、硕湖乡、张湾乡、三口乡、花园乡、新集乡、百禄乡、小窑乡

近年来，为适应经济与社会的发展，连云港市各乡镇更名、撤消、合并等区划调整的规模较大，具体情况如下。

海州区，2000 年，洪门乡和朐阳乡改为街道办事处，2011 年，海州区辖 4 个街道办事处、3 个镇、一个乡和 1 个开发区，具体为：海州街道、幸福路街道、朐阳街道、洪门街道、新坝镇、锦屏镇、板浦镇、宁海乡和海州经济开发区。

连云区，2009 年年末，建置调整为 7 个街道、1 个镇和 3 个乡，为：墟沟街道、连云街道、云山街道、板桥街道、连岛街道、中云街道、猴嘴街道、朝阳镇、宿城乡、高公岛乡、前三岛乡。2013 年，宿城乡改设为宿城街道办事处，高公岛乡改设为高公岛街道办事处，朝阳镇改为朝阳街道办事处。

灌云县，杨集镇和沂北乡合为新的杨集镇，龙苴镇和穆圩乡合为新的龙苴镇，同兴镇和伊芦乡合为新的同兴镇，下车乡和白蚬乡合为新的下车镇，南岗乡和陡沟乡合为新的南岗乡。灌云县现有 13 个乡镇，为：伊山镇、侍庄乡、东王集乡、图河乡、杨集镇、同兴镇、下车镇、南岗乡、四队镇、龙苴镇、圩丰镇、小伊乡、燕尾港镇。

东海县，牛山镇改设牛山街道办事处，石榴镇改设石榴街道办事处，原南辰乡、石梁河镇合并为新的石梁河镇，横沟乡、温泉镇合并为新的温泉镇。东海县现辖 2 个街道、11 个镇、6 个乡，具体为：牛山街道、石榴街道、桃林镇、平明镇、房山镇、安峰镇、双店镇、石梁河镇、白塔埠镇、温泉镇、黄川镇、青湖镇、洪庄镇、驼峰乡、张湾乡、山左口乡、石湖乡、曲阳乡、李埝乡。

赣榆县，2001 年有 8 个乡镇合并，城南乡并入青口镇，大岭镇和殷庄乡并入沙河镇，夹山乡并入班庄镇，土城乡并入徐山镇，马站乡并入柘汪镇，九里乡并入石桥镇，龙河镇并入海头镇。2001 年乡镇调整后，赣榆还有 18 个乡镇，为：青口镇、沙河镇、柘汪镇、石桥镇、海头镇、城头镇、罗阳镇、宋庄镇、赣马镇、黑林镇、金山镇(原称徐福镇)、厉庄镇、欢墩镇、墩尚镇、朱堵乡(后改称城西镇)、门河乡(后改称门河镇)、班庄镇、塔山镇。2013 年，又有 3 个镇撤消，罗阳镇和墩尚镇合为新的墩尚镇，门河镇和城头镇合为新的城头镇，欢墩镇和班庄镇合为新的班庄镇。全县现仅有 15 个镇，为：柘汪镇、黑林镇、石桥镇、海头镇、赣马镇、金山镇、厉庄镇、青口镇、城头镇、宋庄镇、城西镇、班庄镇、沙河镇、墩尚镇、塔山镇。

灌南县，2013 年撤消合并了 3 个乡镇，原堆沟港镇和五队乡合为新的堆沟港镇，田楼乡和长茂镇合为新的田楼乡，花园乡和新集乡合为新的新集镇。灌南县现辖 11 个乡镇：堆沟港镇、北陈集镇、三口镇、新安镇、李集乡、田楼乡、张店镇、孟兴庄镇、汤沟镇、新集镇、百禄镇。

2013 年全市范围大规模的乡镇调整后，连云港市乡镇数量由之前的 83 个缩减到 61 个。2014 年，各县区行政建置的进一步调整正在酝酿，县区乡镇的行政分布未来会有更大的变化。

第二节 方言概述及研究现状

一、方言概述

《江苏省和上海市方言概况》将新海连①与灌云县划入江苏方言第一区，即江淮官话区，将赣榆划入第四区，即北方方言区。当时新海连市与东海县人民委员会在同一个地点，灌南县1958年才成立，该书编撰时并未对东海县和灌南县进行调查，也未记录东海和灌南的方言情况。

《中国语言地图集》将连云港②南部和灌云划入江淮官话洪巢片的海伊小片(海州、伊山)，将赣榆和连云港北部划入北方官话郑曹片，书中未将东海县、灌南县、连云区和海州区作为独立的行政单位进行调查研究。

《江苏省志·方言志》将连云港的连云港③、灌南、灌云、东海(县城及东部)划入江淮官话扬淮片，将赣榆划入北方方言赣榆片。书中指出赣榆方言具有部分胶辽官话的特点，与江苏境内其他方言明显不同。

另外，一些研究也从某个语言问题切入说明当地方言情况。鲍明炜、颜景常(1985)说："江淮话和北方话在苏皖两省北部分界……江淮话一侧的公社很多都带点过渡性，东海南部虽有入声调，但很多常用字已变读其他调类。""两个方言的分界线，大致说来是从西南到东北的一条斜线，东西两端都接近东西走向，中间一段接近南北走向。"岩田礼(1999)说："连云港地区处于南部江淮官话与北部胶辽官话和西部中原官话的交界地带。主要的等沿线大都在东海县境内先自东向西后向西南方向走过。"

二、研究现状

连云港境内中原官话和江淮官话地区方言以及地理语言学研究的现状，下文

---

① 新海连为20世纪50年代连云港旧称。

② 《中国语言地图集》中"连云港"实指连云港市所辖的三个区：新浦区、海州区和连云区。

③ 《江苏省志·方言志》中"连云港"实指连云港市所辖的三个区：新浦区、海州区和连云区。

分别说明。

1. 连云港方言研究现状

(1)综论

对连云港方言进行综合论述的代表论著是《江苏省和上海市方言概况》(1980)和《江苏省志・方言志》(1998)。《江苏省和上海市方言概况》简要介绍了这一地区方言的特点、内部差异和方言归属等情况;而《江苏省志・方言志》对连云港境内各区县方言的调查更全面,也更详细地说明了方言的特点、差异和归属等问题。这两部著作是研究江苏江淮官话语音演变的宝贵资料。《中国语言地图集》(1987)、《汉语方言地图集》(2008)通过数十幅语言地图反映了全国范围的汉语方言语言特征的分布以及方言间的差异情况,但因为在连云港地区布点较少,所以反映的方言情况不够全面。另外,《苏北江淮话与北方话的分界》(鲍明炜、颜景常,1985)、《江苏北部中原官话和江淮官话的分界再论》(王海燕,2007)等多篇文章深入分析了连云港境内的方言分界和接触等具体问题。

方言志为该地区方言研究提供了重要参照。江苏省地方志的编撰工作开展得较早,各县及多个乡镇均有地方志,比如:《连云港市志》(2000)、《灌云县志》(1999)、《赣榆县志》(2001)、《海州区志》(1999)、《朝阳镇志》(2005),这些地方志均有一些对当地语音、词汇和语法的记录。

20世纪60年代出版的普通话学习教材,也能为研究语言历史演变提供一个参照。

(2)江淮官话

近年来,与连云港境内江淮官话有关的研究成果越来越多。

有的论著对语言系统进行了描写。《东海方言研究》(苏晓青,1997)对东海县县城牛山镇方言的语音、词汇和语法系统作了描写,简要说明了东海方言的内部差异;《海州方言》(韩世泳,2004)简要介绍了海州方言的语音和语法系统,对词汇系统作了较详细的描写分析。

有的论著对具体的语言问题进行了分析。《江淮方言声调实验研究和折度分析》(刘俐李,2007)用实验语音学的方法研究了包括连云港在内的江淮官话声调的折度;《海泗话和江淮话的分界》(周慎钦,1991)、《江淮方言北沿的入声——兼论北方话入声消失的过程》(鲍明炜,1988)、《江苏东北部多方言交界地区入声的演变类型》(苏晓青，2011)、《东海方言的内部差异》(苏晓青，1999)、《江淮官话的分区(稿)》(刘祥柏，2007)等着重从地理语言学研究的角度探究语言特征的分布、形成和变异问题；《连云港市方言的连读变调》(岩田礼，1982)、《海州方言同音字汇》(苏晓青，1990)等几篇文章对连云港境内方言的连调和同音字汇等问题进行专门讨论；《江淮官话入声发展演变的轨迹》(伍巍，2006)、《江淮官话入声研究》(石绍浪，2007)和《江淮官话入声韵的现状》(郝红艳，2003)这三篇文章都是对入声问题的集中研究；《江淮方言的特点》(鲍明炜，1993)、《江淮官话的归属与特征研究概述》(李慧敏，2004)、《近代官话语音研究》(耿振生，2007)、《江淮方言的边音韵尾》(吴波，2007)、《江淮官话语音研究》(吴波，2007)等对江淮官话的语音问题进行了宏观研究；而《〈许氏说音〉与近二百年灌云方言》(邱妍宾，2005)、《〈杉亭集·五声反切正韵〉音系与江淮官话洪巢片之关系》(陈贵麟，1995)等文章，从历史语言学的角度来研究江淮方言的形成和变化等问题。

(3)中原官话

连云港赣榆县与东海县北部方言虽均属中原官话，但相互间差异较大，与周边地区的方言也不尽相同。入声、文白异读、连读变调、内部差异、地理分布和历史演变等问题，学界已有关注。

《赣榆方言研究》(苏晓青，2011)对赣榆方言语音、词汇和语法系统的描写很详细，运用实验语音学的方法分析语音特征，对赣榆方言进行了横向的比较，简要说明了赣榆方言的内部差异。《东海方言研究》(苏晓青，1997)绘制了十余张语言地图，展现了东海方言的内部差异，这一部分涉及了北部的中原官话。多篇文章对方言的具体问题作了深入研究，如《赣榆(青口)方言见组细音声母变化的探讨》(苏晓青，1985)、《赣榆(青口)方言的连读变调》(苏晓青，1988)、《赣榆(青口)方言的音变》(苏晓青，1997)、《连云港方音与北京语音的比较》(刘家斌，1998)。

2. 地理语言学

地理语言学于20世纪初在法国诞生，20世纪末时在日本已相当成熟，而在中国的发展，起步却较晚。

用地理语言学的理论和方法研究汉语，贺登崧是先驱，他在20世纪四五十年代发表了大量汉语方言地理学的研究成果，为我国汉语方言地理学研究作了开创性贡献。贺登崧的学生王辅世教授于1950年完成了硕士论文《宣化方言地图》，可他后来却没有继续地理语言学的研究。

之后，一些方言研究著作中附有语言地图，如《关中方音调查报告》(白涤洲，1954)、《云南方言调查报告》(杨时逢，1969)、《江苏省和上海市方言概况》、《江苏省志·方言志》、《当代吴语研究》(钱乃荣，1992)，这些书都附有多张语言地图，但大多只作为一个附加内容，说明方言的差异、分区等问题，因而，这些论著并不是真正的地理语言学研究。一些方言地图集陆续出版，如：《中国语言地图集》(1988)、《苏州方言地图集》(叶祥苓，1981)，这些地图集平面地展示了语言特征的分布情况。

近年来，地理语言学的研究成果越来越多。一些论著，在描写和展示语言特征的基础上，结合社会、历史和文化对方言的分区、历史变化过程、形成原因等作了深入探讨，如《方言地理与历史行政地理的密切关系——以浙江方言分区为例》(游汝杰，1984)、《汉语方言地理学——入门与实践》(项梦冰，2013)、《江淮官话和吴语边界的方言地理学研究》(顾黔等，2006)、《处州方言的地理语言学研究》(王文胜，2004)、《湘江流域汉语方言地理学研究》(李永新，2009)、《粤东闽语-n、-ŋ韵尾的方言地理学研究》(吴芳，2009)。

从地理语言学角度研究连云港方言的成果所见不多，但有少数论著，分析了连云港境内中原官话和江淮官话的分界问题，其中可见地理语言学的理论和研究方法，如《苏北江淮话与北方话的分界》(鲍明炜、颜景常，1985)、《江苏北部中原官话和江淮官话的分界再论》(王海燕，2007)。

第三节　研究意义、方法及相关说明

一、研究意义

本书通过细致选点、实地调查捕捉语言实态，通过地图全面描写和展示方言语音的面貌。在语言急剧变化的现代社会，对连云港语言文化资源进行记录和保存，是本研究的首要意义。

本书选取语音特征项，对其类型、地理分布和历时演变等方面进行研究，据以对各片方言间的远近亲疏关系、语音特征的地理扩散特点以及方言历史音变的过程、方向和原因等问题作深入探讨。这一研究从多个角度开展，是对连云港地区方言研究的深入。

连云港境内分布着中原官话和江淮官话，交界地带语言特征交错分布。本书在现有研究的基础上，不仅调查了境内中原官话和江淮官话的过渡地带，也调查了内部各方言小片交界处的语言情况，并对语言接触和影响的具体形式、方向和程度等问题进行了讨论，丰富了过渡地带的方言研究。

本书通过对语言横向分布的比较，动态地展示了纵向的语言演变的历史过程，是方言学、地理语言学与历史语言学的一次密切结合。关于汉语方言的历史演变，学界已有“北音南迁”的论断，但本书的研究发现连云港境内一些语音特征的分布，从北到南反映的正是语音从古至今的演变顺序，这也说明“北音南迁”的论断只是就汉语方言整体而言的，区域性的方言分布具有特殊性。因而，本书的研究结果能增加对汉语语音史的认识。

本书通过对语音特征的比较，区分不同的音变方式，找到自源音变的变化过程以及接触性音变的原因，为方言历史音变理论提供参考，为音变理论的研究提供鲜活的方言素材。

二、研究方法

田野调查法，在中原官话与江淮官话交界地带采取多地点密集调查的方法，获取鲜活语料，是本研究的前提和基础。对调查材料进行计算机录入、提取和处理。运用专门的制图软件 CAD、Photoshop 处理和绘制各项语音特征地图，直观展现方言特征的地理分布状况。

在此基础上，综合运用方言学、地理语言学、历史语言学的研究方法，对语音特征的类型和地理分布进行比较和阐释。参照历史文献中记载的语音情况，对连云港地区方言语音的形成和发展过程做初步论述。

运用社会语言学的理论和方法，对调查得到的方言数据进行统计分析，研究方言的共时变异，推测方言的发展趋势。

三、相关说明

(一)语料来源

本书中使用的方言材料有两类。

1. 直接材料

书中的方言数据大多为田野调查所得。笔者根据当地的方言情况，制作调查用表，并于2012年至2013年多次去各方言点进行实地调查。在材料整理及论文撰写过程中又多次增加、补录、核实了部分语料。

2. 间接材料

本次未及调查的海州区、连岛、赣榆青口镇、东海牛山镇等地的方言语料，参考了市志、区志和镇志等地方志以及前辈时贤的相关研究。在调查过程中，当地文化站和发音人也为笔者提供了一些材料。

(二)发音合作人

本次调查的发音合作人较多，有几个方言点发音人信息未记录，具体见表1-2。

表1-2 发音人信息

县区	乡镇/街道	姓名	性别	年龄	职业	学历
新浦	浦西	李学贵	男	72	退休	初中
连云	朝阳$_{中云街道}$	王德培	男	74	原村会计	小学
赣榆	柘汪	王晓港	男	27	公务员	大学
	马站	魏本贵	男	51	村民	中学
	黑林$_{东}$	闫振洲	男	24	工人	高中
	黑林$_{西}$	杨倩	女	28	村官	大学
	吴山	韩照强	男	39	务农	初中
	徐福	王发守	男	50	村会计	中专
	九里$_{大沙村}$	胡继军	男	33	教师	硕士
	九里$_{韩口村}$	盛军	男	54	公务员	小学

续表

县区	乡镇/街道	姓名	性别	年龄	职业	学历
赣榆	厉庄北,谢湖村[①]	—	女	50~60	个体	无
	厉庄南	段玉成	男	59	公务员	中学
	海头[②]	—	男	80~90	教师	小学
	石桥	陈斌	男	26	公务员	大学
	官河	李家波	男	51	务农	小学
	赣马张元村	李家起	男	65	村文化站	初中
	城头	庞勇安	男	28	教师	大学
	塔山	王延华	女	50	村长	初中
	夹山	陈召宪	男	27	学生	硕士
	城西	李梅	女	41	务工	中学
	城西[③]	徐长敏	男	80	退休	小学
	门河	顾钰	男	56	教师	大专
	欢墩	袭斯鹏	男	61	农民	初中
	殷庄[④]	—	女	60~70	农民	—
	宋庄	郑波	男	34	个体	中专
	沙河	孙武恕	男	61	务农	小学
	墩尚	袁清芹	女	33	工人	大学
东海	浦南北	宋中法	男	62	务工	初中
	浦南南	薛玉凤	女	60	务工	小学
	石梁河张湖村	张大爷	男	65	务农	小学
	石梁河胜泉村	赵德邦	男	64	务农	小学
	黄川	李传利	男	65	务农	小学
	双店	潘国培	男	52	务农	大专
	山左口	姜维	男	52	务农	初中
	李埝	高秀永	男	60	镇公务员	大专
	温泉	李昆	男	35	城管	高中
	石湖	张军	男	61	村会计	初中

续表

县区	乡镇/街道	姓名	性别	年龄	职业	学历
东海	洪庄	季男男	男	31	农民	初中
	桃林	陈怀平	男	60	务农	初中
	青湖	贾幼维	男	56	个体	初中
	石榴	戴立洲	男	70	镇医生	初中
	驼峰古庄村	刘桐至	男	50	村会计	高中
	驼峰南榴村	周程良	男	47	村会计	初中
	曲阳尹官庄村	尹苏云	男	47	村会计	高中
	安峰	蒋延社	男	59	个体	高中
	平明	王运青	男	47	教师	大专
	白塔	王会远	男	37	务农	初中
	房山房北村	史银昌	男	52	农民	初中
	张湾	韩方月	男	60	个体	初中
灌云[5]	图河	—	男	40~50	个体	—
	杨集	唐浪	男	27	公务员	大学
	圩丰	徐文兵	男	80	农民	无
	下车	李长英	女	68	个体	小学
	侍庄	李菊斌	女	58	村医生	高中
	南岗	王寅	男	31	企业员工	大学
	沂北	—	男	60~70	教师退休	—
灌南[6]	三口	仇永其	男	59	农民	小学
	李集	惠志荣	女	55	工人	小学
	九队	王志英	女	58	工人	小学
	六塘	陈文玉	女	46	工人	小学
	陈集	李恒英	女	75	农民	小学
	新集	花红平	女	42	工人	小学

续表

县区	乡镇/街道	姓名	性别	年龄	职业	学历
灌南⑥	长茂⑦	姜长宝	男	57	农民	初中
	长茂	姜红来	男	32	研究员	博士

说明：①厉庄$_{\text{北}}$的发音人为一老年女性，谢湖村人，在厉庄镇经营茶叶店。

②海头发音人未填写个人信息，为一老年男性。

③城西镇方言音系以老年男性的口音为准。

④殷庄，发音人为一位60多岁女性，当时在街头采访，未记录姓名。

⑤同兴、鲁河发音人信息未记录。

⑥硕湖、汤沟、白皂、新安、小窑发音人信息未记录。

⑦长茂镇方言音系以老年男性的口音为准。

（三）其他说明

1. 音标符号

本书使用国际音标记音，使用的国际音标以及其他符号如表1-3、表1-4：

表1-3　辅　　音

发音方法 \ 发音部位			双唇	唇齿	齿间	舌尖前	舌尖后	舌叶	舌面前	舌面中	舌根
塞音	不送气	清	p			t			ȶ	c	k
	送气		pʰ			tʰ			ȶʰ	cʰ	kʰ
塞擦音	不送气				tθ	ts	tʂ	ʧ	tɕ		
	送气				tθʰ	tsʰ	tʂʰ	ʧʰ	tɕʰ		
擦音				f	θ	s	ʂ	ʃ	ɕ	ç	x
		浊		v		z	ʐ				ɣ
鼻音			m			n					ŋ
边音						l	ɭ				

表 1-4 元 音

	舌面元音						舌尖元音		
	前		央		后		前		后
	不圆	圆	不圆	圆	不圆	圆	不圆	圆	不圆
高	i	y			ɯ	u	ɿ	ʮ	ʅ
次高	ɪ					ʊ			
半高	e	ø			ɤ	o			
中			ə						
半低	ɛ					ɔ			
次低	æ		ɐ						
低	a				ɑ				

声调符号，本书采用五度制声调符号标记声调，把字调的相对高度分为五度：高、半高、中、半低、低，分别用 5、4、3、2、1 五个数字表示。调值在音节音标右边标出，如：都 təɯ214。

其他附加符号

(1)鼻化元音在元音符号上加波浪号~：如：ã、õ、ẽ。

(2)ə 元音的卷舌音写作 ɚ。

2. 其他

(1)书中的记音，如未特别说明，均以当地老派发音为主。

(2)书中与语音有关的说明注释，如：新老差异、文白异读、地理方位、出现的词语环境、音韵地位、行政隶属，均以右下标的形式注明。

(3)地图是以江苏省连云港市县区地图为蓝本，通过制图软件临摹出的。

(4)本书未使用最新的行政区划，而是采用 2000 年左右的县区乡镇建置。

(5)书中音读例表中的地名，如未以音读类型进行分类，则基本按照从北向南的地理顺序排列。

第二章　声母今读类型与地理分布

本章以翔实的调查材料为基础，选择一些声母特征项，用方言地图来呈现声母特征的地理分布情况，并着重对声母特征的类型进行比较说明，探求共时地理分布与历时演变的关系。本章还对声母一些特殊音读的分布和历史形成进行了论述。

第一节　帮　系

帮系声母在连云港各地的读音及演变情况较一致，与中古时期唇音的分布基本对应，帮系声母今全境基本对应 p、p^h、m、f、v 和零声母ø。浊音并母、奉母已全部清化，平声送气，仄声不送气，符合官话区全浊塞音声母清化的普遍规律。本节仅就下面几个问题做一些探讨。

一、帮组今读

“古无轻唇音”，由钱大昕首次提出，现已成为学界的定论。唐五代时期，轻唇音从重唇音中分离出来，成为独立的音位。汉语方言中还能找到帮组和非组声母先合后分的演变痕迹。有的方言中轻唇音的字现仍读重唇，或者轻重唇两读。

连云港地区重唇与轻唇在系统内的分布较规整，非组字今基本为 f 和 v 声母，境内各处唇音的今读情况大体相同。然而，境内存在轻唇音读重唇的现象，但仅见于个别字，如：脯 p^hu。

今汉语方言中多见的是轻唇音的字保留上古重唇音的读音形式，然而，有个别重唇音的字今却读为轻唇音，如“畚”这个字。“畚”，《广韵》中为布忖切，声母为重唇音，这个字在连云港各地的读音情况见表 2-1 及图 2-1：

表 2-1

赣榆	新浦	海州	东海	连云	灌云	灌南
fən	fəŋ	fəŋ	fəŋ	fəŋ	fəŋ	fən

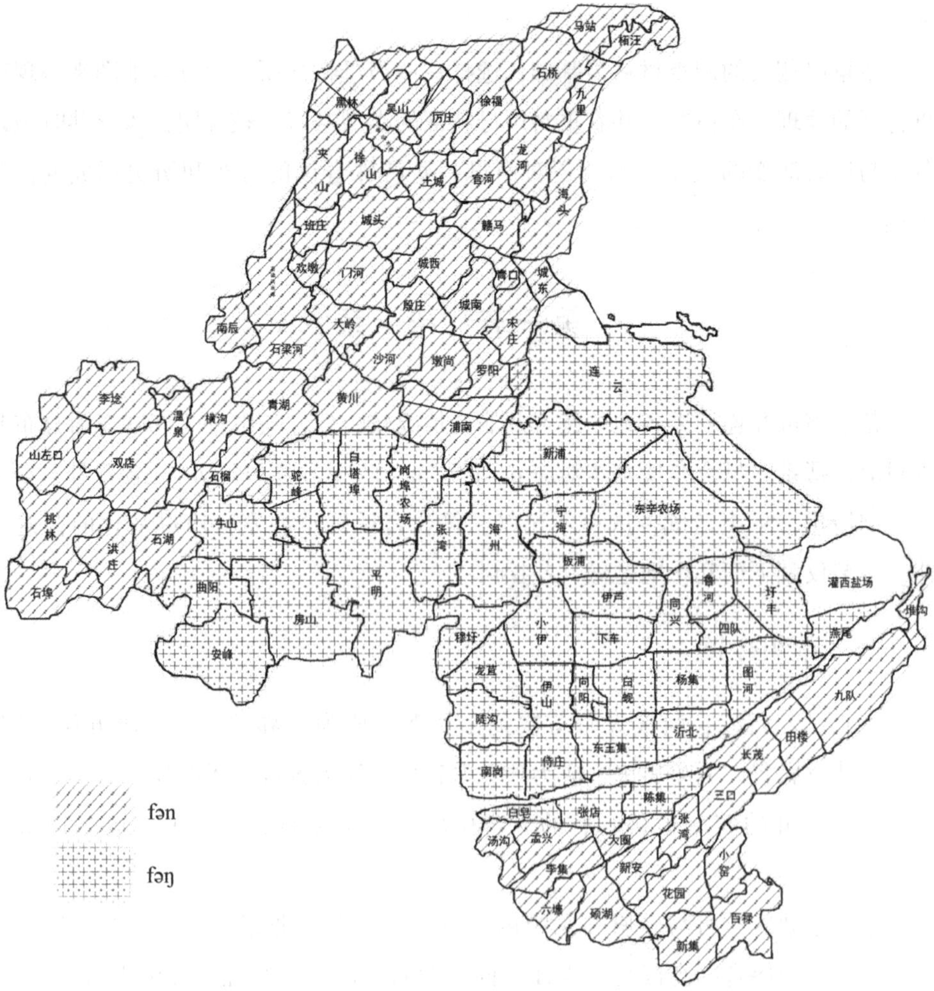

图 2-1　“畚”今读

由表2-1、图2-1可知，连云港境内的中原官话和江淮官话区，“畚”均读轻唇音。“畚”在汉语方言中，有轻、重唇两种音读类型，北京音为重唇；轻唇音读类型在江淮官话区并不少见，如东台、泰兴、海安、枞阳。连云港境内，“畚”轻唇音读存在鼻韵尾的差异，赣榆和灌南地区，深臻曾梗摄区分前后鼻音；而新浦、东海南部、海州和灌云地区，深臻曾梗摄混读后鼻音。

对于“畚”轻唇音读形式的来源，吴波(2007)将其解释为“在语用环境下因语义区分而产生的语音借代现象”，是语音变化过程中的不规则音变情况，并认为“畚”读轻唇的音读形式其实是来自“粪”字的音。

非组字与晓母存在混读情况，下文专节详述，此略过。

二、微母今读

(一)微母今读类型

非组微母在这一地区大致有三种音读类型：全部读v型、零声母ø型和v/ø兼有型。

这三种音读类型的地理分布见图2-2。

由图2-2可知，v型，分布在除罗阳以外的赣榆诸点以及东海的李埝、温泉、石榴、山左口、双店、桃林、驼峰、青湖、石梁河、南辰等北部乡镇，集中于中原官话区，是连云港北部地区的主要音读类型。

这一类型并非存在于所有的官话区，见表2-2：

表2-2

	胶辽		中原		西北		西南	
	青岛	潍坊	济南	北京	太原	西安	成都	武汉
晚	uã	uã	uæ̃	uan	væ̃	væ̃	uan	uan
袜	ua	ua	ua	ua	vaʔ	va	ua	ua
问	uẽ	uẽ	uẽ	uən	vẽ	vəŋ	uən	uən
忘	uaŋ	uaŋ	uaŋ	uaŋ	võ	vaŋ	uaŋ	uaŋ

说明：潍坊材料为调查所得。

青岛音读依据《平度方言志》(于克仁，1992)。

其他各点材料来自《汉语方音字汇》。

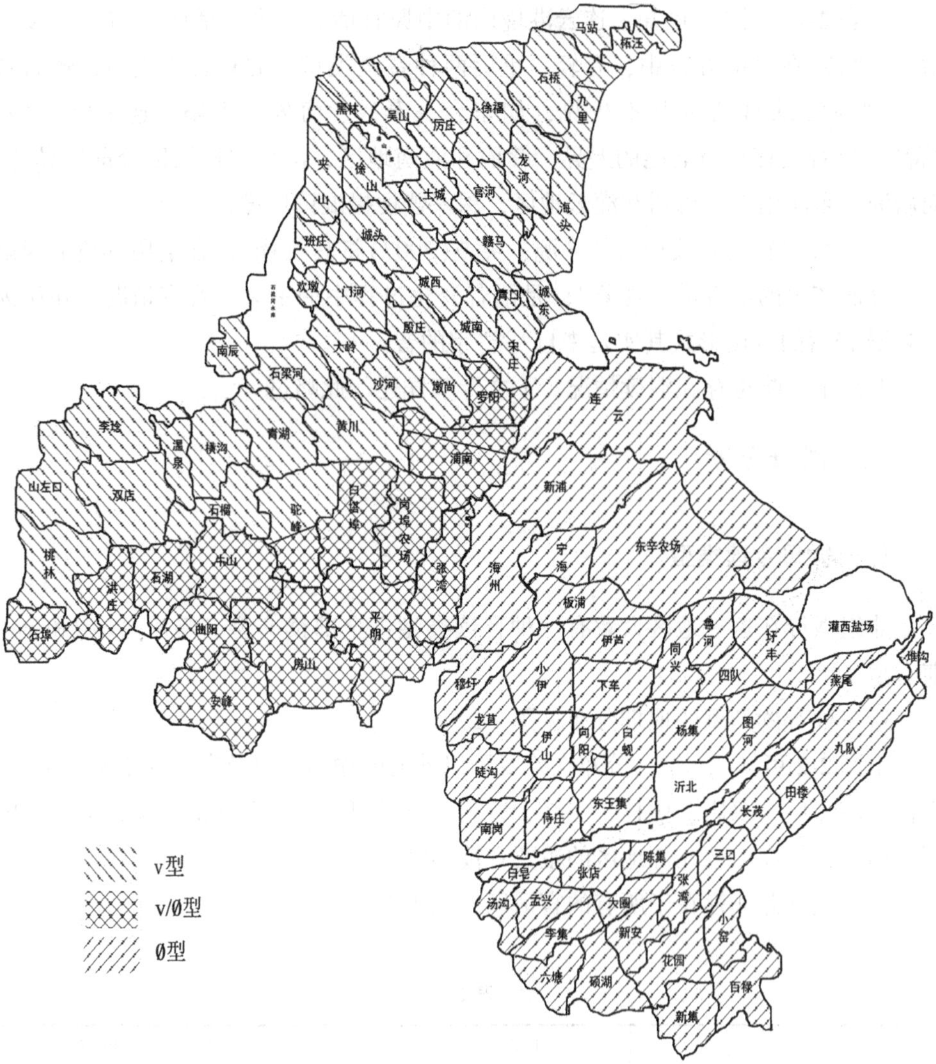

图 2-2　微母今读类型分布情况

由表 2-2 可知，微母读 v 的类型并非广泛地分布在汉语官话方言中。西北部的汉语官话有微母读 v 的现象，而大多数的汉语北部与南部官话地区，微母读零声母∅。微母今读 v 的语音现象，还见于连云港北部的日照和临沂的临沭、莒南、郯城等中原官话地区，在与连云港南部相邻的涟水、响水、沭阳等地均不存在；

但散见于江淮官话其他地区，主要见于江苏的大丰、六安、句容、通泰片以及皖中的怀远、淮南、贵池等地。

ø型，主要存在于浦南、新浦以南的江淮官话地区。这一类型也分布在从沭阳、响水、涟水、淮阴到东台、南京、定远等一大片江淮官话地区。从ø型分布的范围来看，ø是微母在江淮官话区的主要读音类型。

v/ø型，主要存在于东海的石湖、石埠、洪庄、安峰、平明、曲阳、白塔、张湾、浦南以及赣榆罗阳等地，是 v 型和ø型地区间具有过渡性质的音读类型，是在南、北两种类型共同影响下形成的。

在连云港及周边地区，微母今读分布的特点非常明显：从北部到南部，由 v 母类型经 v/ø型过渡到ø型。微母三种音读类型，举例如下，见表 2-3：

表 2-3 微母今读例音

	日照①	赣榆	莒南②	东海	郯城③	海州
晚	vã55	vã^{n}324	vã55	van324/vã324 uã324/ʊ̃324	vã24	õ41
袜	va21	va213	va213	vaʔ4/ua213	va213	ɐ24
问	vẽ21	vən53	vẽ21	vən51/oŋ35	vẽ21	oŋ55
忘	vaŋ21	vɑŋ51	vaŋ21	vɑŋ51/uaŋ35	vaŋ21	uaŋ55
	新浦	连云	灌云	灌南	涟水④	响水⑤
晚	ʊ̃324	ʊ̃324	ʊ̃324	ʊ̃42	õ212	õ213
袜	ua$\underline{34}$	uəʔ4	uəʔ4	uaʔ4	uaʔ$\underline{34}$	uɑʔ5
问	oŋ35	oŋ35	oŋ35	uən35	uən55	uən55
忘	uaŋ35	uaŋ35	uaŋ35	uaŋ35	uaŋ55	uaŋ55

说明：①日照材料来自《日照方言语音研究》(崔艳蓉，2006)。日照南接赣榆。

②莒南材料来自《莒南方言语音研究》(逯全秀，2010)。莒南南接赣榆，东临日照。

③v 母见于郯城西部与东海交界地区。

④涟水材料来自《涟水方言研究》(胡士云，2011)。

⑤响水位于灌南南部。

(二)微母今读的共时分布与历时演变

关于方言共时地理分布与历时演变的关系，赵元任(1980)曾指出：“原则上大概地理上看得见的差别往往也代表历史演变上的阶段。所以横里头的差别往往代表竖里头的差别，一大部分的语言的历史往往在地理上的散布看得见。”

微母从古至今经过了多个阶段的历史演变过程。上古时期，轻重唇并未分立，微母属于重唇明母，读 m 音；唐末宋初时，微母随轻唇音从重唇声类中分立，读 ɱ/mv 音，发音部位与 v 相同；《中原音韵》时代，进一步变为 v 母；近代变读半元音 w，直至消失。微母经历了 m-ɱ/mv-v-w-Ø的演变历程。

今吴语还保留着微母上古读重唇的痕迹，如：上海“闻”白读 məŋ，文读 vəŋ，“物”白读 məʔ，文读 vəʔ。连云港微母今读的 v 型、v/Ø型和Ø型三种类型，正是从中古至今演变过程中各个阶段的反映。微母今读类型的时空对应关系见图 2-3：

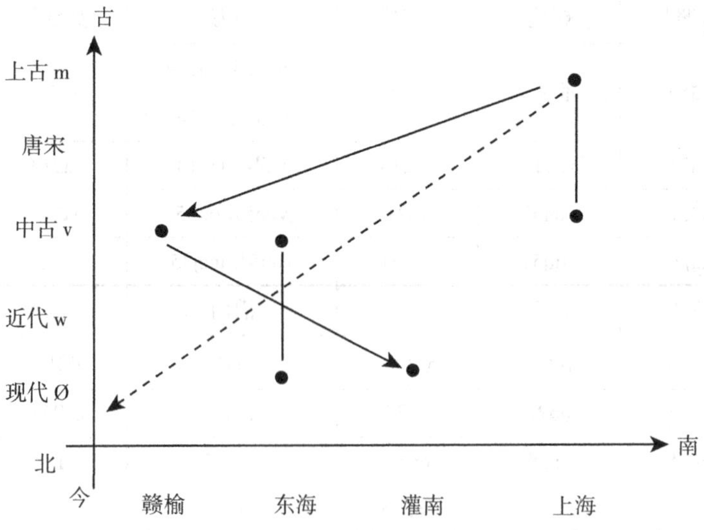

图 2-3　微母时空对应表

由图 2-3 可以看出，微母今读地理分布和历史演变间的对应关系并不简单。

图 2-3 中的虚线说明微母从古至今演变的几个阶段并非严格对应地理上从北向南的音读类型，总体上，南部方言中微母的今读形式较北方方言更古老些。以上海为代表的吴语地区，微母的两种今读类型是微母从上古到中古演变过程的体

现；而连云港境内从北向南的三种类型，则是微母从中古到现代语音演变过程的体现，同一个语音系统中的不同音读形式属于不同的历史层次。

图 2-3 也说明，同一个地区方言共时层面的几种音读形式，实是语音不同历史阶段的反映。

第二节 端 系

端透定母在汉语语音的发展历史中较稳定，浊音声母全部依“平送仄不送”的规律清化，例外的情况尚不见于连云港地区。端透定母在各地基本都对应 t、t^h 声母，语言系统没有差异，仅听感上有轻细和滞重的细微音色差异。端透定母的今读情况与连云港周围的日照、临沂、宿迁、盐城、淮安等地的音读形式相同。

端透定母的今读有一个特殊现象，蟹摄开口三四等和止摄开口三等韵今有舌尖化的情况，这些韵母前的端透定母的读音表现不同。中原官话区的连云港北部、徐州以及与江苏相邻的山东地区，韵母和声母均未见舌尖化；江淮官话区的连云港中南部地区，仅韵母舌尖化为 ɿ 韵，声母依然为舌尖前中音 t、t^h。本书认为，这种语音现象可能会沿着两个方向进一步演变。一种可能是声母受韵母影响也发生舌尖化音变，因为江淮官话区内存在舌尖化音变现象的方言点，有的端透定母今读 ʦ、$ʦ^h$、s，声母受韵母影响而变化也许是语音进一步演变的方向；塞音 t、t^h 塞擦音化的音变现象在很多汉语方言中都可以见到，比如：江淮官话通泰片的泰兴、泰州、姜堰、海安、如皋、如东、东台、大丰、盐城、建湖、高邮地区，声母今为舌面塞擦音，皖中的肥西、合肥、无为、庐江等地区声母今为舌尖塞擦音。从其他地区的音读情况可以推测连云港地区端组舌尖化的趋势。另一种可能是，受普通话的影响，韵母由舌尖化变为舌面化，因为青年人的语音中已经有这种音变的现象。音变的具体发展需要跟踪方言的实际变化来确定。

本节主要讨论泥娘来母以及精组声母音读类型与历史演变。

一、泥娘来母的分混

(一)泥娘来母分混的类型及分布

泥娘来母今基本对应 n(m) 和 l 声母，泥娘母没有洪细的区分和对立，娘母并入泥母。连云港地区，泥娘来母的今读可以分成三种类型：n 和 l 区分型、混读 l 型和 n、l 混读型。

具体地理分布见图 2-4。

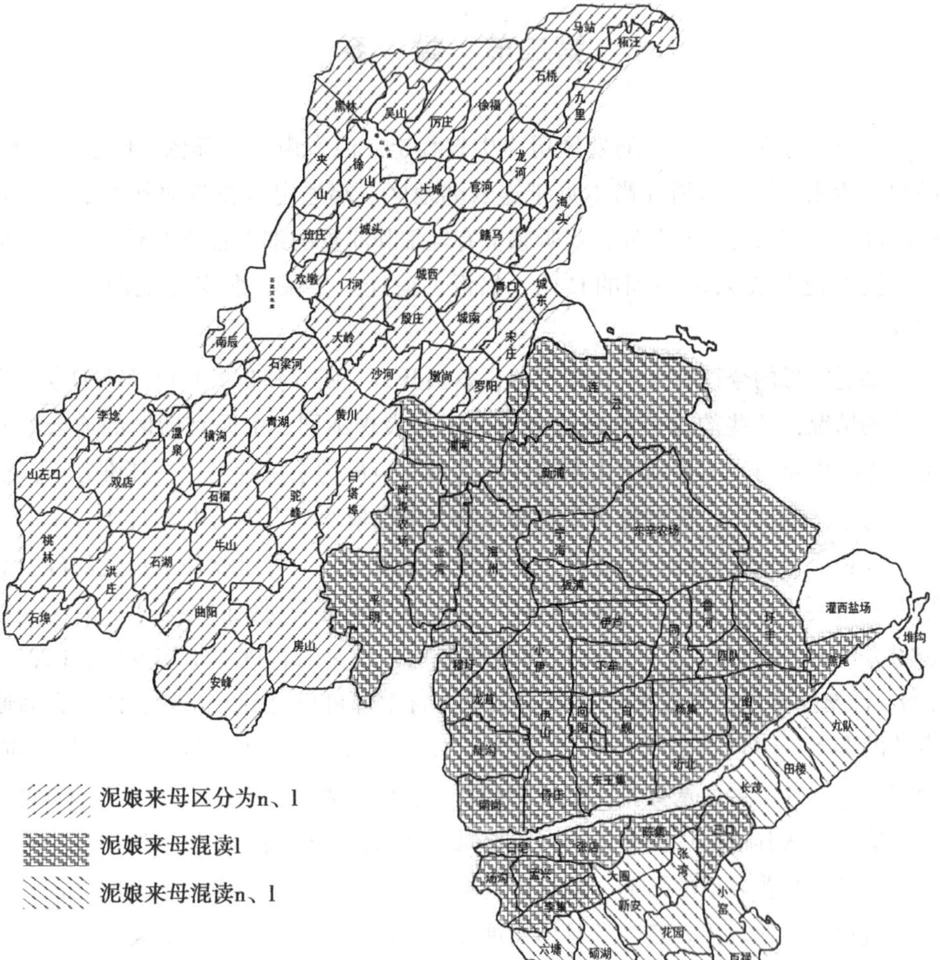

图 2-4　泥娘来母今读类型分布

泥娘来母区分型，n、l 分别对应中古泥娘、来母字。这一类型集中在连云港北部地区，在赣榆以及东海的北部和西南部的一大片地区连续分布，其他类型没有在这一地区交替出现。这些地区主要是中原官话区及与其相接的少数江淮官话地区。在与连云港北部相邻的日照、莒南、徐州、临沭、郯城这些地区，泥娘来母也有区分。所以，泥娘来母区分为 n 和 l，应该是北部中原官话地区泥娘来母今读的主要类型。读音例举见表 2-4：

表 2-4　泥娘来母区分型例音

地点	泥娘母					来母				
	难	**年**	**女**	**嫩**	**脑**	**篮**	**脸**	**路**	**冷**	**老**
日照①	nã42	ȵiã42	ȵy55	lẽ21	nɔ55	lã42	liã55	lu21	ləŋ55	lɔ55
莒南②	nã42	niã42	ny55	lẽ21	nɔ55	lã42	liã42	lu21	ləŋ55	lɔ55
临沭③	nã53	niã53	ny44	luə̃21	nɔ44	lã53	liã44	lu21	ləŋ44	lɔ44
郯城④	nã55	niã55	ny24	luẽ41	nɔ24	lã55	liã24	lu41	ləŋ24	lɔ24
马站	nã^{n}55	niã^{n}55	nie324	nuən51	nau324	lã^{n}55	liã^{n}324	lu55	ləŋ324	lau324
九里	nã^{n}55	niã^{n}55	nie324	nən51	nau324	lã^{n}55	liã^{n}324	lu55	ləŋ324	lau324
海头	nã^{n}35	niã^{n}35	nie324	nən53	nau324	lã^{n}35	liã^{n}324	lu53	ləŋ324	lau324
官河	nã^{n}55	niã^{n}55	nie324	nən51	nau324	lã^{n}55	liã^{n}324	lu55	ləŋ324	lau324
城西	nã^{n}55	niã^{n}55	nie324	nən51	nau324	lã^{n}55	liã^{n}324	lu55	ləŋ324	lau324
厉庄	nã^{n}55	niã^{n}55	nie324	nəŋ51	nau324	lã^{n}55	liã^{n}324	lu55	ləŋ324	lau324
青口	nã^{n}55	niã^{n}55	ny324	lən51	nau324	lã^{n}55	liã^{n}324	lu55	ləŋ324	lau324
门河	nã^{n}55	niã^{n}55	nie324	nən51	nau324	lã^{n}55	liã^{n}324	lu55	ləŋ324	lau324
墩尚	nã35	niã35	ny324	nən53	nau324	lã35	liã324	lu53	ləŋ324	lau324
李埝	nã35	niã35	ny324	nən53	nau324	lã35	liã324	lu53	ləŋ324	lau324
牛山	nã55	niã55	ny324	nəŋ41	nɔ324	lã55	liã324	lu41	ləŋ324	lɔ324
安峰	nã13	niã13	ny31	nəŋ35	nɔ31	lã13	liã31	lu35	ləŋ31	lɔ31
驼峰$_{北}$	nã13	niã13	ny324	nəŋ35	nɔ324	lã13	liã324	lu35	ləŋ324	lɔ324
驼峰$_{南}$	nã13	niã13	ny31	nəŋ35	nɔ31	lã13	liã31	lu35	ləŋ31	lɔ31

说明：①日照材料引自《日照方言语音研究》(崔艳蓉，2006)。

②莒南材料引自《莒南方言语音研究》(逯全秀，2010)。

③临沭材料引自《临沂方言志》(马静、吴永焕，2003)。

④郯城材料引自《郯城方言志》(邵燕梅，2005)。

江淮官话泥娘来母混读的问题，已有相关的研究，比如：《江苏省和上海市方言概况》“第一区除沭阳、涟水、滨海、盐城等 9 个点外，新海连、灌云等十九点都不分 n 和 l”。根据此次调查，连云港中南部地区，虽然泥娘来母混读的具体情况并不完全相同，但混读是这片连续区域里的主要特点。连云港中部多数地区，泥娘来母读边音 l；而南部地区，泥娘来母则混读 n 和 l。具体如下：

l 型，主要集中于江淮官话北沿地区，分布在从东海东南部到灌南北部的连云港中部地区。这一类型地区，泥娘来母基本读 l 音，泥娘来母同音的情况较多，例如：脑 = 老 lɔ，难 = 兰 lã、连 = 年 liĩ、吕 = 女 ly。见表 2-5：

表 2-5 泥娘来母混读 l 型例音

地点	泥娘母					来母				
	难	**年**	**女**	**嫩**	**脑**	**篮**	**脸**	**路**	**冷**	**老**
平明	lã13	liɛ̃13	ly324	ləŋ35	lɔ324	lã13	liɛ̃324	lu35	ləŋ324	lɔ324
白塔	lã13	liã13	ly324	ləŋ35	lɔ324	lã13	liã324	lu35	ləŋ324	lɔ324
朝阳	lã13	liɛ̃13	ly324	ləŋ35	lɔ324	lã13	liɛ̃324	lu35	ləŋ324	lɔ324
下车	lã13	liẽ13	ly324	ləŋ35	lɔ324	lã13	liẽ324	lu35	ləŋ324	lɔ324
侍庄	lã13	liẽ13	ly324	ləŋ35	lɔ324	lã13	liẽ324	lu35	ləŋ324	lɔ324
图河	lã13	liĩ13	ly324	ləŋ35	lɔ324	lã13	liĩ324	lu35	ləŋ324	lɔ324
圩丰	lã13	liẽ13	ly324	ləŋ35	lɔ324	lã13	liẽ324	lu35	ləŋ324	lɔ324
杨集	lã13	liẽ13	ly324	ləŋ35	lɔ324	lã13	liẽ324	lu35	ləŋ324	lɔ324
陈集	lã13	liẽ13	ly324	ləŋ35	lɔ324	lã13	liẽ324	lu35	ləŋ324	lɔ324
三口	lã13	liĩ13	ly33	lən35	lɔ42	lã13	liĩ33	lu35	lən33	lɔ33
李集	lã13	liĩ13	ly42	lən35	lɔ42	lã13	liĩ42	lu35	lən42	lɔ42
涟水	lã35	liĩ35	ly212	lən55	lɔ212	lã35	liĩ212	lu55	lən212	lɔ212

说明：下车镇，“路”有闭口韵尾，听似入声突然结束，此仅记作 lu35。

涟水材料取自《涟水方言研究》（胡士云，2011）。

n/l 型，主要见于灌南地区，泥娘来母今主要混读为 n，也有部分字读 l，与古音来源并不对应，泥娘母字有的今读 l，来母字也有的读 n。以六塘、九队等地语音为例，说明泥娘来母混读情况。

表 2-6 中，“年”“嫩”“老”均有声母为 l 和 n 两种读音，没有词汇等条件的限制，在语用环境中自由出现。

表 2-6　泥娘来母混读 n/l 型例音

	泥娘母					来母				
	难	**年**	**女**	**嫩**	**脑**	**篮**	**脸**	**路**	**冷**	**老**
六塘	nã13	niĩ13	ny42	nən35	nɔ42	nã13	niĩ42	nu35	nən42	nɔ42
新集	nã13	niĩ13	ny42	nən35 lən35	nɔ42	lã13	niĩ42	nu35	nən42	nɔ42 lɔ42
九队	nã13	liĩ13 niĩ13	ly42	nən35	nɔ42	nã13	niĩ42	lu35	nən42	lɔ42 nɔ42

长茂镇是灌南南部与涟水接壤的一个乡镇，泥娘来母在这一地区读音表现也较混乱，l、n 声母并存，不与古声类对应，两个音位自由变读，泥娘和来母字均有读 l、n 的语音现象，见表 2-7。

表 2-7

泥娘	**难**	**年**	**女**	**努**	**嫩**	**脑**
	lã13	liĩ13	ny42	lu42	lən35	lɔ42
来母	**篮**	**脸**	**吕**	**路**	**冷**	**老**
	nã13	niĩ42	ny42	lu35	lən42	lɔ42

灌南大部分地区泥娘来母混读 n 和 l，灌南北部的灌云、新浦等地区，泥娘来母混读 l，而灌南南部响水泥娘来母字混读 n，所以灌南泥娘来母混读 n/l 型是处于 l 型地区和 n 型地区中间的一种过渡类型。

泥娘来母今读类型的划分，是依据泥娘来母今读的主导类型来判断的，实际上，各类型区均会有少量例外字音，零乱、不成系统而且存在个体差异，比如：l 型区灌云侍庄“年”读 nii；n/l 型地区，灌南新集“六”“绿”loʔ4，烂 lã35，六塘“楼”lɤɯ13/nɤɯ13，“六”“绿”读 lɔʔ4。

从连云港地区 n、l 的地理分布，大致可以看出两个特点：①中原官话区，泥娘、来母分别对应 n 和 l，完全区分；②江淮官话区，n、l 不分，但各地具体的混读形式不同。

（二）泥娘来母今读的特殊形式

泥娘来母今读有一些特殊的读音情况，在混读型地区，泥娘来母字会有多种音读形式或者与其他声母混读的情况，见表 2-8。

表 2-8

日母	扔	认	人	揉	软
灌南	lən/zən	lən/zən	lən/zən	ləu/zəu	lʊ̃/zʊ̃

赣榆和东海北部，个别泥母、疑母字今声母为 m，读同明母，见表 2-9。

表 2-9

疑母①	倪~林，赣榆村名	mi55 lin55
泥母②	泥烂~	lɛ53 mi55
	尼~姑	mi55 ku0

注：①东海白读音为 mi。

②赣榆、东海普遍为 mi。

王福堂（1999）认为受不同音变条件的影响，一些字发生了不规则变化。“倪”“泥”和“尼”这三个字的声母，按语音演变的一般规律推断，今读应为 n，但却脱离系统而进入别的声母类别，这是一种不规则的音变。“泥尼”读 mi，这一读音情况也见于日照、临沭、郯城方言中。针对这种泥母读 m 的现象，王福堂(1999、2005)认为鼻音发音部位转移而发音方法不变是常见的现象。这种现象的产生，可能是因为元音前化，声母发音部位前移，韵母 i 音是一个前高元音，它有诱使声母发音部位前移至唇音位置的力量，有的地区“泥尼”读 mɿ，韵母继续前化到舌尖，就是说明韵母对声母的影响和语音链条式的演变。这几个字，在普通话的影响下，今有另一个读音 ni，形成文白两读的语音“叠置”。

泥娘来母字读音特殊的现象较少，无法作系统性的考察和解释，但却可以从这些细微的语音现象认识泥娘来母的演变情况。

二、精组今读

(一)精组今读的类型与分布

精组从、邪两个全浊声母已经清化。精组声母在这一地区读音的分布类型，主要有以下四种：

ts 型：不分洪细，保留尖音，全为舌尖前音 ts、ts^h、s。

tθ 型：不分洪细，全为齿间音 tθ、$tθ^h$、θ。

ts、tɕ 型：依洪细分为两套：ts、ts^h、s 和 tɕ、$tɕ^h$、ɕ。

tʂ、tɕ 型：依洪细分为两套：tʂ、$tʂ^h$、ʂ 和 tɕ、$tɕ^h$、ɕ。

这四种音读类型的地理分布详见图 2-5。

ts 型，主要分布在赣榆县赣马镇以南的大部分地区以及与赣榆接壤的东海东北部的石梁河、黄川、南辰、青湖地区，地理分布较连续。尖音在中老年方言语音系统中保存完整，但中青年群体中尖音已见腭化的情况，且腭化有进一步演变的趋势。城西镇的发音人为一位 70 多岁的老人，他的口音中精组细音有腭化音，如：“谢” sie51$_{\sim湖}$/ɕie51$_{\sim\sim}$ 两读，提到赣榆“谢湖”这个地方时，“谢”为 sie；而“谢谢”时读 ɕie，明显是受到普通话的影响。赣榆南部，尤其是与新浦接壤的墩尚、罗阳、沙河等几个乡镇，精组细音腭化的程度非常大，青年中已基本腭化，中老年人的口音中也有大量腭化音，ts、ts^h、s 和 tɕ、$tɕ^h$、ɕ 两读或者只有 tɕ、$tɕ^h$、ɕ 一读的情况非常多。东海黄川、青湖，精组字多见 ts、ts^h、s 和 tɕ、$tɕ^h$、ɕ 两读的情况，精组细音腭化在老年人中并不少见，在中青年人中更普遍。

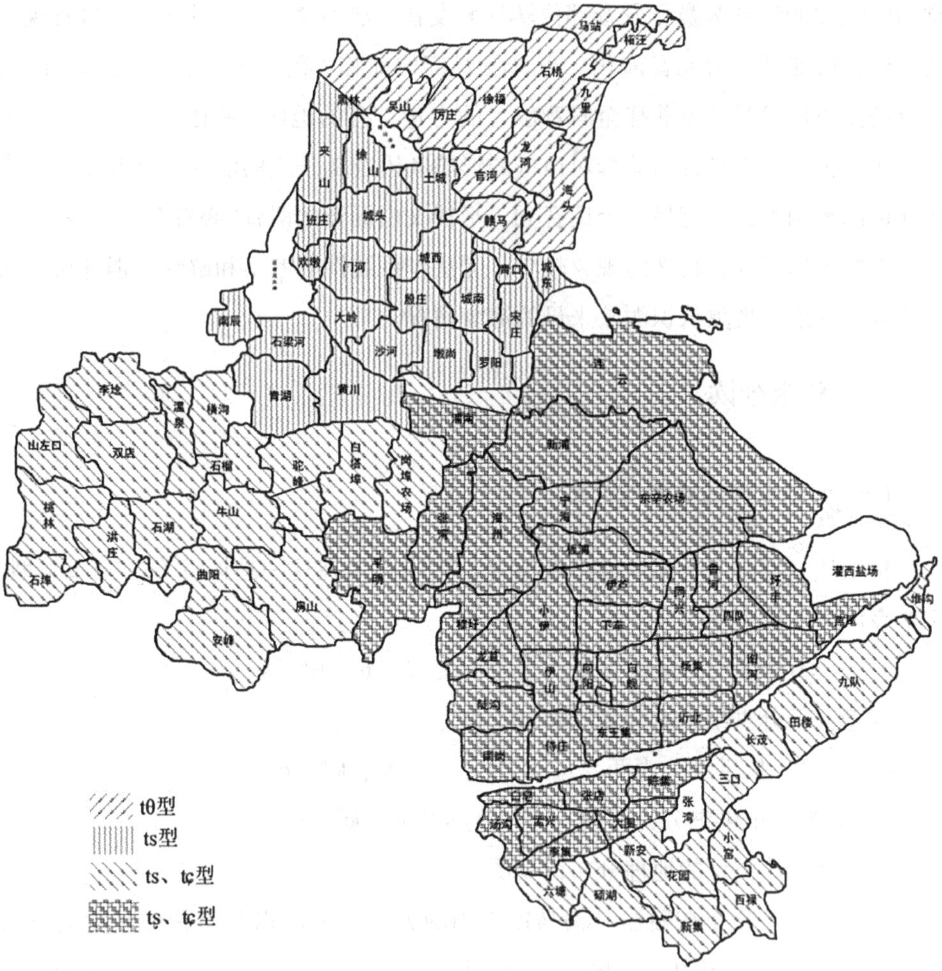

图 2-5　精组今读类型分布

tθ 型，精组咬舌程度非常明显，有的字听感上已接近舌尖中音 t、t^h。这一类型读音仅分布在赣榆境内赣马以北地区，北临赣榆的临沂莒南、日照方言中也有这类声母，这一类音是赣榆及其北部地区的方言中比较典型的精组音读形式。赣榆西北的黑林镇，境内以黑林河为界，分读 ts 和 tθ 两种类型。

齿间音声母 tθ、$tθ^h$、θ，在周围地区存在的范围较小(见表 2-10)，与其较接近的日照、潍坊东南部等地区存在这一类型声母，而其他大部分地区均是舌尖前 ts 组声母。周围地区，精组声母的今读情况见表 2-10。

表 2-10

北部		西部		南部	
虎山$_{日照}$	tθ	东海	ts	新浦	tʂ
东港$_{日照}$	tθ	郯城$_{临沂}$	ts	灌云	tʂ/ts
莒县$_{日照}$	ts	临沭$_{临沂}$	ts	灌南	ts
莒南$_{临沂}$	tθ/ts	宿迁市	ts	响水$_{盐城}$	ts
兰山$_{临沂}$	ts	徐州市	ts	射阳$_{盐城}$	ts
昌邑、高密、安丘、昌乐$_{潍坊}$	tθ/ts	新沂$_{徐州}$	ts	滨海$_{盐城}$	ts
青州、潍城$_{潍坊}$	ts	邳州$_{徐州}$	ts	涟水$_{淮安}$	ts
诸城$_{潍坊}$	tθ	丰县$_{徐州}$	ts	洪泽$_{淮安}$	ts
青岛	ts	沛县$_{徐州}$	ts	建湖$_{淮安}$	ts
赣榆	tθ/ts	睢宁$_{徐州}$	ts	泗阳$_{宿迁}$	ts

说明：根据《汉语方言地图集》(语音卷)，精组今读为 tθ 的类型还分布在平度、淄博、临朐、沂南、平邑、新泰这几个地方，均在连云港北部的山东境内。

日照虎山材料取自《日照方言语音研究》(崔艳蓉，2006)。

日照东港材料取自《日照方言调查报告》(牟海霞，2010)。

日照莒县材料取自《山东莒县方言语音研究》(孙夫荣，2010)。

潍坊诸点材料取自《潍坊方言志》(钱曾怡等，1992)。

青岛材料取自《汉语官话方言研究》(钱曾怡，2010)。

临沂各点材料取自《临沂方言志》(马静、吴永焕，2003)。

江苏各点材料取自《江苏省志・方言志》(鲍明炜等，1998)。

ts、tɕ 型，集中分布在东海县的中部和西部以及灌南县南部这两片地区。东海县北邻的莒南和西邻的郯城等中原官话地区，灌南南邻的沭阳、涟水、响水等江淮官话区都是这一种精组音读类型，可见这两片地区精组的读音均受到周围方言的影响。精组细音在这些地区已基本腭化，但在李埝、山左口、桃林等地仍能发现少量尖音声母，如：星 siŋ213、接 tsie213、切 ts^hie213、姐 tsie324。中原官话和江淮官话过渡的地区，精组字有部分读为 tʂ 组声母，如驼峰，其北部精组全部为 ts、ts^h、s，但南部如南榴村，有部分精组字读 tʂ、$tʂ^h$、ʂ，明显受到南部地

区精组读 ʈʂ、tɕ 音的影响。

ʈʂ、tɕ 型，是连云港中部地区精组音读的主要类型，分布范围包括东海东南部、新浦、连云、海州、灌云以及灌南南部北陈集、白皂等地。精组声母洪音与知庄章组均读舌尖后音 ʈʂ、$ʈʂ^h$、ʂ，这种音读类型被周边地区方言 ts、tɕ 型全面包围，这种语音情况较特殊，在其他汉语方言区分布地点极少，也无法用语音学、音系学等理论予以合理解释，学界现将其看作一种非常规的音变，作为方言演变过程中的一种无序混乱的情况。岩田礼(2004)用“矫枉过正”一说来分析这一种音变现象，他认为“是一种非常规的语言变化……发音部位的渐变以及音值的近似是变化的内在因素”。据《汉语方言地图集》(曹志耘，2008)，精组洪、细音今读 ʈʂ/tɕ 的类型，在全国分布范围较小，只另见于其他几个地区，如江苏泰兴，辽宁沈阳、北镇、兴城、辽阳县、岫岩以及湖北钟祥。

另由图 2-5 可见，浦南镇的北部与南部分别有两种音读类型：ts、tɕ 型和 ʈʂ、tɕ 型，这种差异应该是与南北相邻地区方言接触，并受其影响的结果。

精组今读类型的划分是以某一地区声母的主导类型为依据的，每一个类型地区均有特殊读音情况存在，比如：李埝(南)、山左口一些细音字今仍读舌尖前音，且李埝北部地区尖音保存的程度要高于中南部地区，但在类型划分时将这两个点定为 ts、tɕ 型。在 ʈʂ、tɕ 型地区，有部分精组字声母为 ts、ts^h、s，这种读音并非杂乱无章，而是在某一类语音条件下产生的音变现象(下文详述)，因而并不将其作为这一地区精组声母今读的主要形式。下面，以一些例字说明这几种类型的读音情况，见表 2-11。

表 2-11　精组声母例音

tθ 型									
	村	**走**	**嘴**	**早**	**写**	**尖**	**钱**	**酒**	**七**
日照	$tθ^h$ẽ213	tθou55	tθei55	tθau55	θiə55	tθiã213	$tθ^h$iã42	tθiou55	$tθ^h$i213
柘汪	$tθ^h$ən213	tθəu324	tθəi324	tθau324	θie324	tθiã^{n}213	$tθ^h$iã^{n}55	tθiəu324	$tθ^h$i213
九里	$tθ^h$ən213	tθəu324	tθəi324	tθau324	θie324	tθiã^{n}213	$tθ^h$iã^{n}55	tθiəu324	$tθ^h$i213
官河	$tθ^h$ən213	tθəu324	tθəi324	tθau324	θie324	tθiã^{n}213	$tθ^h$iã^{n}55	tθiəu324	$tθ^h$i213

续表

tθ 型									
	村	走	嘴	早	写	尖	钱	酒	七
厉庄	tθ^{h}əŋ213	tθəu324	tθei324	tθau324	θie324	tθiã^{n}213	tθ^{h}iã^{n}55	tθiəu324	tθ^{h}i213
黑林$_{东}$	tθ^{h}ən213	tθəu324	tθəi324	tθau324	θie324	tθiã^{n}213	tθ^{h}iã^{n}55	tθiəu324	tθ^{h}i213
ts 型									
	村	走	嘴	早	写	尖	钱	酒	七
郯城	ts^{h}ə̃213	tsəu24	tsei24	tsɔ24	sie24	tsiã213	ts^{h}iã55	tsiəu213	ts^{h}i213
黑林$_{西}$	ts^{h}ən213	tsəu324	tsəi324	tsau324	sie324	tsiã^{n}213	ts^{h}iã^{n}55	tsiəu324	ts^{h}i213
城西	ts^{h}ən213	tsəu324	tsəi324	tsau324	sie324	tsiã^{n}213	ts^{h}iã^{n}55	tsiəu324	ts^{h}i213
青口	ts^{h}ən213	tsəu324	tsəi324	tsau324	sie324	tsiã^{n}213	ts^{h}iã^{n}55	tsiəu324	ts^{h}i213
门河	ts^{h}ən213	tsəu324	tsəi324	tsau324	sie324	tsiã^{n}213	ts^{h}iã^{n}55	tsiəu324	ts^{h}i213
ts、tɕ 型									
	村	走	嘴	早	写	尖	钱	酒	七
墩尚	ts^{h}ən213	tsəu324	tsei324	tsau324	sie324 ɕie324	tsiã213 tɕiã213	ts^{h}iã35 tɕiã35	tsiəu324 tɕiəu324	ts^{h}i213 tɕ^{h}i213
石梁河	ts^{h}ən213	tsəu324	tsei324	tsau324	sie324	tsiã213	ts^{h}iã55	tsiəu324	ts^{h}i213
黄川	ts^{h}ən213	tsəu324	tsei324	tsau324	sie324	tsiã213 tɕ^{h}iã213	ts^{h}iã35 tɕ^{h}iã35	tsiəu324	ts^{h}i213
李埝	ts^{h}ən213	tsəu324	tsei324	tsau324	sie324 ɕie324	tsiã213 tɕiã213	tɕ^{h}iã35	tɕiəu324	tɕ^{h}i213
牛山	ts^{h}əŋ213	tsəu324	tsei324	tsau324	ɕie324	tɕiã213	tɕ^{h}iã55	tɕiəu324	tɕ^{h}iʔ4
桃林	ts^{h}ən213	tsəu324	tsei324	tsau324	ɕie324	tɕiã213	tɕ^{h}iã35	tɕiəu324	tɕ^{h}i213
驼峰$_{北}$	ts^{h}əŋ213	tsəu324	tsei324	tsau324	ɕiɪ324	tɕiã213	tɕ^{h}iã13	tɕiəu324	tɕ^{h}iʔ4
浦南$_{北}$	ts^{h}ən213	tsəu324	tsei324	tsau324	ɕie324	tɕiã213	tɕ^{h}iã35	tɕiəu324	tɕ^{h}i213
白塔	ts^{h}əŋ213	tsəu324	tsei324	tsɔ324	ɕiɪ324	tɕiã213	tɕ^{h}iã13	tɕiəu31	tɕ^{h}iɪ$\underline{34}$
tʂ、tɕ 型									
	村	走	嘴	早	写	尖	钱	酒	七
驼峰$_{南}$	tʂ^{h}əŋ213	tʂəu31	tsei31	tʂɔ31	ɕiɪ31	tɕiã213	tɕ^{h}iã13	tɕiəu31	tɕ^{h}iɪʔ4

续表

tʂ、tɕ 型									
	村	**走**	**嘴**	**早**	**写**	**尖**	**钱**	**酒**	**七**
安峰	tʂʰəŋ213	tʂəu31	tʂəi31	tʂɔ31	ɕiɪ31	tɕiã213	tɕʰiã13	tɕiəu31	tɕʰiɪʔ4
平明	tʂʰəŋ213	tʂəu324	tʂəi324	tʂɔ324	ɕiɪ324	tɕiẽ213	tɕʰiẽ13	tɕiy324	tɕʰiɪʔ4
浦南$_{南}$	tʂʰəŋ213	tʂəu324	tʂəi324	tʂɔ324	ɕiɪ324	tɕiẽ213	tɕʰiẽ13	tɕiy324	tɕʰiɪʔ4
海州	tʂʰəŋ213	tʂəu324	tʂəi324	tʂɔ324	ɕiɪ324	tɕiẽ213	tɕʰiẽ13	tɕiy324	tɕʰiɪʔ4
朝阳	tʂʰəŋ213	tʂəu324	tʂəi324	tʂɔ324	ɕiɪ324	tɕiẽ213	tɕʰiẽ13	tɕiy324	tɕʰiɪʔ4
侍庄	tʂʰəŋ213	tʂəu324	tʂəi324	tʂɔ324	ɕiɪ324	tɕiẽ213	tɕʰiẽ13	tɕiəu324	tɕʰiəʔ4
南岗	tʂʰəŋ213	tʂəu324	tʂəi324	tʂɔ324	ɕiɪ324	tɕiẽ213	tɕʰiẽ13	tɕiəu324	tɕʰiəʔ4
圩丰	tʂʰəŋ213	tʂəu324	tʂəi324	tʂɔ324	ɕiɪ324	tɕiẽ213	tɕʰiẽ13	tɕiəu324	tɕʰiəʔ4
杨集	tʂʰəŋ213	tʂəu324	tʂəi324	tʂɔ324	ɕiɪ324	tɕiẽ213	tɕʰiẽ13	tɕiy324	tɕʰiɪʔ4
图河	tʂʰəŋ213	tʂəu324	tʂəi324	tʂɔ324	ɕiɪ324	tɕiɪ̃213	tɕʰiɪ̃13	tɕiy324	tɕʰiɪʔ4
陈集	tʂʰəŋ213	tʂəu324	tʂəi324	tʂɔ324	ɕiɪ324	tɕiẽ213 tɕiɪ̃213	tɕʰiẽ13 tɕʰiɪ̃13	tɕiy324	tɕʰiɪʔ4
新集	tsʰən21	tsɯ42	tsəi42	tsɔ42	ɕiɪ42	tɕiɪ̃21	tɕʰiɪ̃13	tɕy42	tɕʰiɪʔ4
六塘	tsʰən21	tsɯ42	tsəi42	tsɔ42	ɕiɪ42	tɕiɪ̃21	tɕʰiɪ̃13	tɕiy42	tɕʰiɪʔ4
李集	tsʰən21	tsəu42	tsəi42	tsɔ42	ɕiɪ42	tɕiɪ̃21	tɕʰiɪ̃13	tɕiy42	tɕʰiɪʔ4
长茂	tsʰən21	tsəu42	tsəi42	tsɔ42	ɕiɪ42	tɕiɪ̃21	tɕʰiɪ̃13	tɕiy42	tɕʰiɪʔ4
三口	tsʰən21	tsəu33	tsei33	tsɔ33	ɕiɪ33	tɕiɪ̃21	tɕʰiɪ̃13	tɕiy33	tɕʰiɪʔ4
九队	tsʰən21	tsəu42	tsei42	tsɔ42	ɕiɪ42	tɕiɪ̃21	tɕʰiɪ̃13	tɕiy42	tɕʰiɪʔ4
沭阳	tsʰən213	tsəu331	tsəi331	tsɔ331	ɕiɪ331	tɕiɪ̃213	tɕʰiɪ̃24	tɕiəɯ331	tɕʰiʔ13

说明：黑林$_{东}$指黑林河以东的黑林地区；黑林$_{西}$指黑林河以西的黑林地区。

(二)精组今读分布的历史演变

精组从北向南的分布情况是：赣榆北部地区，精组为齿间音声母 tθ、tθʰ、θ，精组不分洪细全为此类，这一类声母本身也是汉语精组声母较古老的形式之一，现在还保留在粤语等南方汉语方言和极少的中原官话地区中，在这类音的基础上分化出 ts、ts^h、s 和 t、t^h 两类精组读音；赣榆中部和南部地区，精组不分洪细为一类音 ts、ts^h、s，在罗阳、墩尚等南部乡镇里精组细音已经开始腭化，有的读为 tɕ、$tɕ^h$、ɕ。

东海西部和北部地区，精组洪细分别读为 ts/tɕ 两组声母，尖音已经基本消失，仅保留在个别词中；再往南，精组声母与知庄章读为一类 tʂ、$tʂ^h$、ʂ 或者 ts、ts^h、s。精组从北至南 tθ—ts—ts/tɕ—tʂ/tɕ、ts/tɕ 的地理分布也正是精组声母从古至今的演变轨迹，分别反映语音发展的不同阶段。

精组声母今读齿间音 tθ、$tθ^h$、θ，今见于莒南、诸城、平度、即墨、新泰、日照等少数北部中原官话地区和南方粤语。ts/tɕ 型，精组细音腭化，代表汉语在 20 世纪以来的发展阶段，受到了近代推行的语言政策的影响。尖音保留一直是我国汉语发展历史中较稳固的一个特点，字书和韵书都分尖团，清《圆音正考》还专门教如何区分尖团音，许多戏曲形式，如昆曲、京剧中保留，但民国时“国语罗马派”推行尖团合流，1949 年后承袭至今。tʂ/tɕ、ts/tɕ 型，精组洪音与知庄章组读为一类，应该是一种超前的语音变异，在苏属江淮官话区内的多个地点能见到这种音读类型。这应该是精组与知庄章三组最近的一种演变形式，韵书中声母系统未见这种情况，它所反映的依然是汉语不断简化的历史发展规律。

三、邪母今音擦化及塞擦化类型分布

邪母平声字在连云港地区的今读形式，大致有塞擦音和擦音两大类，具体可以分成五种类型：$tɕ^h$/ɕ 型、ɕ 型、ɕ/s 型、s 型、θ 型。各类型读音以及分布情况，见图 2-6。

$tɕ^h$/ɕ 型，仅分布在连云港中部的江淮官话区。这一类型地区，邪母字并非全读塞擦音声母，部分字有塞擦音和擦音两种读音，部分字只读擦音声母，如：徐 ɕy/$tɕ^h$y、祥 ɕiaŋ/$tɕ^h$iaŋ、邪 ɕie/$tɕ^h$ie。

擦音型有 ɕ 型、ɕ/s 型、s 型和 θ 型四种类型。主要分布在中原官话地区和小部分江淮官话地区。ɕ 型主要分布在东海中南部的双店、房山、洪庄等地。ɕ/s 型主要分布在东海北部中原官话地区，在这一类型地区，邪母字主要读 ɕ 音，少数字读 s 音，如：洪庄“寻”suən、“随”sei、“详”ɕiaŋ，牛山“寻”ɕyn。s 型和 θ 型这两种擦音类型主要分布在赣榆境内，分布规律也较明显，北部是齿间音 θ，南部为 s。受普通话影响，这两个类型的地区，邪母细音现在均有腭化的现象，

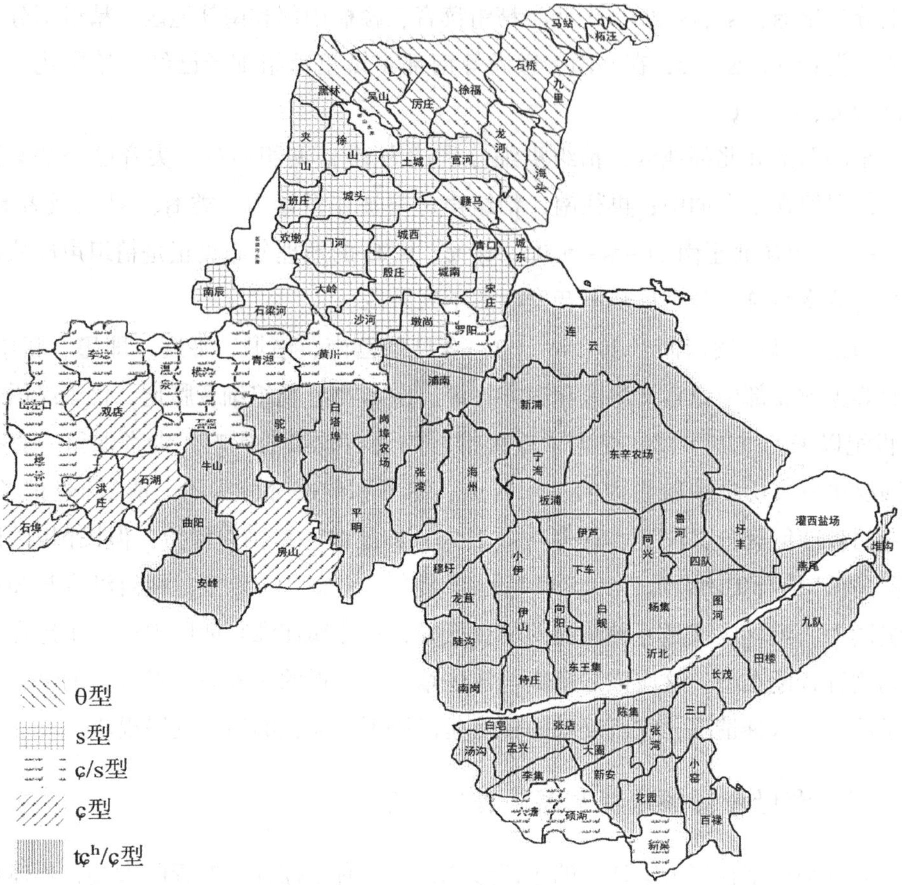

图 2-6　邪母今读类型分布

有些字已经变读 ɕ 音声母。

这五种邪母今读类型的例音，见表 2-12。

表 2-12　邪母今读例音

	谢	邪	斜	徐	详	旬	随	袖
θ 型								
马站	θie51	θie55	θie55	θy55	θiaŋ55	θuən55	θei55	θiəu51
九里	θie51	θie55	θie55	θy55	θiaŋ55	θuən55	θei55	θiəu51
海头	θie53	θie35	θie35	θy35	θiaŋ35	θuən35	θei35	θiəu53

续表

	谢	邪	斜	徐	详	旬	随	袖
θ型								
黑林东	θie51	θie55	θie55	θy55	θiaŋ55	θuən55	θei55	θiəu51
s型								
	谢	邪	斜	徐	详	旬	随	袖
城西	sie51 ɕie51	sie55	sie55 ɕie55	sy55	siaŋ55 ɕiaŋ55	syŋ55 ɕyŋ55	sei55	siəu51
官河	sie51	sie55	sie55	sy55	siaŋ55	syŋ55	sei55	siəu51
黑林西	sie51	sie55	sie55	sy55	siaŋ55	syŋ55	sei55	siəu51
青口	sie51	sie55	sie55文 sia55白	sy55	siaŋ55	suən55	sei55	siəu51
沙河	sie53	sie35	sie35	sy35	siaŋ35	suən35	sei35	siəu53 ɕiəu53
墩尚	sie53 ɕie53	sie35	sie35 ɕie35	sy35	siaŋ35 ɕiaŋ35	suən35 ɕyn35	sei35	siəu53 ɕiəu53
石梁河	sie51	sie55	sie55	sy55	siaŋ55	suən55	sei55	siəu51
黄川	sie53 ɕie53	sie35 ɕie35	sie35	sy35 ɕy35	siaŋ35 ɕiaŋ35	suən35	sei35	ɕiəu53
ɕ型、ɕ/s型								
	谢	邪	斜	徐	详	旬	随	袖
李埝	ɕie53	ɕie35	ɕie35	ɕy35	ɕiaŋ35	ɕyn35	sei35	ɕiəu53
山左口	ɕie53	ɕie35	ɕie35	ɕy35	ɕiaŋ35	ɕyn35	sei35	ɕiəu53
洪庄	ɕie53	ɕie35	ɕie35	ɕy35	ɕiaŋ35	suən35	sei35	ɕiəu53
tɕʰ/ɕ型								
	谢	邪	斜	徐	详	旬	随	袖
牛山	ɕie41	ɕie55	ɕie55 tɕʰie55	ɕy55 tɕʰy55	ɕiaŋ55 tɕʰiaŋ55	ɕyŋ55	sei55	ɕiəu41
驼峰	ɕiɪ35	ɕiɪ13	tɕʰiɪ13	tɕʰy13	tɕʰiaŋ13	ɕyŋ13	sei13 ʂei13 tʂʰei13	ɕiəu35

续表

tɕʰ/ɕ 型								
	谢	邪	斜	徐	详	旬	随	袖
安峰	ɕiɪ35	ɕiɪ13	ɕiɪ13 tɕʰiɪ13	tɕʰy13	tɕʰiaŋ13	ɕyn13	sei13	ɕiəu35
平明	ɕiɪ35	ɕiɪ13	ɕiɪ13 tɕʰiɪ13	tɕʰy13	tɕʰiaŋ13	ɕyŋ13	tʂʰei13	ɕiəu35
白塔	ɕiɪ35	ɕiɪ13	ɕiɪ13 tɕʰiɪ13	tɕʰy13	tɕʰiaŋ13	ɕyŋ13	tʂʰei13	ɕiəu35
新浦	ɕiɪ35	ɕiɪ13	tɕʰiɪ13	tɕʰy13 ɕy13	tɕʰiaŋ13 ɕiaŋ13	ɕyŋ13	tʂʰəi13 ʂei13	ɕiəu35
朝阳	ɕiɪ35	ɕiɪ13	tɕʰiɪ13	tɕʰy13	tɕʰiaŋ13	ɕyŋ13	tʂʰəi13 ʂei13	ɕiəu35
伊山	ɕiɪ35	ɕiɪ13	tɕʰiɪ13	tɕʰy13	tɕʰiaŋ13	ɕyŋ13	tʂʰəi13	ɕiy35
南岗	ɕiɪ35	ɕiɪ13	tɕʰiɪ13	tɕʰy13	tɕʰiaŋ13	ɕyŋ13	tʂʰəi13	ɕiy35
杨集	ɕiɪ35	ɕiɪ13	tɕʰiɪ13	tɕʰy13	tɕʰiã13	ɕyŋ13	tʂʰəi13	ɕiy35
圩丰	ɕiɪ35	ɕiɪ13	tɕʰiɪ13	tɕʰy13	tɕʰiaŋ13	ɕyŋ13	ʂəi13	ɕiəu35
图河	ɕiɪ35	ɕiɪ13	tɕʰiɪ13	tɕʰy13	tɕʰiã13	ɕyŋ13	tʂʰəi13	ɕiy35
陈集	ɕiɪ35	ɕiɪ13	tɕʰiɪ13 ɕiɪ13	tɕʰy13 ɕy13	tɕʰiẽ13 ɕiẽ13	ɕyn13	ʂəi13 tʂʰəi13	ɕiy35
六塘	sɿ35 ɕiɪ35	ɕiɪ13	ɕiɪ13	sy13 ɕy13	ɕiẽ13	ɕyn13	səi13	ɕiy35
新集	sɿ35 ɕiɪ35	ɕiɪ13	ɕiɪ13	sy13 ɕy13	ɕiẽ13	ɕyn13	səi13 tsʰəi13	siy35 ɕiy35
李集	ɕiɪ35	ɕiɪ13	tɕʰiɪ13 ɕiɪ13	tɕʰy13 ɕy13	ɕiẽ13	ɕyn13	səi13 tsʰəi13	ɕiy35
长茂	ɕiɪ35	ɕiɪ13	tɕʰiɪ13 ɕiɪ13	tɕʰy13 ɕy13	ɕiẽ13	ɕyn13	səi13 tsʰəi13	ɕiy35
三口	ɕiɪ35	ɕiɪ13	tɕʰiɪ13 ɕiɪ13	tɕʰy13 ɕy13	tɕʰiĩ13	ɕyn13	sei13 tsʰei13	ɕiy35
九队	ɕiɪ35	ɕiɪ13	tɕʰiɪ13	tɕʰy13	tɕʰiĩ13	ɕyn13	tsʰei13	ɕiy35

说明：黑林$_{东}$是指以阎康邑为代表的黑林河东北部地区；黑林$_{西}$是指汪子头为代表的黑林河西南部地区。

邪母擦音和塞擦音的今读形式具有类型和分布差异。邪母擦音类型主要集中在连云港北部的中原官话地区，而塞擦音类型主要集中在连云港南部的江淮官话地区。在连云港周围地区，邪母今读的情况见表 2-13。

表 2-13

北部	邪母	南部	邪母
莒南$_{临沂}$①	s	涟水$_{淮安}$⑧	$tɕ^h$
郯城$_{临沂}$②	s	响水$_{盐城}$	$tɕ^h$
兰山$_{临沂}$③	s	盐城市⑨	$tɕ^h$，少数为 ɕ
临沭$_{临沂}$④	θ	宿迁	$tɕ^h$
沂南$_{临沂}$⑤	s	南京	$tɕ^h$
虎山$_{日照}$⑥	θ	扬州	$tɕ^h$
莒县$_{日照}$⑦	s	泰州	$tɕ^h$

说明：①莒南材料引自《莒南方言语音研究》(逯全秀，2010)。

②郯城材料引自《郯城方言志》(邵燕梅，2005)。

③兰山材料引自《临沂(兰山)方言语音研究》(王伟，2009)。

④临沭材料引自《临沂方言志》(马静、吴永焕，2003)。

⑤沂南材料引自《临沂方言志》(马静、吴永焕，2003)。

⑥虎山材料引自《日照方言语音研究》(崔艳蓉，2006)。

⑦莒县材料引自《山东莒县方言语音研究》(孙夫荣，2010)。

⑧涟水材料来自《涟水方言研究》(胡士云，2011)。

⑨依据《盐城方言研究》(蔡华祥，2011)，实为盐城市步凤镇语音。

响水、南京、扬州、宿迁、泰州材料均引自《江苏省志·方言志》(鲍明炜等，1998)。

《江苏省志·方言志》指出"古邪母平声字，本区大多读清塞擦音送气声母"，可见，这是江苏境内江淮官话地区的普遍特点。不仅如此，整个汉语方言区内，邪母今读都存在较明显的类型分布差异。据《汉语方言地图集》，邪母今读塞擦音的类型大致以长江为界，分布在长江以南的吴、闽、赣、粤等方言区。

第三节　知　系

一、知庄章组

(一)知庄章组今读类型

连云港各方言点，中古知庄章三组声母，依据今读形式以及与其他声类关系的不同，大致有区分、合并两大类，具体可以分为以下几种类型，见表2-14。

表 2-14

合并型	tʂ 型	与精组混读 tʂ①
		与精组 ts 组对立
	ts 型	与精组均为 ts 组
区分型	tʂ/ʧ 型	知$_{二}$庄 tʂ，知$_{三}$章 ʧ
	ts/tʂ/ʧ 型	知$_{二}$庄 tʂ，遇摄知$_{三}$章 ʧ，非遇摄知$_{三}$章 ts

说明：①这一类型地区，知庄章组后接高元音时声母舌尖化，与精组表现一致，是一种音变现象，下文作专题讨论，这里并不将其视作一种音读类型。

ts/tʂ/ʧ 型，知庄章三组声母今分成三组，知$_{二}$庄为 tʂ、tʂʰ、ʂ，遇摄知$_{三}$章为 ʧ、ʧʰ、ʃ，非遇摄知$_{三}$章为 ts、tsʰ、s。这一类型仅分布在赣榆北部的马站、柘汪、徐福以及九里和厉庄北部地区，范围较小。与这一类型的北部相近的莒南、日照地区，知庄章组分合情况稍有不同，见表2-15。

表 2-15

莒南$_{临沂}$	知章	tʂ、tʂʰ、ʂ，ʧ、ʧʰ、ʃ
	庄	tʂ、tʂʰ、ʂ，ʧ、ʧʰ、ʃ，tθ、tθʰ、θ
虎山$_{日照}$	知庄章	tʂ、tʂʰ、ʂ，ʧ、ʧʰ、ʃ

说明：莒南材料来自《莒南方言语音研究》(逯全秀，2010)；虎山材料来自《日照方言语音研究》(崔艳蓉，2006)。

tʂ/ʧ 型，连续分布在赣榆县中部的大片中原官话地区。这一类型，知庄章三组声母今分为两组，知组二等与庄组今读 tʂ、tʂ^{h}、ʂ 声母，知组三等与章组今读 ʧ、ʧ^{h}、ʃ 声母，这种分立与中古音的分类相对应，中古庄组只与洪音相拼，章组只与细音三、四等韵相拼，这种音韵系统的分布保存至今。在这一类型地区，知庄章三组二分的具体情况不尽相同，演变速度和方式存在差异。赣榆东北部的九里，知$_{三}$章组声母能与各韵摄的三四等拼合，读 ʧ、ʧ^{h}、ʃ；厉庄南部地区，知$_{三}$章组今基本只与遇摄相拼，非遇摄字今声母混同知$_{二}$庄组，如章 tʂaŋ213、赵 tʂau51、书 ʃʮ213；黑林东部，知庄章二分，仅遇、流、臻三摄拼知$_{三}$章组，读 ʧ、ʧ^{h}、ʃ，其他韵摄只读 tʂ、tʂ^{h}、ʂ 声母。

另外，有一些方言点，知庄章组基本合为 tʂ、tʂ^{h}、ʂ 一组声母，知$_{三}$章组读 ʧ、ʧ^{h}、ʃ 的情况今仅保留在个别词语中，而单念时仍为 tʂ、tʂ^{h}、ʂ，比如东海黄川、石梁河，“黄川”xuaŋ35 ʧ^{h}yã213、“小猪”siau324 ʧʮ213，“念书”niã53 ʃʮ213，“读书”tu35 ʃʮ 213，这种读音情况较少见，且仅出现在常用词汇中。本书认为，词汇中知$_{三}$章组读 ʧ、ʧ^{h}、ʃ，说明这一地带知$_{三}$章组声母曾读 ʧ、ʧ^{h}、ʃ，不是因语言接触或者词汇借入等原因产生的；这些地区，知$_{三}$章组读 ʧ、ʧ^{h}、ʃ，已经是共时的方言分布中非常隐蔽的一个历史层次了。

在 ts/tʂ/ʧ 型和 tʂ/ʧ 型地区，通过方言年龄差异的比较，可以较清楚地观察到 ʧ 组声母在语音系统内的分布逐渐缩小。在九里乡，对 60 岁和 30 岁两个年龄段发音人的知庄章组声母进行调查发现，30 多岁的中年人 ʧ、ʧ^{h}、ʃ 声母仅限于遇摄合口声母前，如：朱 ʧʮ、猪 ʧʮ、书 ʃʮ、输 ʃʮ、树 ʃʮ，其他韵摄前的知$_{三}$章组声母今多读 tʂ、tʂ^{h}、ʂ；但 60 多岁发音人的语音中，ʧ、ʧ^{h}、ʃ 可与各个韵摄拼合，如：知 ʧi、镇 ʧin、住 ʧʮ、赵 ʧiau、车 ʧ^{h}ie、船 ʧ^{h}yã^{n}、章 ʧiaŋ。

知庄章 tʂ、精组 ts 型，分布在赣榆南部以及除张湾、平明外的东海大部分地区，这一类型地区，知庄章三组混读 tʂ、tʂ^{h}、ʂ 一类，与精组 ts、ts^{h}、s 对立，和普通话情况相同。

知庄章 tʂ、精组 tʂ 型，精知庄章四组今合读 tʂ、tʂ^{h}、ʂ 一组声母。这一类型主要分布在连云港新浦区、海州区和灌云县，也包括与这几个区县相邻的东海县东南部的张湾、平明、浦南以及灌南县西北部的陈集、张店等乡镇。

这一类型地区，少数知组三等和章组字声母 ʈʂ/ʨ 两读，这种情况的字很少，也不成系统，举例如下（见表 2-16）。

知庄章 ts、精组 ts 型，精知庄章四组声母均读 ts、tsʰ、s。这一类型分布在灌南县以及相邻的响水和涟水县。灌南、响水和涟水三县除了地理相近外，1996 年之前，灌南县还曾和涟水县一起隶属于淮阴专区和后来的淮阴管辖，地理和行政归属的联系使这一片地区精知庄章组今读相同。这一类型地区，也有少数字例外，声母为 ʨ、ʨʰ、ɕ，比如"蛇、扇"。

表 2-16

车章	蛇章	舍章	社章	舌章	扇章
ʈʂə213 ʨʰiɪ213	ʂə13 ɕiɪ13	ʂei35 ɕiɪ35	ʂei35 ɕiɪ35	ʂə13 ɕiɪ13	ʂã35 ɕiĩ35 ɕiẽ35
闪章	**善章**	**展知三**	**沾知三**	**缠知三**	
ʂã324 ɕiẽ324	ʂã35 ɕiẽ35	ʈʂã324 ʨiẽ324	ʈʂã213 ʨiẽ213	ʈʂʰã13 ʨʰiẽ13	

知庄章组几种音读类型，举例如下（见表 2-17）。

表 2-17　知庄章组今读例音

ts/ʈʂ/ʧ 型								
	桌知二	站知二	镇知三	知知三	愁庄	窗庄	章章	树章
马站	ʈʂuo213	ʈʂãⁿ51	tsən51	tsɿ213	ʈʂʰəu55	ʈʂʰuaŋ213	tsaŋ213	ʃʮ51
九里北	ʈʂuo213	ʈʂãⁿ51	tsən51	tsɿ213	ʈʂʰəu55	ʈʂʰuaŋ213	tsaŋ213	ʃʮ51
厉庄北	ʈʂuo213	ʈʂãⁿ51	tsən51	tsɿ213	ʈʂʰəu55	ʈʂʰuaŋ213	tsaŋ213	ʃʮ51

续表

tʂ/tʃ 型								
	桌知二	站知二	镇知三	知知三	愁庄	窗庄	章章	树章
九里南	tʂuo213	tʂã^{n}51	tʃin51	tʃi213	tʃ^{h}iəu55	tʂ^{h}uaŋ213	tʃiaŋ213	ʃɥ51
黑林东	tʂuo213	tʂã^{n}51	tʃin51	tʃi213	tʂ^{h}əu55	tʂ^{h}uaŋ213	tʂaŋ213	ʃɥ51
厉庄南	tʂuo213	tʂã^{n}51	tʂəŋ51	tʂʅ213	tʂ^{h}əu55	tʂ^{h}uaŋ213	tʂaŋ213	ʃɥ51
城头	tʂuo213	tʂã^{n}51	tʃin51	tʃi213	tʃ^{h}iəu55	tʂ^{h}uaŋ213	tʃiaŋ213	ʃɥ51
青口	tʂu213	tʂã^{n}51	tʃin51	tʃi213	tʂ^{h}əu55	tʂ^{h}uaŋ213	tʃiaŋ213	ʃɥ51
宋庄北	tʂuo213	tʂã^{n}51	tʃin51	tʃi213	tʃ^{h}iəu55	tʂ^{h}uaŋ213	tʃiaŋ213	ʃɥ51
tʂ 型，精组 ts								
	桌知二	站知二	镇知三	知知三	愁庄	窗庄	章章	树章
宋庄南	tʂuo213	tʂã^{n}51	tʂən51	tʂʅ213	tʂ^{h}əu55	tʂ^{h}uaŋ213	tʂaŋ213	ʂu51
黑林西	tʂuo213	tʂã^{n}51	tʂən51	tʂʅ213	tʂ^{h}əu55	tʂ^{h}uaŋ213	tʂaŋ213	ʂu51
沙河	tʂuə213	tʂã^{n}53	tʂən53	tʂʅ213	tʂ^{h}əu35	tʂ^{h}uaŋ213	tʂaŋ213	ʂu53
墩尚	tʂuə213	tʂã^{n}53	tʂən53	tʂʅ213	tʂ^{h}əu35	tʂ^{h}uaŋ213	tʂaŋ213	ʂu53
李埝	tʂuo213	tʂã53	tʂən53	tʂʅ213	tʂ^{h}əu35	tʂ^{h}uaŋ213	tʂaŋ213	ʂu53
石梁河	tʂuo213	tʂã51	tʂən51	tʂʅ213	tʂ^{h}əu55	tʂ^{h}uaŋ213	tʂaŋ213	ʂu51
驼峰	tʂuəʔ4	tʂã35	tʂəŋ35	tʂʅ213	tʂ^{h}əu13	tʂ^{h}uaŋ213	tʂaŋ213	ʂu35
牛山	tʂuɐʔ4	tʂã41	tʂəŋ41	tʂʅ213	tʂ^{h}əu55	tʂ^{h}uaŋ213	tʂaŋ213	ʂu41
tʂ 型，精组 tʂ								
	桌知二	站知二	镇知三	知知三	愁庄	窗庄	章章	树章
平明	tʂuəʔ4	tʂã35	tʂəŋ35	tʂʅ213	tʂ^{h}əu13	tʂ^{h}uaŋ213	tʂaŋ213	ʂu35
新浦	tʂuə34	tʂã35	tʂəŋ35	tsɿ213 tʂʅ213	tʂ^{h}əu13	tʂ^{h}uaŋ213	tʂaŋ213	ʂu35
海州	tʂuəʔ4	tʂã35	tʂəŋ35	tʂʅ213	tʂ^{h}əu13	tʂ^{h}uaŋ213	tʂaŋ213	ʂu35
朝阳	tʂuəʔ4	tʂã35	tʂəŋ35	tʂʅ213	tʂ^{h}əu13	tʂ^{h}uaŋ213	tʂaŋ213	ʂu35
伊山	tʂuəʔ4 tʂʊʔ4	tʂã35	tʂəŋ35	tsɿ213	tʂ^{h}əu13	tʂ^{h}uaŋ213	tʂaŋ213	ʂu35

续表

tʂ 型，精组 tʂ								
	桌$_{知二}$	站$_{知二}$	镇$_{知三}$	知$_{知三}$	愁$_{庄}$	窗$_{庄}$	章$_{章}$	树$_{章}$
南岗	tʂʊʔ4	tʂã35	tʂəŋ35	tsɿ213	tʂʰəu13	tʂʰuaŋ213	tʂaŋ213	ʂu35
侍庄	tʂʊʔ4	tʂã35	tʂəŋ35	tsɿ213 tʂʅ213	tʂʰəu13	tʂʰuaŋ213	tʂaŋ213	ʂu35
圩丰	tʂʊʔ4	tʂã35	tʂəŋ35	tsɿ213 tʂʅ213	tʂʰəu13	tʂʰuaŋ213	tʂaŋ213	ʂu35
杨集	tʂuəʔ4	tʂã35	tʂəŋ35	tsɿ213 tʂʅ213	tʂʰəu13	tʂʰuaŋ213	tʂaŋ213	ʂu35
图河	tʂuəʔ4	tʂã35	tʂəŋ35	tsɿ213 tʂʅ213	tʂʰəu13	tʂʰuaŋ213	tʂaŋ213	ʂu35
tʂ 型，精组 tʂ								
	桌$_{知二}$	站$_{知二}$	镇$_{知三}$	知$_{知三}$	愁$_{庄}$	窗$_{庄}$	章$_{章}$	树$_{章}$
北陈集	tʂuəʔ4	tʂã35	tʂəŋ35	tsɿ213 tʂʅ213	tʂʰəu13	tʂʰuaŋ213	tʂaŋ213	ʂu35
ts 型，精组 ts								
	桌$_{知二}$	站$_{知二}$	镇$_{知三}$	知$_{知三}$	愁$_{庄}$	窗$_{庄}$	章$_{章}$	树$_{章}$
新集	tsuoʔ4	tsã35	tsən35	tsɿ21	tsʰɤɯ13	tsʰuaŋ21	tsaŋ21	su35
李集	tsuoʔ4	tsã35	tsən35	tsɿ21	tsʰəu13	tsʰuaŋ21	tsaŋ21	su35
长茂	tsuoʔ4	tsã35	tsən35	tsɿ21	tʂʰəu13	tʂʰuaŋ21	tʂaŋ21	su35
六塘	tsuoʔ4	tsã35	tsən35	tsɿ21	tsʰɤɯ13	tsʰuaŋ21	tsaŋ21	su35
九队	tsuoʔ4	tsã35	tsən35	tsɿ21	tsʰəu13	tsʰuaŋ21	tsaŋ21	su35
涟水	tsuaʔ34	tsã55	tsən31	tsɿ31	tsʰəu33	tsʰuaŋ31	tsaŋ31	su55

说明：黑林东、西的区分大致以青口河（当地人称黑林河）为界。

宋庄南、北的区分大致以范河为界。

（二）知庄章组的今读分布与历史演变

由图 2-7 可看出，连云港地区范围内，集中分布着多种知庄章组的音读类型，而且 ts 型和 tʂ 型是与精组相联系的音读类型，与其他几种类型不同。

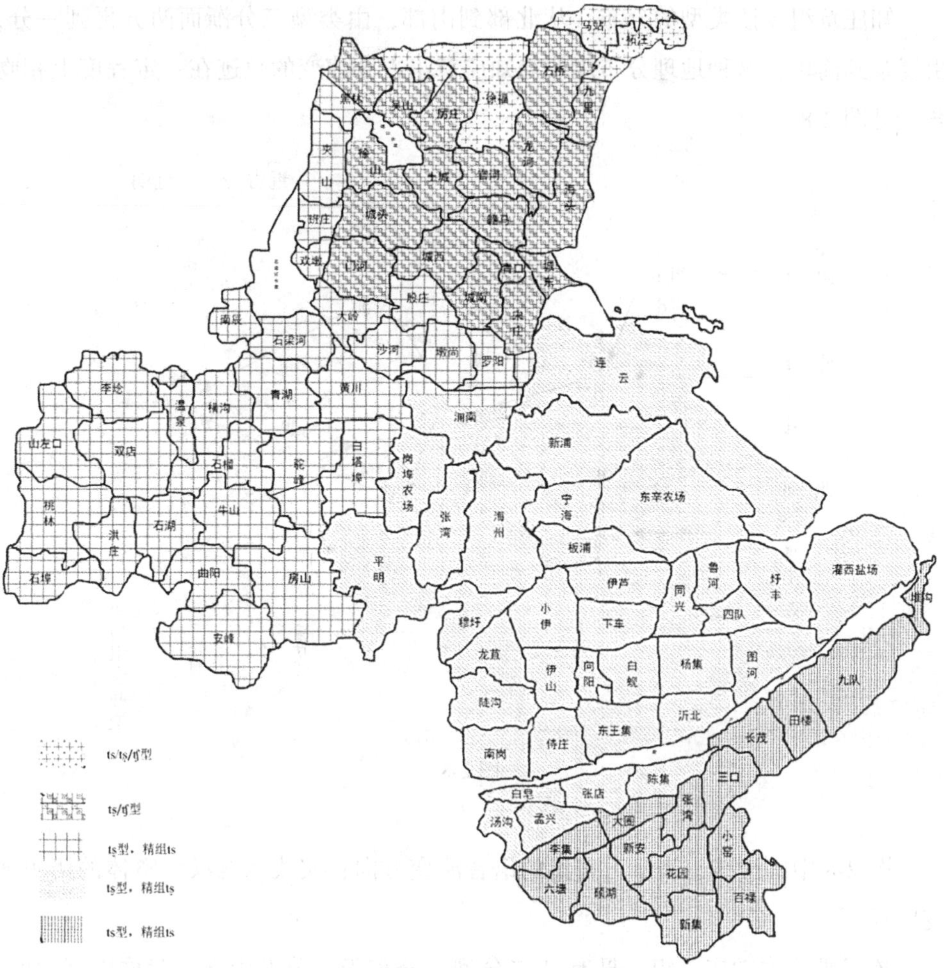

图 2-7　知庄章组今读类型分布

知庄章组的今读分布和音读类型间迥异的语音表现，可以从知庄章组的历史形成和现时变化发展中找到原因。徐通锵(1991)说："由于一种语言在各地的发展演变速度不同等原因，各地方言之间在共时平面上的差异实际上可能正是该语言不同历史阶段特征的遗存，也就是说，语言的共时差异可以反映语言的历时变化。因而，地理语言学的研究成果是进行语言历史比较研究的重要基础，在缺乏历史文献资料的情况下更是如此。"宫钦第(2007)说："语言的空间差异代表语言发展的不同时间阶段。"

知庄章组今读类型的分布，从北部到南部，由类型三分渐而两分再到一分，由复杂到简单，这种地理分布规律与知庄章组古今演变的轨迹在一定程度上相吻合，见图 2-8。

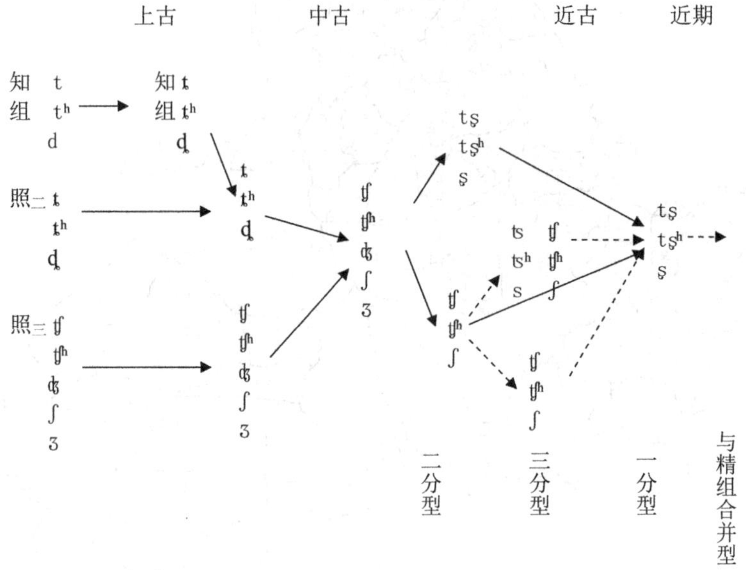

图 2-8

图 2-8 中的虚线，表示方言里的语音演变方向；实线示意汉语整体的历史演变路径。

连云港境内知庄章组声母 ʈʂ/ʧ 二分型，分布于三分型南部的赣榆中部地区，这一类型地区，部分知$_{三}$章组字已读同知$_{二}$庄组。照$_{二}$庄组声母在上古时期为舌上音 ʈ、ʈʰ，ɖ、ɕ、ʑ，照$_{三}$章组为正齿音 ʧ、ʧʰ、ʤ、ʃ、ʒ，浊音后来全部清化入同部位清音，中古时期照$_{三}$章组演变为 ʨ、ʨʰ、ɕ，ʧ、ʧʰ、ʃ 应是一种音读变体。赣榆方言里知庄章的 ʧ/ʈʂ 型与《广韵》系统对应，《中原音韵》里仍可见 ʧ、ʧʰ、ʃ 和 ʈʂ、ʈʂʰ、ʂ 两组声母的对立，但明代《韵略易通》已不见这种类型分立。由此推断，ʧ、ʧʰ、ʃ 并入 ʈʂ、ʈʂʰ、ʂ 的时间，应该是 14—15 世纪。

三分型 ʦ/ʧ/ʈʂ，知$_{二}$庄组合为 ʈʂ 组，知$_{三}$章组依韵摄分为 ʦ/ʧ 两套。这一类型仅见于赣榆北部的厉庄、徐福和马站几个乡镇，而这几个乡镇均与山东莒南接壤。根据材料，莒南方言知庄章组读音情况见表 2-18。

表 2-18

莒南县	知庄章三分	知章组	tʂ、tʂʰ、ʂ，tʃ、tʃʰ、ʃ
		庄组	tʂ、tʂʰ、ʂ，tʃ、tʃʰ、ʃ，tθ、tθʰ、θ

说明：莒南材料来自《莒南方言语音研究》(逯全秀，2010)。

虽然三分的具体情况不同，但因地理位置相近，可能受莒南方言的影响，赣榆北部边界地区知庄章三分为 ts/tʂ/tʃ 组声母。从方言演变历史和规律等角度看，知庄章组三分型并不稳定，会进一步演变，主要原因如下：

①知庄章组区分过于细致，而语言是向着简化的方向演变。

②语音类型分布范围的大小，往往能说明这一类型的活力和未来。知庄章组三分型分布的范围较小，在三分型周围的地区，分布更广泛的是二分型或者一分型这些更为简化的音读类型(见表 2-19)。与这些更为简化的音读类型的接触或是受到普通话的强势影响，三分型都会更加不稳定。

表 2-19

北部	日照①		二分型：tʂ/tʃ 或 ts/tʃ
	临沂②	莒南	三分型：tʂ/tʃ/tθ
		兰山	一分型：tʂ
西部	临沂	临沭	一分型：tʂ
		郯城	一分型：tʂ
南部	赣榆中部地区		二分型：tʂ/tʃ

说明：①日照材料参照《日照方言知庄章和精见端的读音类型》(岳立静，2005)。文中调查了日照 24 个点的知庄章组情况。

②临沂各点材料参照现有研究。

③在这一地区，精知庄章组声母多读 tθ、tθʰ、θ，ts、tsʰ、s，tʂ、tʂʰ、ʂ，tʃ、tʃʰ、ʃ，这几组声母发音部位相近，容易发生音类的分合与转移等语音变化，甚至可能引发语音系统内的链移式音变。在知庄章三组声母古今演变过程中，已可见这几组声母间转移、合并等变化过程。

基于以上三个原因，知庄章组声母三分型的语音分布格局很不稳定，进一步演变的可能性较大。

二分型和三分型，应当都是对《中原音韵》时代古官话音系特征的保留、发展及演变。

一分型 tʂ，知庄章组合为一组声母 tʂ、tʂ^h、ʂ，是 15 世纪之后知庄章三组声母的读音情况，与普通话情况相同。

与精组合并的一分型，这一类型分布在连云港中部和南部的江淮官话区内，是在知庄章组合并为一类的基础上，声类间进一步的演变合并，是方言语音系统简化过程和演变趋势的现实体现。

连云港境内从北向南分布的知庄章组的几种今读类型以及知庄章组与精组的不同分合关系，反映了三组声母从分开到合并的总体趋势，每一种类型体现了语音发展的不同历史层次。

二、日母

中古日母字数量不多，各方言中日母的读音情况不同，而且，止摄和非止摄前的日母读音也往往有差异，下面分开讨论。

（一）止摄日母今读分布

依据是否有浊音声母，首先可大体分为浊边音 ɭ 型和零声母ø型两大类，每一大类里根据具体音值分为若干小类，交界地区存在过渡的音读类型，也单独作为一类，各类型和分布见表 2-20。

表 2-20

ø型	a	过渡型	ε/a	ɭ 型	ɭə
	ε		ε/ɚ		
	ɚ		ɭə/ɚ		

ɭ 型，集中在连云港东海县北部和赣榆县的中原官话地区。这一类型同时见于赣榆北部的临沂莒南方言和东海西部的临沂郯城方言中。止摄日母读 ɭ，是这一片地区止摄日母普遍的音读类型。

ɭə/ɚ 型，是一种过渡类型，比如：东海石湖“儿”ɭə，“耳、二”ɚ。这一类

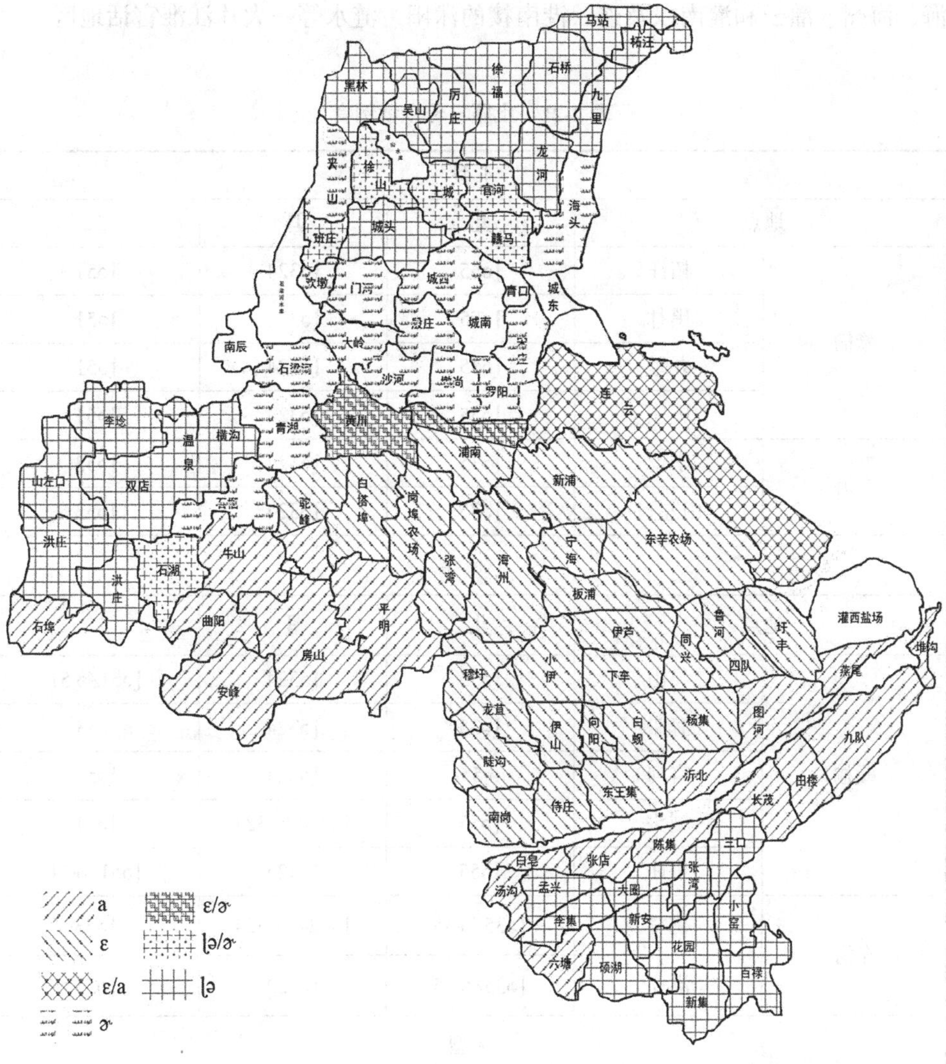

图 2-9　止摄日母今读类型分布

型地区，止摄日母原来应该均读 ʅ，但因受到周边方言的影响，部分字变读零声母的 ɚ 音，这是过渡地带常见的方言现象。不过，零声母 ɚ 音的出现，除了方言接触的原因之外，还有普通话的强势影响。

ε/ɚ 型，仅见于东海东北部靠近赣榆县的黄川镇。北部石梁河等一片地区均是 ɚ 音，而南部白塔等一片地区多读 ε 音，是 ε 型和 ɚ 型间的过渡类型。

ø型，是连云港境内江淮官话区止摄日母今读的主要类型，分布在新浦、东海、海州、灌云和灌南以及连云港南接的沭阳、涟水等一大片江淮官话地区。

表 2-21　止摄日母今读例音

ɭ 型				
地点		**儿**	**耳**	**二**
赣榆	柘汪	ɭə55	ɭə324	ɭə51
	黑林	ɭə55	ɭə324	ɭə51
	九里	ɭə55	ɭə324	ɭə51
	厉庄	ɭə55	ɭə324	ɭə51
东海	李埝	ɭə35	ɭə324	ɭə53
	山左口	ɭə35	ɭə324	ɭə53
ɭ/ɚ 型				
地点		**儿**	**耳**	**二**
赣榆	吴山	ɭə55	ɭə324	ɭə51/ɚ51
	海头	ɭə35	ɭə324	ɚ53
	官河	ɚ55	ɭə324	ɭə51
	城头	ɭə55	ɭə324/ɚ324	ɭə51
	班庄	ɭə55	ɭə324	ɭə51/ɚ51
东海	桃林	ɭə35/ɚ35	ɭə324/ɚ324	ɭə53
	洪庄	ɭə35/ɚ35	ɭə324	ɭə53
ɚ 型				
地点		**儿**	**耳**	**二**
赣榆	青口	ɚ55	ɚ324	ɚ51
	沙河	ɚ35	ɚ324	ɚ53
	门河	ɚ55	ɚ324	ɚ51
	城西	ɚ55	ɚ324	ɚ51
	墩尚	ɚ55	ɚ324	ɚ51
东海	石梁河	ɚ55	ɚ324	ɚ51

续表

ɚ/ε 型				
地点		儿	耳	二
东海	黄川	ɚ35	ɚ324	ε53
	浦南北	ɚ35	ε324	ε35
ε 型				
地点		儿	耳	二
东海	驼峰北	ε13	ε324	ε35
	浦南南	ε13	ε324	ε13
	白塔	ε13	ε324	ε13
	新浦	ε13	ε324	ε35
灌云	圩丰	ε13	ε324	ε35
	侍庄	ε13	ε324	ε35
	伊山	ε13	ε324	ε35
	杨集	ε13	ε324	ε35
	南岗	ε13	ε324	ε35
灌南	六塘	ε13	ε42	ε35
a/ε 型				
地点		儿	耳	二
	朝阳	ε13	ε324	a35/ε35
a 型				
地点		儿	耳	二
东海	驼峰南	a13	a31	a35
	牛山	a55	a324	a41
	安峰	a13	a324	a35
	平明	a13	a324	a35
灌南	陈集	a13	a324	a35
	长茂	a13	a42	a35
	九队	a13	a42	a35
	响水	a24	a214	a24

(二)非止摄日母今读分布

非止摄日母在连云港各地的今读形式，可大体分为四种类型：零声母Ø型、ʐ 型、ʐ/Ø型和 ʐ/z/l/Ø型。各种类型的地理分布见图 2-10。

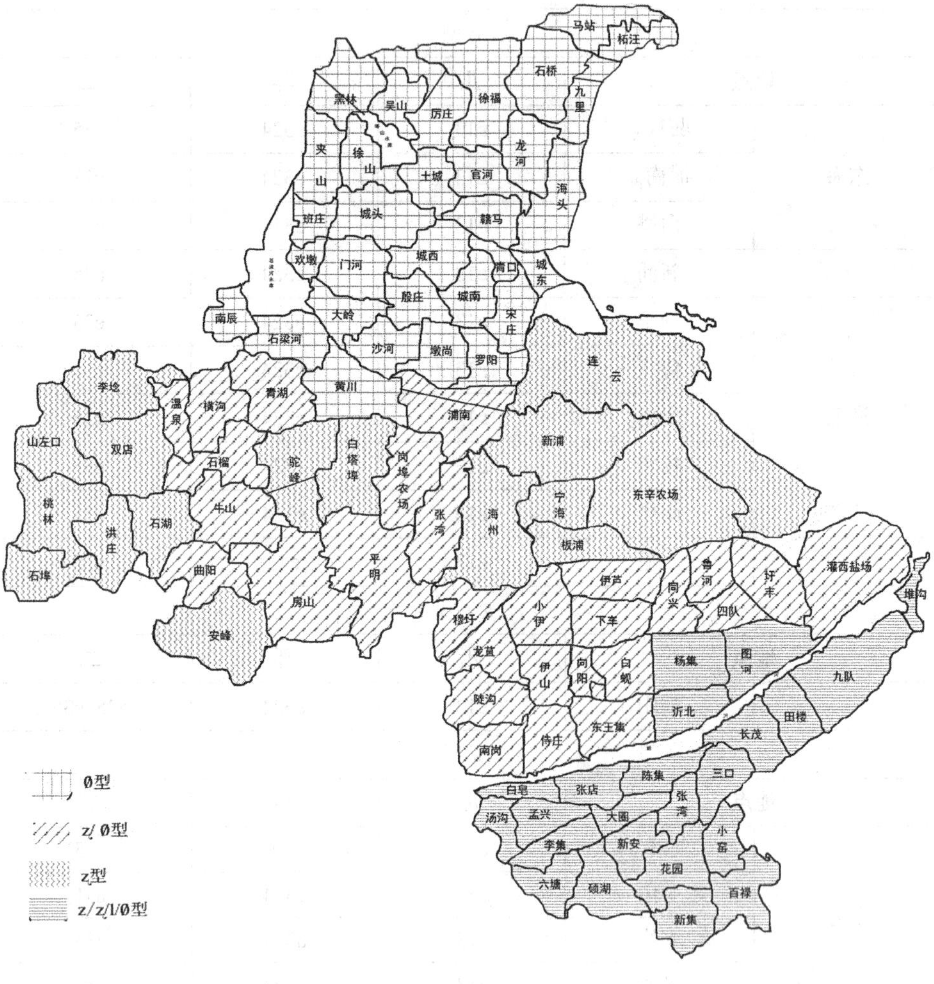

图 2-10　非止摄日母今读类型分布

零声母Ø型，分布于赣榆全境以及北部相邻的日照、临沂等地区。这一类型非止摄日母字与其他类型相比，一个显著特点是韵母多了-i-或-y-介音，与中古三等韵的形式特点相一致。

ʐ 型，是今中原官话和江淮官话区非止摄日母的一种主要类型。新浦、海州、连云非止摄日母今均为 ʐ。新浦、海州通摄的“闰”两读 ioŋ35/ʐoŋ35。因为只有这一个字有零声母音读，在语音系统中的分布很小，只将它视作特殊的读音情况，不影响对这一地区非止摄日母今读类型的判断。

ʐ/ø型，有两片较集中的分布区域，一片是在东海境内的中原官话和江淮官话间的过渡地带，另一片是在灌云地区。东海境内 ʐ/ø型地区，ʐ 和ø两声母在语音系统内的分布较整齐，假、咸、山摄开口以及臻摄合口日母字，如“惹、染、冉、燃~放、然~后、热、闰”等多读零声母ø；其余的非止摄日母字读 ʐ。灌云境内，非止摄日母字多读 ʐ，少数字读零声母ø，见表 2-22。

表 2-22

杨集	热 ieʔ4
	日 iɪʔ4/ʐəʔ4
图河、圩丰	热 ieʔ4

ʐ/ø/z/l 型，集中在灌南县，灌南南面的涟水、响水、沭阳方言非止摄也有这几个音读形式，如：l 母见于射阳，z 母见于涟水方言中。这一类型地区，日母字大部分读 z，但少数字声母为 ʐ、l、ø，见表 2-23。

表 2-23

新集	热 iɪʔ4、人 lən13/zən13
三口	热 ieʔ4、软 zõ42、人 lən13/zən13、认 lən42
李集	热 iɪʔ4、软 lõ42/yõ42、人 zən13、认 ʐən13/zən13
长茂	日 iɪʔ4/zəʔ4、软 zõ42
堆沟	扔 lən13、人 zən13/lən13、肉 zoʔ4/ʐəu35
陈集	热 iɪl4、揉 ləu13
响水	人 lən、乳 ʐu/lu

非止摄日母今读类型的地理分布有一些明显的规律和特点：浊音声母 ʐ、z、

l 主要在连云港中北部地区，中部东海、新浦、连云和海州地区主要是 ʐ 声母，而南部灌南以及灌云南部地区，舌尖前浊音 z 是主要类型，发音部位前移；而连云港北部赣榆地区，主要是零声母ø，是非止摄日母较特殊的读音。

非止摄日母几种类型的读音情况，详见表 2-24。

表 2-24　非止摄日母今读例音

Ø型								
	人	**肉**	**日**	**热**	**软**	**惹**	**让**	**扔**
马站	iŋ55	iəu51	i213	ie213	yã^{n}324	ie324	iaŋ51	iŋ213
海头	iŋ35	iəu53	i213	ie213	yã^{n}324	ie324	iaŋ53	iŋ213
厉庄	iŋ55	iəu51	i213	ie213	yã^{n}324	ie324	iaŋ51	iŋ213
官河	iəŋ55	iəu51	i213	ie213	yã^{n}324	ie324	iaŋ51	iəŋ213
青口	in55	iəu51	i213	ie213	yã^{n}324	ie324	iaŋ213 iaŋ51	iŋ213
城西	iəŋ55	iəu51	i213	ie213	yã^{n}324	ie324	iaŋ51	iəŋ213
墩尚	iŋ35	iəu53	i213	ie213	yã^{n}324 ʐuã^{n}324	ie324	iaŋ51	iŋ213
ʐ/Ø型								
	人	**肉**	**日**	**热**	**软**	**惹**	**让**	**扔**
牛山	ʐəŋ55	ʐuɷʔ4 ʐəu55	ʐəʔ4	ʐɐʔ4	ʐuã324	ʐə324	ʐaŋ41	ʐəŋ213
李埝	in35 ʐən53	iəu53	ʐi213	ʐə213	ʐuan324	ʐə324	ʐaŋ53	ʐəŋ213
安峰	ʐəŋ35	ʐəu35	ʐəʔ4	ʐəʔ4	ʐõ31	ʐei31	ʐaŋ35	ʐəŋ213
石梁河	in35	iəu51	ʐi213	ie213	yan324	ie324	iaŋ51	iŋ213
黄川	in35	iəu53	ʐi213	ie213	yan324	ie324	iaŋ53	iŋ213
白塔	ʐəŋ13	ʐəu35	ʐəʔ34	ʐəʔ34	ʐõ324	ʐei324	ʐaŋ35	ʐəŋ213
平明	ʐəŋ13	ʐəu35	ʐəʔ4	ʐəʔ4	ʐõ324	ʐei324	ʐaŋ35	ʐəŋ213
ʐ/Ø型								

续表

	人	肉	日	热	软	惹	让	扔
朝阳	ʐəŋ13	ʐəu35	ʐəʔ4	ʐaʔ4 ʐəʔ4	ʐʊ̃324	ʐei324 iɪ213	ʐaŋ35	ʐəŋ213
板浦	ʐəŋ13	ʐəu35	ʐəʔ4	ʐəʔ4	ʐʊ̃324	ʐei324	ʐaŋ35	ʐəŋ213
下车	ʐəŋ13	ʐoʔ4	ʐəʔ4	iəʔ4	ʐʊ̃324	ʐei324	ʐaŋ35	ʐəŋ213
侍庄	ʐəŋ13	ʐoʔ4	ʐəʔ4	ʐaʔ4 iəʔ4	ʐʊ̃324	ʐei324 iɪ213	ʐaŋ35	ʐəŋ213
南岗	ʐəŋ13	ʐɔʔ4	ʐəʔ4	ʐaʔ4 iəʔ4	ʐʊ̃324	ʐei324 iɪ213	ʐaŋ35	ʐəŋ213
圩丰	ʐəŋ13	ʐɔʔ4	ʐəʔ4	iaʔ4 ieʔ4	ʐʊ̃324	iɪ213	ʐaŋ35	ʐəŋ213
ʐ/Ø/z/l 型								
	人	肉	日	热	软	惹	让	扔
杨集	ʐəŋ13	ʐoʔ4	ʐəʔ4	ieʔ4	ʐʊ̃324	ʐei324 iɪ213	ʐaŋ35	ləŋ213
图河	zəŋ13	ʐoʔ4	ʐəʔ4	ieʔ4	zʊ̃324	iɪ213	ʐaŋ35	ləŋ213
新集	zən13 lən13	zoʔ4 zəu35 ʐəu35	zəʔ4	iɪʔ4	zʊ̃42	iɪ21	zaŋ35	lən21
陈集	zən13	ʐəu35	zəʔ4	ieʔ4	ʐʊ̃42	zei42	zaŋ35	lən21
三口	ʐən13	ʐəu35	zəʔ4 ʐəʔ4	ieʔ4	zʊ̃33	zei42 iɪ21	ʐaŋ35	lən21 ʐən21
六塘	lən13 ʐən13	zoʔ4 ʐəu35	ʐəʔ4	ieʔ4	ʐʊ̃42	iɪ21	zaŋ35	lən21 ʐən21
李集	zən13	ʐoʔ4	ʐəʔ4	iɪʔ4	zʊ̃42	iɪ21	zaŋ35	lən21 zən21
九队	zən13 lən13	ʐəu35	ʐəʔ4	iɪʔ4 iɪ35	zʊ̃42	iɪ21	zaŋ35	lən21 zən21
ʐ/Ø/z/l 型								

续表

	人	肉	日	热	软	惹	让	扔
长茂	zən13	zəu35	ʐəʔ4	iɪʔ4	ʐʊ̃42	zei42 iɪ21	zaŋ35	lən21 zən21
响水	ʐən24	ʐəu55	ʐəʔ$\underline{13}$	ieʔ$\underline{13}$	ʐõ214	i214	ʐaŋ55	ʐən41
涟水	zən35	zɔʔ$\underline{34}$	zəʔ$\underline{34}$	iɪʔ$\underline{34}$	zõ212	zei212	zaŋ55	zən31

说明：朝阳“肉”舒化明显，记作舒声。

东海牛山镇的记音，参照《东海方言研究》(苏晓青，1997)。

响水材料引自《响水县方言音系比较研究》(张军，2004)。

涟水材料来自《涟水方言研究》(胡士云，2011)。

(三) 日母今读类型分布的形成过程

上文已对日母今读的类型和分布情况进行了分析，止摄与非止摄日母今读的几种类型，比如：ɭ(舌尖后浊边间)、l(舌尖前浊边音)、z(舌尖前浊擦音)，语音形式间的差异较大。这几种不同的音读形式是由同一个古音经过不同的路径演变来的。日母在各个历史时期的读音情况大致如表 2-25①。

表 2-25

时　　期	读　　音
上古至中唐	ȵ
晚唐、五代及宋代	舌面前浊闪音 r(ɾ)②
元代	支思韵为舌尖后浊闪音 ɽ
	其余为 r

① 根据王力《汉语语音史》整理。

② 王力(1985)中说 r 严式记音应为 ɾ，因为韵图中来日排在一起，称为半舌、半齿，发音部位相近。

续表

时　期	读　音
明清	元代读 ɽ 音的支思韵读零声母 ɚ
	元代读 r 音的日母变读 ɽ
近代	Ø，ɽ，同明清
现代	Ø，ɻ

表 2-25 说明了日母在各个历史阶段的读音形式，但还未清楚地说明日母演变的原因和条件等问题。对日母的演变问题，丁邦新先生(1987)认为“日母的演变大致是由鼻音产生同部位的浊擦音，在官话中大部分变 ʐ 或 l，小部分读舌尖鼻音 n-，如汉口；或改读 l-，如扬州；或变零声母，如沈阳、胶东”。王力(1985)等研究将中古日母的读音构拟为 ɳ̥ 或 ɳ̥ʑ，并认为这个读音具有进一步边音化和舌尖化的分化条件，日母今读各种形式的形成过程，大致如下：

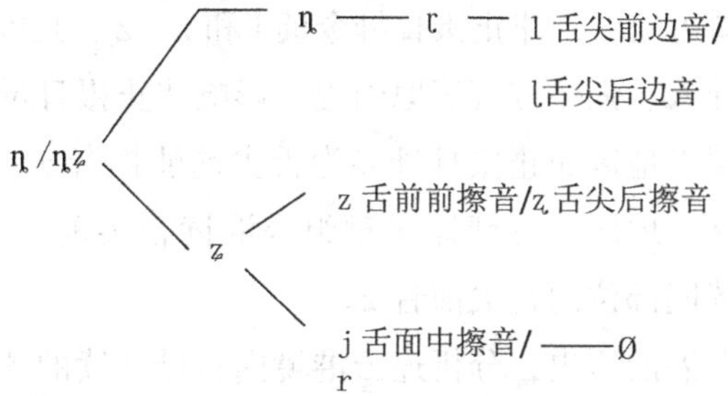

从连云港地区日母今读类型与历史形成过程的对比中，能发现日母各种音读类型包含着语音演变的历史信息。

日母从元代起就分化为两类，耳 ɽ ≠ 日 r，日母止摄与非止摄的今读类型不同，需要分开讨论，这正是元代起日母读音分化这一演变历史的保存。今连云港各方言点，日母均分化止摄之、脂、支韵与非止摄两类声母，见表 2-26。

表 2-26

	方言点	止摄日母	非止摄日母
北部	徐福、马站	ɭə	零声母Ø
中北部	沙河、墩尚、黄川	零声母 ɚ 韵	零声母Ø
南部	灌南	零声母 a 或 ɛ 韵	舌尖后浊擦音 ʐ 舌尖前浊擦音 z 边音 l 零声母Ø

北部赣榆地区，止摄日母今读浊边音 ɭ，这正是古日母边音化发展演变轨迹的证明。元代的浊闪音 ɽ 与止摄支脂志韵拼合读为 ɽʅ，如“儿而耳饵尔二贰”，但后来随着韵母变读央元音，声母 ɽ 也变读为同部位相近的浊边音 ɭ。

赣榆南部的沙河、墩尚等地，日母今读情况较特殊，止摄与非止摄日母均为零声母ø，这种音读情况，相较于周围地区日母的读音情况，也是一种过渡类型。

连云港中南部大片地区，止摄日母普通话读为零声母，虽然具体音值不同，但基本都是明清以后止摄日母变读零声母之后继续演变的各个阶段的反映。

明清至今，非止摄日母由 r 变读 ɽ 后，继续变读边音 l 或是相近发音部位的浊擦音 ʐ。灌南及周边地区，非止摄日母今读 l 和 z、ʐ，是因为每个字的演变速度有快有慢，人口迁入、强势方言等原因也会影响非止摄日母在这一地区的具体语音表现。另外，灌南地区非止摄日母多为舌尖前浊擦音 z，也体现了语音及语音演变的系统性，这一地区，古精知庄章组今混读舌尖前音 ʦ、$ʦ^h$、s，日母也随知庄章组声母变读同部位的舌尖前音 z。

结合汉语语音发展的历史，分析连云港境内日母今读的各种类型及其地理分布，我们能发现日母在这一个地域范围内曾发生的演变并判断其所处的历史演变阶段，找到日母各种今读类型的时空坐标。

第四节　见　系

连云港境内，见晓组洪音字今均为舌根音声母 k、k^h、x。见系细音的今读存在类型和分布差异。

一、见晓组细音

（一）见晓组细音今读的类型

见系字是舌根声母，发音部位靠后，当后跟前高元音时，发音部位较容易前移，发生腭化甚至是舌尖化现象。见晓组洪音字读 k、kʰ、x，在连云港地区基本相同，但见晓组细音今读却有不同的类型。有的地区，见晓组细音因受韵母介音-i-的影响，发音部位前移，但没有发生腭化；已经腭化的地区，有的已经舌尖化。音读类型见表 2-27：

表 2-27

腭化	tɕ 型Ⅰ	tɕ、tɕʰ、ɕ
	tɕ 型Ⅱ	tɕ、tɕʰ、ɕ，有舌尖化 ts、tsʰ、s
未腭化	c 型	c、cʰ、ç
过渡型	tɕ/c 型	部分读 tɕ、tɕʰ、ɕ，部分读 c、cʰ、ç

见系声母腭化为 tɕ、tɕʰ、ɕ 的读音类型，分布在赣榆南部的罗阳、墩尚等乡镇和东海境内的中原官话地区以及连云港中南部的全部江淮官话地区，这一类型的存在范围最为广泛。tɕ 型内部存在细微差异，江淮官话区内的一些点，与蟹止摄相拼的见组细音声母在韵母舌尖化现象逆同化的作用下，也随韵母舌尖化为 ts、tsʰ、s，中原官话地区以及东海中南部的江淮官话地区没有这一种音变现象。

tɕ/c 型和 c 型，这两种类型集中在赣榆中部和北部地区。c 型分布在吴山、官河、赣马、城西和门河地区，部分见组细音字有声母 tɕ 和 c 两读的情况，有的字还保留 c 音，而且，发音人的年纪越大，见组细音读 c 音的保存程度越大。tɕ/c 型，见于九里南部地区，见组细音已大部分腭化为 tɕ、tɕʰ、ɕ，仅少数字还读 c、cʰ、ç。c 型和 tɕ/c 型地区被 tɕ 型分布的地区包围。tɕ/c 型和 c 型的地理分布和今读情况反映了见组细音声母在这一地区的演变趋势，c、cʰ、ç 音减少，而腭化的 tɕ、tɕʰ、ɕ 音逐渐增加。

这几种类型的地理分布，见图 2-11。

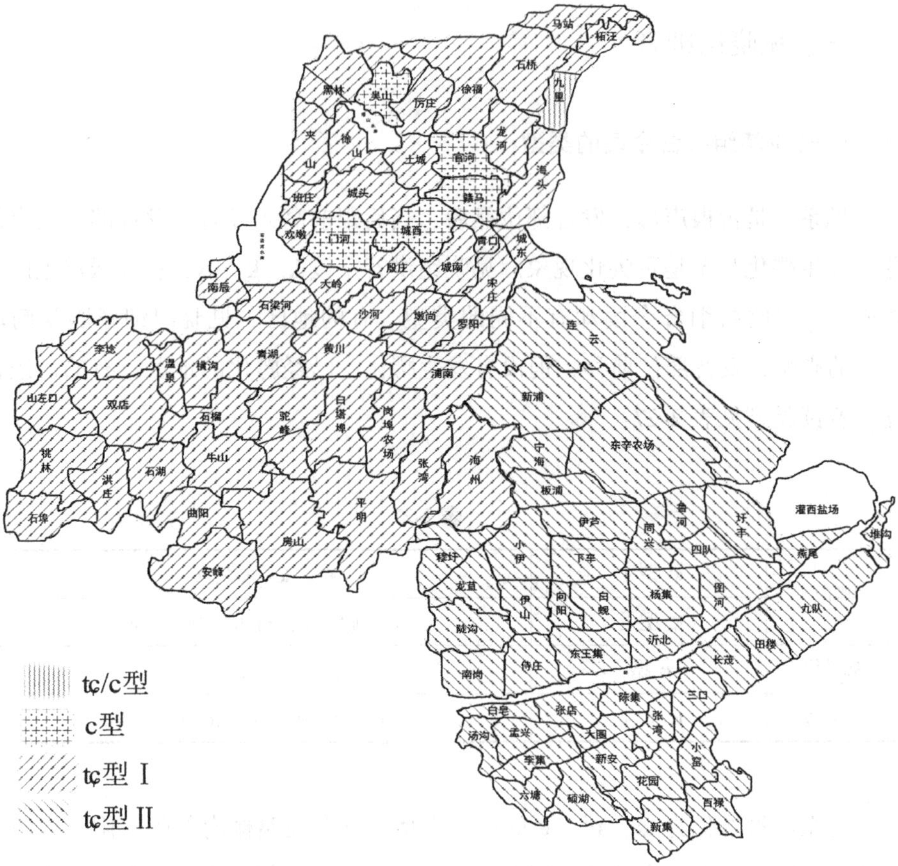

图 2-11　见晓组细音今读类型分布

以如下例字说明见晓组细音的今读情况，见表 2-28。

表 2-28　见晓组细音声母今读例音

c 型、tɕ/c 型									
	见			溪			群		
	举	**寄**	**九**	**去**	**起**	**汽**	**旗**	**桥**	**近**
官河	cy324	ci51	ciəu324	cʰy51	cʰi324	cʰi51	cʰi55	cʰiau55 tɕʰiau55	cin51 tɕin51
门河	cy324	ci51	ciəu324	cʰy51	cʰi324	cʰi51	cʰi55	cʰiau55	tɕin51

续表

c型、tɕ/c型									
	见			溪			群		
	举	**寄**	**九**	**去**	**起**	**汽**	**旗**	**桥**	**近**
城西	cy324	ci51	ciəu324	cʰy51	cʰi324	cʰi51	cʰi55	cʰiau55	cin51
九里	cy324	tɕi51	tɕiəu324	cʰy51	cʰi324	cʰi51	cʰi55	tɕʰiau55	cin51
tɕ型Ⅰ									
	见			溪			群		
	举	**寄**	**九**	**去**	**起**	**汽**	**旗**	**桥**	**近**
马站	tɕy324	tɕi51	tɕiəu324	tɕʰy51	tɕʰi324	tɕʰi51	tɕʰi55	tɕʰiau55	tɕin51
石桥	tɕy324	tɕi53	tɕiəu324	tɕʰy53	tɕʰi324	tɕʰi53	tɕʰi55	tɕʰiau55	tɕin53
海头	tɕy324	tɕi53	tɕiəu324	tɕʰy53	tɕʰi324	tɕʰi53	tɕʰi35	tɕʰiau35	tɕin53
黑林$_{西}$	tɕy324	tɕi51	tɕiəu324	tɕʰy51	tɕʰi324	tɕʰi51	tɕʰi55	tɕʰiau55	tɕin51
黑林$_{东}$	tɕy324	tɕi51	tɕiəu324	tɕʰy51	tɕʰi324	tɕʰi51	tɕʰi55	tɕʰiau55	tɕin51
厉庄	tɕy324	tɕi53	tɕiəu324	tɕʰy51	tɕʰi324	tɕʰi51	tɕʰi55	tɕʰiau55	tɕiŋ51
城头	tɕy324	tɕi51	tɕiəu324	tɕʰy51	tɕʰi324	tɕʰi51	tɕʰi55	tɕʰiau55	tɕin51
青口	tɕy324	tɕi51	tɕiəu324	tɕʰy51	tɕʰi324	tɕʰi51	tɕʰi55	tɕʰiau55	tɕin51
班庄	tɕy324	tɕi51	tɕiəu324	tɕʰy51	tɕʰi324	tɕʰi51	tɕʰi55	tɕʰiau55	tɕin51
墩尚	tɕy324	tɕi53	tɕiəu324	tɕʰy53	tɕʰi324	tɕʰi53	tɕʰi35	tɕʰiau55	tɕin53
李埝	tɕy324	tɕi53	tɕiəu324	tɕʰy53	tɕʰi324	tɕʰi53	tɕʰi35	tɕʰiau35	tɕin53
石梁河	tɕy324	tɕi51	tɕiəu324	tɕʰy51	tɕʰi324	tɕʰi51	tɕʰi55	tɕʰiau53	tɕin53
牛山	tɕy324	tɕi41	tɕiəu324	tɕʰy41	tɕʰi324	tɕʰi41	tɕʰi55	tɕʰiɔ55	tɕiŋ41
安峰	tɕy324	tɕi35	tɕiəu31	tɕʰy35	tɕʰi31	tɕʰi35	tɕʰi13	tɕʰiɔ13	tɕin35
驼峰$_{北}$	tɕy324	tɕi35	tɕiəu324	tɕʰy35	tɕʰi324	tɕʰi35	tɕʰi13	tɕʰiɔ13	tɕin35
海州	tɕy324	tɕi35	tɕiəu324	tɕʰy35	tɕʰi324	tɕʰi35	tɕʰi13	tɕʰiɔ13	tɕin35
tɕ型Ⅱ									
	见			溪			群		
	举	**寄**	**九**	**去**	**起**	**汽**	**旗**	**桥**	**近**
新浦	tɕy324	tɕi35 tsɿ35	tɕiəu324	tɕʰy35	tɕʰi324$_{老}$ tsʰɿ324$_{新}$	tɕʰi35$_{老}$ tsʰɿ35$_{新}$	tɕʰi35$_{老}$ tsʰɿ35$_{新}$	tɕʰiɔ13	tɕiŋ35

续表

tɕ型Ⅱ									
	见			溪			群		
	举	寄	九	去	起	汽	旗	桥	近
朝阳	ʨy324	ʨi35 ʦɿ35	ʨiəu324	ʨʰy35	ʨʰi324老 ʦʰɿ324新	ʨʰi35老 ʦʰɿ35新	ʨʰi35老 ʦʰɿ35新	ʨʰiɔ13	ʨiŋ35
南岗	ʨy324	ʦɿ35	ʨiy324	ʨʰy35	ʦʰɿ324	ʦʰɿ35	ʦʰɿ13	ʨʰiɯ13	ʨiŋ35
侍庄	ʨy324	ʦɿ35 ʨi35	ʨiəu324	ʨʰy35	ʦʰɿ324 ʨʰi324	ʦʰɿ35	ʦʰɿ13	ʨʰiɯ13	ʨiŋ35
圩丰	ʨy324	ʦɿ35 ʨi35	ʨiəu324	ʨʰy35	ʦʰɿ324 ʨʰi324	ʦʰɿ35	ʦʰɿ13	ʨʰiɯ13	ʨiŋ35
杨集	ʨy324	ʦɿ35 ʨi35	ʨiy324	ʨʰy35	ʦʰɿ324 ʨʰi324	ʦʰɿ35	ʦʰɿ13	ʨʰiɯ13	ʨiŋ35
图河	ʨy324	ʦɿ35 ʨi35	ʨiy324	ʨʰy35	ʦʰɿ324 ʨʰi324	ʦʰɿ35	ʦʰɿ13	ʨʰiɯ13	ʨiŋ35
陈集	ʨy324	ʦɿ35 ʨi35	ʨiy324	ʨʰy35	ʦʰɿ324 ʨʰi324	ʦʰɿ35	ʦʰɿ13	ʨʰiɯ13	ʨiŋ35
李集	ʨy42	ʦɿ35	ʨiy42	ʨʰy35	ʦʰɿ42	ʦʰɿ35	ʦʰɿ13	ʨʰiɯ13	ʨin35
六塘	ʨy42	ʦɿ35	ʨiy42	ʨʰy35	ʦʰɿ42	ʦʰɿ35	ʦʰɿ13	ʨʰiɯ13	ʨin35
长茂	ʨy42	ʦɿ35	ʨiy42	ʨʰy35	ʦʰɿ42	ʦʰɿ35	ʦʰɿ13	ʨʰiɯ13	ʨin35
三口	ʨy33	ʦɿ35 ʨi35	ʨiy33	ʨʰy35	ʦʰɿ33 ʨʰi33	ʦʰɿ35 ʨʰi35	ʦʰɿ13	ʨʰiɯ13	ʨin35
九队	ʨy42	ʦɿ35 ʨi35	ʨiy33	ʨʰy35	ʦʰɿ42 ʨʰi42	ʦʰɿ35 ʨʰi35	ʦʰɿ13	ʨʰiɯ13	ʨin35

(二)见晓组细音今读分布的形成过程

上文已对见组细音的今读类型 tɕ、$tɕ^h$、ɕ 和 c、c^h、ç 的分布情况进行了描述，这些音读类型各有其分布范围。

见组声母发音部位靠后，古音拟为 k、k^h、x，清晚期，见组开合口和齐撮口分化为 k、k^h、x 和 tɕ、$tɕ^h$、ɕ 两套。王力(1985)根据清乾隆年间《圆音正考》、明隆庆本的《韵略易通》和《五方元音》中提及的尖团音的情况认为"见系的分化在方言里先走一步，在北京话里则是清代后期的事情"。赣榆方言中的见组细音 c、c^h、ç，虽存有未腭化的古音特点，但发音部位前于 k、k^h、x，后于 tɕ、$tɕ^h$、ɕ。c、c^h、ç 型，分布范围很小，而且，这一类型地区年轻人见组细音腭化的程度很大，与老年人口音差异明显。c、c^h、ç 和 tɕ、$tɕ^h$、ɕ 发音部位接近，便于见组声母系统性地变化。因而，从见组细音 c、c^h、ç 今读的地理分布和社会分布以及语音演变的条件来看，c、c^h、ç 音虽未腭化，但却是见组细音向腭化方向演变的体现，是方言演变过程中的一种过渡阶段。今汉语方言中见组细音读 k、k^h、x 的古音特点，在粤、客、越方言中较好地保留着，也见于崇明、宁波等吴方言中，但官话中仅见于山西的阳城、临猗和平顺等少数地区。赣榆地区 c、c^h、ç 音读形式分布的范围狭小，是见晓组细音的古音层次在后来历代语音的冲洗下越来越稀薄并几近消失的状态的反映。

上文已说明 c、c^h、ç 音读类型所分布的赣榆地区，见晓组细音的今读形式已能观察到共时年龄差异，年轻人的口音中见晓组细音腭化的程度要大于老年人；另据《赣榆方言研究》(苏晓青，2011)，20 世纪 80 年代，见晓组细音读 c、c^h、ç 的范围与本次调查情况不一致，具体见表 2-29。

表 2-29

c c^h ç	赣榆方言研究	罗阳、墩尚、沙河、大岭、青口、宋庄、城南、殷庄、朱堵、门河、城头、赣马、班庄、徐山、九里、厉庄、徐福、石桥
	本次	官河、赣马、城西(朱堵)、门河

从这个对比中，已能看出见晓组细音读音的变化，c、c^h、ç 的分布范围已大大缩减了；同时，tɕ、tɕ^h、ɕ 型分布的范围大大增多了。见晓组细音的历史演变反映在地理上就是分布范围的减小。

见组细音今读类型分布范围最广泛的是完全腭化的舌面音 tɕ、tɕ^h、ɕ 及其变体形式舌叶音 tʃ、tʃ^h、ʃ。部分地区，元音的舌尖化会进一步影响声母，产生"韵母—声母"舌尖化的链移式音变，舌面音 tɕ、tɕ^h、ɕ 声母进一步舌尖化为 ts、ts^h、s。

在一些地点，还能偶尔发现散落的见晓母读为舌根音的痕迹，但已不是系统留存了，因为仅见于晓组细音，而且，这种现象多出现在词汇或语句中，字单念时仍为腭化音。如表 2-30。

表 2-30

堆沟$_{灌南}$ 九队$_{灌南}$	晓母	血 xiɪ
		兴$_{高～}$ xin
	匣母	现$_{～在}$ xii
		县$_{灌南～}$ xii
		苋$_{～菜}$ xii

见组细音在连云港地区的几种今读类型，呈现了见组细音历史演变的大致过程。见组细音今读类型分布与历史过程间的时空对应关系见图 2-12。

汉语方言的地理分布总体规律是，越往南，汉语方言反映的古音特征越多也越久远，南方汉语方言反映的大致是从上古到中古的汉语发展阶段，而北部反映的则是从中古到近古的演变阶段，汉语七大方言的分布就已体现了这种规律。当然，这是就汉语方言整体而言的，汉语方言在几千年的发展过程中，有大的历史发展方向和演变轨迹，也有许许多多的"意外"。方言的演变，除了语言内部的因素，如语言系统的调整、语言的借入等，也会受到诸多语言外部因素的影响，因而，在汉语发展与分布的普遍性之外也存在特殊性。

见系细音声母今在连云港地区从北至南的类型分布，反映了见系声母从古至今的演变轨迹，这是诸多"意外"中的一个。古音 c、c^h、ç，分布范围已经很小，

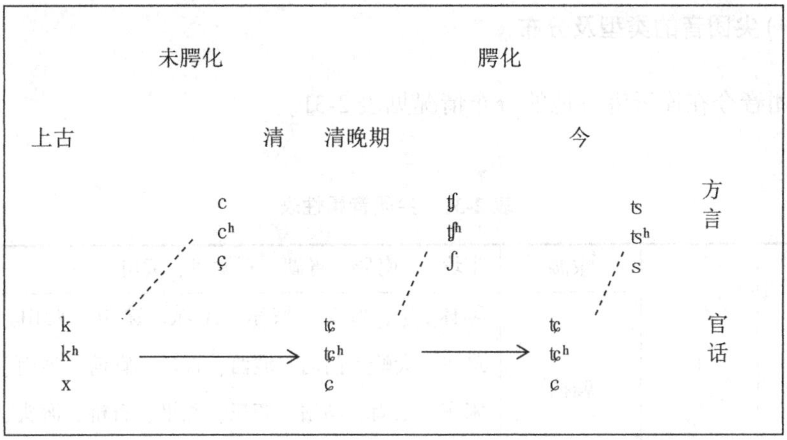

说明：据《赣榆方言研究》（苏晓青，2011），马站北部见晓组细音读 ʧ、ʧʰ、ʃ。本书中未单独列出。另外，赣榆北邻日照方言中，见晓组细音也有这一音读形式。

图 2-12

而且，这种形式逐渐淹没在其他语音形式中，演变的速度非常快。见组细音今读分布表现出的这种“意外”，只因它所藏身的地方，经济、政治等方面都较落后，社会发展速度较慢，方言受到的外部影响十分有限，所以，古音特征一直保存至今。

二、尖团音

关于这一地区尖团音问题，学界已有关注。《江苏省和上海市方言概况》中提到“第一区二十八点尖团都不分，古精清从心邪五母字和古见溪群晓匣五母字在今细音前不分，都读 ʨ、ʨ’、ɕ”，“尖团不分是第一区、第三区的共同特点，第四区八点，只有赣榆一点分尖团”，“赣榆分尖团，古精清从心邪五母字今不分洪细，都读 ts、ts’、s，古见溪群晓匣五母字今读 k、k’、x，逢细音前移 c、c’、ç”。也就是说，1950 年以前，江淮地区尖团合流，仅赣榆一点尖团分立。

本书中尖团音的概念较宽泛。尖音，指古精清从心邪五母字今不分洪细，都读 ts、tsʰ、s；团音，这里选用较宽位的概念，即未腭化的舌根音 k、kʰ、x 和舌面中音 c、cʰ、ç 以及腭化的舌面音 ʨ、ʨʰ、ɕ 或舌叶音 ʧ、ʧʰ、ʃ。

(一)尖团音的类型及分布

尖团音今在连云港各地的分布情况见表 2-31。

表 2-31　尖团音属性表

尖音	+	东海	李埝$_{北}$、南辰、青湖、石梁河、黄川
		赣榆	黑林$_{西、东}$、城头、城东、土城、徐山、夹山、欢墩、班庄、大岭、门河、城西、青口、官河、沙河、城南、宋庄、墩尚、马站、柘汪、九里、石桥、海头、徐福、龙河、吴山、厉庄$_{南、北}$、赣马
	−	赣榆	罗阳
		东海	牛山、房山、安峰、曲阳、白塔、浦南$_{北}$、驼峰$_{南、北}$、横沟、温泉、石榴、双店、李埝$_{南}$、山左口、桃林、石埠、石湖、洪庄、平明、张湾、浦南$_{南}$
		其他	海州、新浦、连云、朝阳、灌云、灌南
团音	+	赣榆	九里$_{北}$、吴山、厉庄$_{南、北}$、门河、城西、赣马、官河
	+/−	赣榆	九里$_{南}$、石桥①
	−	赣榆	马站、柘汪、海头、徐福、龙河、黑林$_{东、西}$、城头、城东、土城、徐山、夹山、欢墩、班庄、大岭、青口、沙河、殷庄、城南、宋庄、墩尚、罗阳
		其他	东海、海州、灌南②、新浦③、连云、灌云

说明：①这里将石桥归入有团音的类型。

②灌南一些乡镇，精清从心母今细音前基本腭，仅邪母部分字仍留有尖音，这里不将其视作有尖音，而作为尖音腭化。

③新浦等江淮官话区高元音前精、见组声母舌尖化，是音变现象，不作为尖音。

尖团音的今读有三种类型：

tθ、ʦ/c 型，尖音保留，为 tθ、tθ^{h}、θ 或 ʦ、ʦ^{h}、s，团音为 c、c^{h}、ç。

tθ、ʦ/ʨ 型，尖音保留，为 tθ、tθ^{h}、θ 或 ʦ、ʦ^{h}、s，团音为 ʨ、ʨ^{h}、ɕ。

tɕ/tɕ型，尖音和团音合流，为腭化音 tɕ、$tɕ^h$、ɕ。

三种类型的地理分布见图 2-13。

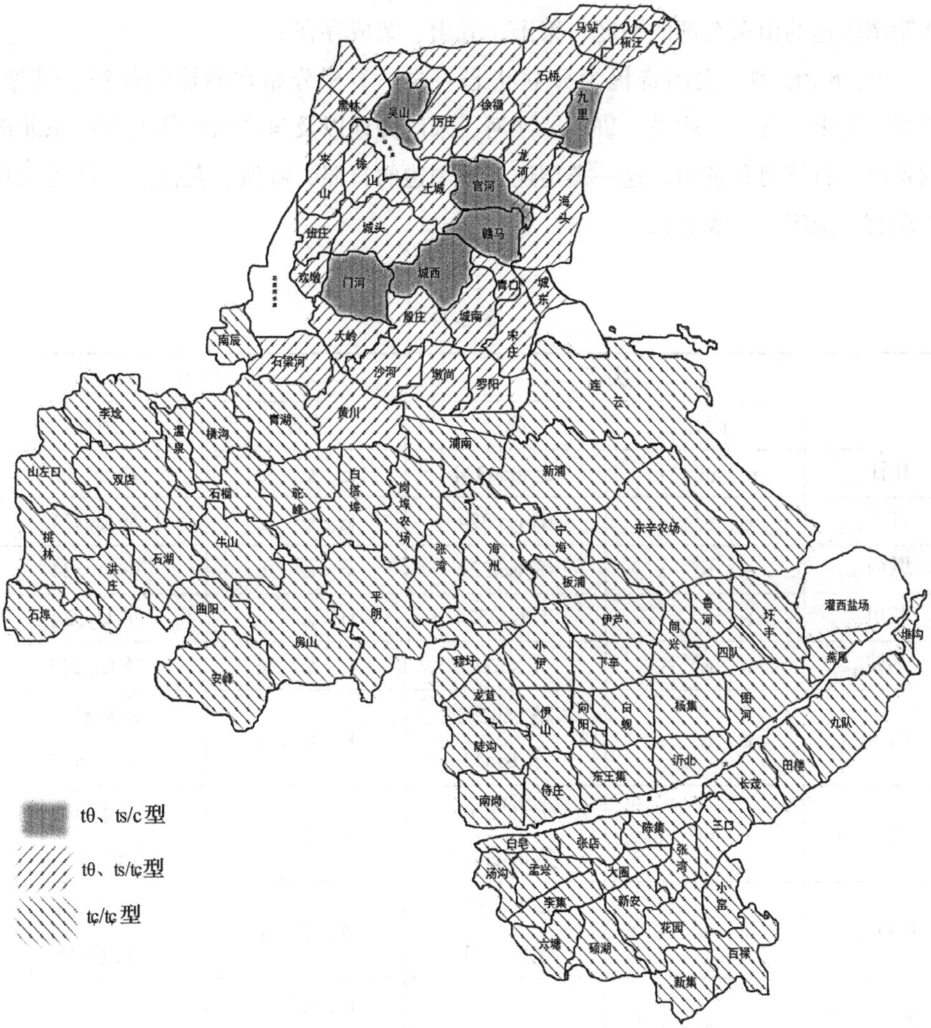

说明：音读类型按照“精组细音/见晓组细音”的格式表示。

图 2-13　尖团音今读类型分布

由尖团音的地理分布可见，从北至南，尖团音由分立渐渐合流。赣榆及与其相邻的东海东北部的石梁河和黄川两个乡镇，今尖团音分立；而其余地区，即连云港中南部的东海(除石梁河、黄川)、新浦、海州、灌云、灌南等大片地区，尖团合流。

tθ、ʦ/c 型，今仅分布在赣榆中北部的九里$_{北}$、厉庄、门河、城西、赣马、官河、石桥等地。这一类型分布的范围最小，在紧邻连云港的周围地区未见，但在距离较远的山东东部的平度、莱阳、乳山、荣成存在。

tθ、ʦ /ʨ 型，尖团音仍为分立状态。这一类型分布在赣榆的柘汪、马站、徐福、吴山、九里、欢墩、班庄、沙河、宋庄等地以及与赣榆相邻的东海东北部的青湖、石梁河和黄川。这一类型还见于周边的日照、郯城、莒南、临沭等大片中原官话地区。见表 2-32。

表 2-32

	尖音		团音	
	读音	例音	读音	例音
柘汪$_{赣榆}$	tθ、tθʰ、θ	走 tθəu324	ʨ、ʨʰ、ɕ	旗 ʨʰi55
青口$_{赣榆}$	ʦ、ʦʰ、s	嘴 ʦəi324	ʨ、ʨʰ、ɕ	举 ʨy324
墩尚$_{赣榆}$	ʦ、ʦʰ、s	嘴 ʦei324	ʨ、ʨʰ、ɕ	举 ʨy324
黄川$_{东海}$	ʦ、ʦʰ、s	走 ʦəu324	ʨ、ʨʰ、ɕ	举 ʨy324
郯城$_{临沂}$	ʦ、ʦʰ、s	先 siã213	ʨ、ʨʰ、ɕ	经 ʨiŋ213
莒南$_{临沂}$	ʦ、ʦʰ、s	精 ʦiŋ213 节 ʦiə42	ʨ、ʨʰ、ɕ	金 ʨiẽ213 全 ʨʰyã42
虎山$_{日照}$	tθ、tθʰ、θ	七 tθʰi213 尖 tθʰiã213	ʧ、ʧʰ、ʃ	去 ʧʰɥ21 专 ʧʰɥã213
巨峰$_{日照}$ ①	tθ、tθʰ、θ	精 tθiŋ214 清 tθʰiŋ214	ʧ、ʧʰ、ʃ	去 ʧʰy31 紧 ʧiẽ55
莒县$_{日照}$ ②	ʦ、ʦʰ、s		ʨ、ʨʰ、ɕ ʦ、ʦʰ、s	
诸城$_{潍坊}$ ③	tθ、tθʰ、θ		ʧ、ʧʰ、ʃ	

说明：①巨峰材料引自《日照巨峰方言音系及其特点》(冯青青，2014)。

②日照岚山方言材料引自《山东方言语音研究》(王晓军，2004)。

③潍坊材料引自《汉语方言地图集》(语音卷)，但《潍坊方言研究》(钱曾怡等，1992)、《山东方言语音研究》(王晓军，2004)中记为 ȶ、ȶʰ、ɕ。

ʨ/ʨ 型，尖音和团音合流，这是官话区精、见组细音今读的主要类型。在连云港地区，这一类型的分布范围最为广泛，连云港中部和南部均是这一类。

这几种类型地区尖团音的例音见表 2-33。

表 2-33 声母尖团例音

tθ、ʦ/c 型								
	齐$_{\text{精}}$	旗$_{\text{见}}$	焦$_{\text{精}}$	娇$_{\text{见}}$	酒$_{\text{精}}$	九$_{\text{见}}$	修$_{\text{精}}$	休$_{\text{见}}$
九里$_{\text{南}}$	tθ^{h}i55	c^{h}i55	tθiau213	ciau213	tθiəu324	ciəu324	θiəu213	çiəu213
官河	ʦ^{h}i55	c^{h}i55	ʦiau213	ciau213	ʦiəu324	ciəu324	siəu213	çiəu213
吴山	tθ^{h}i55	c^{h}i55	tθiau213	ʨiau213	tθiəu324	ciəu324	θiəu213	ʨiəu213
城西	ʦ^{h}i55	c^{h}i55	ʦiau213	ciau213	ʦiəu324	ciəu324	siəu213	çiəu213
门河	ʦ^{h}i55	c^{h}i55	ʦiau213	ciau213	ʦiəu324	ciəu324	siəu213	çiəu213
	想$_{\text{精}}$	响$_{\text{见}}$	清$_{\text{精}}$	轻$_{\text{见}}$	箭$_{\text{精}}$	见$_{\text{见}}$	细$_{\text{精}}$	戏$_{\text{见}}$
九里$_{\text{南}}$	θiaŋ324	çiaŋ324	tθ^{h}iŋ213	c^{h}in213	tθiã^{n}51	ʨiã^{n}51	θi51	çi51
官河	siaŋ324	çiaŋ324	ʦ^{h}iŋ213	c^{h}in213	ʦiã^{n}51	ciã^{n}51	si51	çi51
吴山	θiaŋ324	çiaŋ324 ɕiaŋ324	tθ^{h}iŋ213	ʨ^{h}in213 c^{h}in213	tθiã^{n}51	ʨiã^{n}51	θi51	ɕi51 çi51
城西	siaŋ324	çiaŋ324	ʦ^{h}iŋ213	c^{h}in213	ʦiã^{n}51	ciã^{n}51	si51	çi51
门河	siaŋ324	çiaŋ324	ʦ^{h}iŋ213	c^{h}in213	ʦiã^{n}51	ciã^{n}51	si51	çi51
tθ、ʦ /ʨ 型								
	齐$_{\text{精}}$	旗$_{\text{见}}$	焦$_{\text{精}}$	娇$_{\text{见}}$	酒$_{\text{精}}$	九$_{\text{见}}$	修$_{\text{精}}$	休$_{\text{见}}$
马站	tθ^{h}i55	ʨ^{h}i55	tθiau213	ʨiau213	tθiəu324	ʨiəu324	θiəu213	ɕiəu213
黑林$_{\text{东}}$	tθ^{h}i55	ʨ^{h}i55	tθiau213	ʨiau213	tθiəu324	ʨiəu324	θiəu213	ɕiəu213
黑林$_{\text{西}}$	ʦ^{h}i55	ʨ^{h}i55	ʦiau213	ʨiau213	ʦiəu324	ʨiəu324	siəu213	ɕiəu213
海头	tθ^{h}i35	ʨ^{h}i35	tθiau213	ʨiau213	tθiəu324	ʨiəu324	θiəu213	ɕiəu213
徐福	tθ^{h}i55	ʨ^{h}i55	tθiau213	ʨiau213	tθiəu324	ʨiəu324	θiəu213	ɕiəu213
厉庄	tθ^{h}i55	ʨ^{h}i55	tθiau213	ʨiau213	tθiəu324	ʨiəu324	θiəu213	ɕiəu213
城头	ʦ^{h}i55	ʨ^{h}i55	ʦiau213	ʨiau213	ʦiəu324	ʨiəu324	siəu213	ɕiəu213

续表

tθ、ts /tɕ 型								
	齐$_{\text{精}}$	旗$_{\text{见}}$	焦$_{\text{精}}$	娇$_{\text{见}}$	酒$_{\text{精}}$	九$_{\text{见}}$	修$_{\text{精}}$	休$_{\text{见}}$
青口	tsʰi55	tɕʰi55	tsiau213	tɕiau213	tsiəu324	tɕiəu324	siəu213	ɕiəu213
班庄	tsʰi55	tɕʰi55	tsiau213	tɕiau213	tsiəu324	tɕiəu324	siəu213	ɕiəu213
沙河	tsʰi35	tɕʰi35	tsiau213	tɕiau213	tsiəu324	tɕiəu324	siəu213	ɕiəu213
墩尚	tsʰi35	tɕʰi35	tsiau213 tɕiau213	tɕiau213	tsiəu324 tɕiəu324	tɕiəu324	siəu213 ɕiəu213	ɕiəu213
石梁河	tsʰi35	tɕʰi35	tsiau213	tɕiau213	tsiəu324	tɕiəu324	siəu213	ɕiəu213
黄川	tsʰi35	tɕʰi35	tsiau213	tɕiau213	tsiəu324	tɕiəu324	siəu213	ɕiəu213
	想$_{\text{精}}$	响$_{\text{见}}$	清$_{\text{精}}$	轻$_{\text{见}}$	箭$_{\text{精}}$	见$_{\text{见}}$	细$_{\text{精}}$	戏$_{\text{见}}$
马站	θiaŋ324	ɕiaŋ324	tθʰiŋ213	tɕʰin213	tθiã^{n}51	tɕiã^{n}51	θi51	ɕi51
黑林$_{\text{东}}$	θiaŋ324	ɕiaŋ324	tθʰiŋ213	tɕʰin213	tθiã^{n}51	tɕiã^{n}51	θi51	ɕi51
黑林$_{\text{西}}$	siaŋ324	ɕiaŋ324	tsʰiŋ213	tɕʰin213	tsiã^{n}51	tɕiã^{n}51	si51	ɕi51
海头	θiaŋ324	ɕiaŋ324	tθʰiŋ213	tɕʰin213	tθiã^{n}53	tɕiã^{n}53	θi53	ɕi53
徐福	θiaŋ324	ɕiaŋ324	tθʰiŋ213	tɕʰin213	tθiã^{n}51	tɕiã^{n}51	θi51	ɕi51
厉庄	θiaŋ324	ɕiaŋ324	tθʰiŋ213	tɕʰiŋ213	tθiã^{n}51	tɕiã^{n}51	θi51	ɕi51
城头	siaŋ324	ɕiaŋ324	tsʰiŋ213	tɕʰiŋ213	tsiã^{n}51	tɕiã^{n}51	si51	ɕi51
青口	siaŋ324	ɕiaŋ324	tsʰiŋ213	tɕʰiŋ213	tsiã^{n}51	tɕiã^{n}51	si51	ɕi51
班庄	siaŋ324	ɕiaŋ324	tsʰiŋ213	tɕʰin213	tsiã^{n}51	tɕiã^{n}51	si51	ɕi51
沙河	siaŋ324	ɕiaŋ324	tsʰiŋ213	tɕʰin213	tsiã^{n}53	tɕiã^{n}53	si53	ɕi53
墩尚	ɕiaŋ324	ɕiaŋ324	tsʰiŋ213 tɕʰiŋ213	tɕʰin213	tsiã^{n}53	tɕiã^{n}53	ɕi53	ɕi53
石梁河	siaŋ324	ɕiaŋ324	tsʰiŋ213	tɕʰin213	tsiã51	tɕiã51	si51	ɕi51
黄川	siaŋ324	ɕiaŋ324	tsʰiŋ213	tɕʰin213	tsiã53	tɕiã53	si53	ɕi53
tɕ/tɕ 型								
	齐$_{\text{精}}$	旗$_{\text{见}}$	焦$_{\text{精}}$	娇$_{\text{见}}$	酒$_{\text{精}}$	九$_{\text{见}}$	修$_{\text{精}}$	休$_{\text{见}}$
李埝	tɕʰi35	tɕʰi35	tɕiau213	tɕiau213	tɕiəu324	tɕiəu324	ɕiəu213	ɕiəu213

续表

tɕ/tɕ 型								
	齐精	旗见	焦精	娇见	酒精	九见	修精	休见
山左口	tɕʰi35	tɕʰi35	tɕiau213 tsiau213	tɕiau213	tɕiəu324 tsiəu324	tɕiəu324	ɕiəu213	ɕiəu213
牛山	tɕʰi55	tɕʰi55	tɕiɔ213	tɕiɔ213	tɕiəu324	tɕiəu324	ɕiəu213	ɕiəu213
洪庄	tɕʰi35	tɕʰi35	tɕiau213	tɕiau213	tɕiəu324	tɕiəu324	ɕiəu213	ɕiəu213
安峰	tɕʰi13	tɕʰi13	tɕiɔ213	tɕiɔ213	tɕiəu31	tɕiəu31	ɕiəu213	ɕiəu213
平明	tɕʰi13	tɕʰi13	tɕiɔ213	tɕiɔ213	tɕiəu31	tɕiəu31	ɕiəu213	ɕiəu213
浦南北	tɕʰi35	tɕʰi35	tɕiau213	tɕiau213	tɕiəu324	tɕiəu324	ɕiəu213	ɕiəu213
浦南南	tɕʰi13	tɕʰi13	tɕiɔ213	tɕiɔ213	tɕiəu324	tɕiəu324	ɕiəu213	ɕiəu213
新浦	tsʰɿ13	tsʰɿ13	tɕiɔ213	tɕiɔ213	tɕiu324	tɕiu324	ɕiu213	ɕiu213
海州	tɕʰi13	tɕʰi13	tɕiɔ213	tɕiɔ213	tɕiəu324	tɕiəu324	ɕiəu213	ɕiəu213
朝阳	tɕʰi13老	tɕʰi13老	tɕiɔ213	tɕiɔ213	tɕiəu324	tɕiəu324	ɕiəu213	ɕiəu213
伊山	tsʰɿ13	tsʰɿ13	tɕiɯ213	tɕiɯ213	tɕiu324	tɕiu324	ɕiu213	ɕiu213
侍庄	tsʰɿ13	tsʰɿ13	tɕiɯ213	tɕiɯ213	tɕiu324	tɕiu324	ɕiu213	ɕiu213
南岗	tsʰɿ13	tsʰɿ13	tɕiɯ213	tɕiɯ213	tɕiy324	tɕiy324	ɕiy213	ɕiy213
圩丰	tɕʰi13	tɕʰi13	tɕiɯ213	tɕiɯ213	tɕiu324	tɕiu324	ɕiu213	ɕiu213
杨集	tsʰɿ13	tsʰɿ13	tɕiɯ213	tɕiɯ213	tɕiy324	tɕiy324	ɕiy213	ɕiy213
图河	tsʰɿ13	tsʰɿ13	tɕiɯ213	tɕiɯ213	tɕiy324	tɕiy324	ɕiy213	ɕiy213
陈集	tsʰɿ13	tsʰɿ13	tɕiɯ213	tɕiɯ213	tɕiy324	tɕiy324	ɕiy213	ɕiy213
新集	tsʰɿ13	tsʰɿ13	tɕiɯ21	tɕiɯ21	tɕiy42	tɕiy42	ɕiy21	ɕiy21
六塘	tsʰɿ13	tsʰɿ13	tɕiɯ21	tɕiɯ21	tɕiy42	tɕiy42	ɕiy21	ɕiy21
李集	tsʰɿ13	tsʰɿ13	tɕiɯ21	tɕiɯ21	tɕiy42	tɕiy42	ɕiy21	ɕiy21
长茂	tsʰɿ13	tsʰɿ13	tɕiɔ21	tɕiɔ21	tɕiy42	tɕiy42	ɕiy21	ɕiy21
九队	tsʰɿ13	tsʰɿ13	tɕiɯ21	tɕiɯ21	tɕiy42	tɕiy42	ɕiy21	ɕiy21
三口	tsʰɿ13	tsʰɿ13	tɕiɯ21	tɕiɯ21	tɕiy33	tɕiy33	ɕiy21	ɕiy21

续表

tɕ/tɕ 型								
	想$_{精}$	响$_{见}$	清$_{精}$	轻$_{见}$	箭$_{精}$	见$_{见}$	细$_{精}$	戏$_{见}$
李埝	ɕiaŋ324	ɕiaŋ324	tɕʰiŋ213	tɕʰin213	tɕiã53	tɕiã53	ɕi53 sɿ53	ɕi53 sɿ53
山左口	ɕiaŋ324	ɕiaŋ324	tɕʰiŋ213	tɕʰin213	tɕiã53	tɕiã53	ɕi53	ɕi53
牛山	ɕiaŋ324	ɕiaŋ324	tɕʰiŋ213	tɕʰiŋ213	tɕiã41	tɕiã41	ɕi41	ɕi41
洪庄	ɕiaŋ324	ɕiaŋ324	tɕʰiŋ213	tɕʰin213	tɕiã53	tɕiã53	ɕi53	ɕi53
安峰	ɕiaŋ31	ɕiaŋ31	tɕʰiŋ213	tɕʰiŋ213	tɕiã35	tɕiã35	ɕi35	ɕi35
平明	ɕiaŋ324	ɕiaŋ324	tɕʰiŋ213	tɕʰiŋ213	tɕiẽ35	tɕiẽ35	ɕi35	ɕi35
浦南$_{北}$	ɕiaŋ324	ɕiaŋ324	tɕʰiŋ213	tɕʰin213	tɕiã53	tɕiã53	ɕi53	ɕi53
浦南$_{南}$	ɕiaŋ324	ɕiaŋ324	tɕʰiŋ213	tɕʰiŋ213	tɕiẽ35	tɕiẽ35	ɕi35	ɕi35
新浦	ɕiaŋ324	ɕiaŋ324	tɕʰiŋ213	tɕʰiŋ213	tɕiẽ35	tɕiẽ35	ɕi35$_{老}$ sɿ35$_{新}$	ɕi35$_{老}$ sɿ35$_{新}$
海州	ɕiaŋ324	ɕiaŋ324	tɕʰiŋ213	tɕʰiŋ213	tɕiẽ35	tɕiẽ35	ɕi35	ɕi35
朝阳	ɕiaŋ324	ɕiaŋ324	tɕʰiŋ213	tɕʰiŋ213	tɕiẽ35	tɕiẽ35	ɕi35$_{老}$ sɿ35$_{新}$	ɕi35$_{老}$ sɿ35$_{新}$
伊山	ɕiaŋ324	ɕiaŋ324	tɕʰiŋ213	tɕʰiŋ213	tɕiẽ35	tɕiẽ35	sɿ35	sɿ35
侍庄	ɕiaŋ324	ɕiaŋ324	tɕʰiŋ213	tɕʰiŋ213	tɕiẽ35	tɕiẽ35	sɿ35	sɿ35
南岗	ɕiaŋ324	ɕiaŋ324	tɕʰiŋ213	tɕʰiŋ213	tɕiẽ35	tɕiẽ35	sɿ35	sɿ35
圩丰	ɕiaŋ324	ɕiaŋ324	tɕʰiŋ213	tɕʰiŋ213	tɕiẽ35	tɕiẽ35	sɿ35 ɕi35	sɿ35 ɕi35
杨集	ɕiã324	ɕiã324	tɕʰiŋ213	tɕʰiŋ213	tɕiẽ35	tɕiẽ35	sɿ35	sɿ35
图河	ɕiã324	ɕiã324	tɕʰiŋ213	tɕʰiŋ213	tɕiĩ35	tɕiĩ35	sɿ35	sɿ35
陈集	ɕiẽ324	ɕiẽ324	tɕʰiŋ213	tɕʰiŋ213	tɕiẽ35	tɕiẽ35	sɿ35	sɿ35
新集	ɕiẽ42 ɕiĩ42	ɕiẽ42 ɕiĩ42	tɕʰin21	tɕʰin21	tɕiĩ35	tɕiĩ35	sɿ35	sɿ35
六塘	ɕiẽ42	ɕiẽ42	tɕʰin21	tɕʰin21	tɕiĩ35	tɕiĩ35	sɿ35	sɿ35

续表

tɕ/tɕ 型								
	想精	响见	清精	轻见	箭精	见见	细精	戏见
李集	ɕiẽ42	ɕiẽ42	$tɕ^h$in21	$tɕ^h$in21	tɕii35	tɕii35	sɿ35	sɿ35
长茂	ɕii42	ɕii42	$tɕ^h$in21	$tɕ^h$in21	tɕii35	tɕii35	sɿ35 ɕi35	sɿ35
九队	ɕiẽ42	ɕiẽ42	$tɕ^h$in21	$tɕ^h$in21	tɕii35	tɕii35	sɿ35	sɿ35
三口	ɕii33	ɕii33	$tɕ^h$in21	$tɕ^h$in21	tɕii35	tɕii35	sɿ35	sɿ35

(二)尖团音的形成过程

关于尖团音的历史发展过程，从历史文献判断，尖音从上古时期直到民国前一直存在，不分洪细，系统稳定，读为 ʦ、$ʦ^h$、s，民国时推行“国语罗马字”，1932 年《国音常用字汇》中将尖音团音合流，规定精组细音读 tɕ、$tɕ^h$、ɕ，这种语音规定在 1949 年后一直推行至今。见系腭化大概发生在清代，要早于精组细音的腭化阶段。在传统京剧里，尖音仍要念 ʦ、$ʦ^h$、s，而见组细音却要读 tɕ、$tɕ^h$、ɕ，也说明尖团音的演变不在同一个时期。

由《汉语方言地图集》(曹志耘，2008)对尖团音“酒—九”条目的调查可知，官话区尖团音多已合流，而在东南部的汉语方言区里，精组尖音多还保留，见组细音今读 k、k^h、x，c、c^h、ç 多保留在东南沿海地区。尖音 tθ、$tθ^h$、θ 和 ʦ、$ʦ^h$、s 的分布范围要大于团音 c、c^h、ç，这与尖团音的形成历史有一定联系。尖音的形成阶段晚于团音 tɕ、$tɕ^h$、ɕ，方言中演变的时间更晚，保存的程度更大，因而地理分布的范围也更大。这与汉语方言尖团音的总体分布情况一致。

尖音和团音今在连云港地区分布不一致，也是尖团音历史演变进程不同的反映。团音 c、c^h、ç 今仅见于连云港北部少数几个方言点，而尖音则分布在赣榆全境和邻近的两个乡镇中，范围要大于团音 tɕ、$tɕ^h$、ɕ。tθ、ʦ/c 型尖团音对应明清之前精见组细音的历史阶段；tθ、ʦ/tɕ 型，则是清代的尖团音阶段；tɕ/tɕ

型，则是民国以来尖团音合流的历史时期。尖团音从北向南的读音情况也正反映着精、见两组细音声母的古今发展过程。见图 2-14。

	秦	清	民国	今
尖音	ʦ/ tθ	ʦ/ tθ	ʨ	ʨ
团音	k /c	ʨ/ ʧ	ʨ/ ʧ	ʨ
	ʦ、 tθ/ c型	ʦ、 tθ/ ʨ型	ʨ/ ʨ型	

图 2-14

尖团音合流的历史发展趋势不仅体现在地理分布上，也反映在语音的年龄差异上。连云港中青年人的口音中，精组和见组细音，多有两读的情况，有共同腭化、合流的演变趋势。

三、见系开口一二等

(一) 见系开口二等腭化分布

开口二等见系声母，今有腭化与非腭化两种读音情况。在连云港的大部分地区，今只有腭化声母一种读音类型；但连云港南部地区，大部分字均存在未腭化的白读和腭化的文读，即“文细白洪”的两种声母系统叠置的今读类型。

这两种类型的具体分布见图 2-15。

在连云港南部的灌南及灌云东南部地区，见系开口二等多两读，但具体情况不同。由表 2-34 可知，灌云东南部的侍庄、图河，见系开口二等腭化仅见于“家、下、敲、巷”等少数几个常用字；灌南长茂、堆沟、九队、六塘、三口、新集等乡镇，开口二等见系文白两读保留得更多也更完整。开口二等见系在方言中是否有腭化的读音以及在语音系统中保留程度的多少，说明了见系开口二等声母在各方言中演变程度和速度的差异。

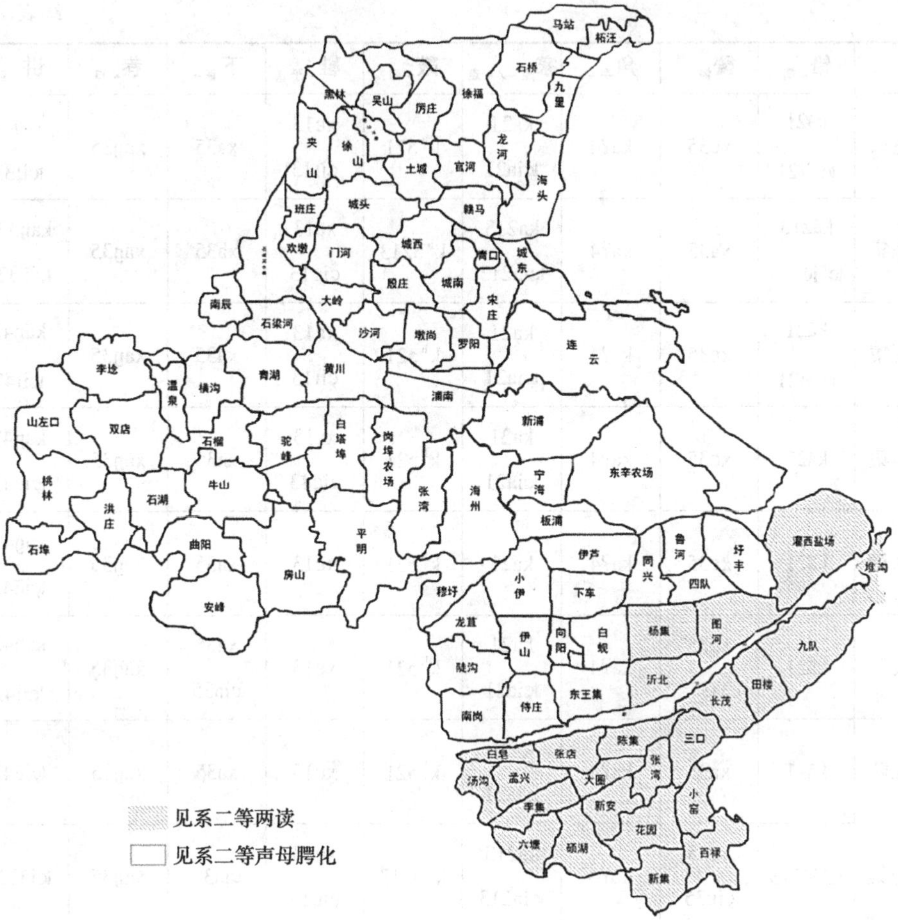

图 2-15 见系开口二等今读类型分布

表 2-34 见系开口二等今读例音

	铅~笔	蟹螃~	角牛~	家走~/~走	敲~门	鞋~子	下底~	巷~口	讲~话
朝阳	tɕʰiɛ̃213	ɕiɛ35 xɛ35	kaʔ4 tɕyəʔ4	tɕia213	kʰɔ213	ɕiɛ13	ɕia35	xaŋ35	tɕiaŋ324
新安	kã21 tɕʰiɪ21	xi35 xiɛ35 xiei35 ɕiɛ35	kaʔ4	ka21 tɕia21	kʰɔ21	xiei13 xɛ13 ɕiɪ13	xa35 ɕia35	xaŋ35	kaŋ42 tɕiẽ42

续表

	铅~笔	蟹螃~	角牛~	家走~/~走	敲~门	鞋~子	下底~	巷~口	讲~话
三口	kã21 tɕʰiĩ21	xɛ35	kaʔ4	ka21 tɕia21	kʰɔ21	xɛ13 ɕiɪ13	xa35	xaŋ35	kaŋ33 tɕiĩ33
陈集	kã213 tɕʰiẽ213	xa35	kaʔ4	ka213 tɕia213	kʰɔ213	xa13 ɕiɛ13	xa35	xaŋ35	kaŋ324 tɕiẽ324
新集	kã21 tɕʰiĩ21	xɛ35	kaʔ4	ka21 tɕia21	kʰɔ21	xɛ13 ɕiɪ13	xa35	xaŋ35	kaŋ42 tɕiĩ42
李集	kã21	xɛ35	kaʔ4	ka21 tɕia21	kʰɔ21	xa13 ɕiɛ13	xa35	xaŋ35	kaŋ42 tɕiẽ42
六塘	kã21	xɛ35	kaʔ4	ka21	kʰɔ21	xɛ13	xa35	xaŋ35	kaŋ42 tɕiẽ42
长茂	kã21	xɛ35 xi35	kaʔ4	ka21 tɕia21	kʰɔ21	xɛ13	xa35 ɕia35	xaŋ35	kaŋ42 tɕiĩ42
九队	kã21	xa35	kaʔ4	ka21 tɕia21	kʰɔ21	xɛ13	xa35	xaŋ35	tɕiẽ42
杨集	tɕʰiẽ213	xɛ35 ɕiɛ35	koʔ4	ka213 tɕia213	kʰɔ213	xɛ13 ɕiɛ13	ɕia35	xaŋ35	tɕiã324
图河	kã213	xa35	kəʔ4	ka213 tɕia213	kʰɔ213	xa13 ɕiɛ13	xa35	xaŋ35	tɕiã324
侍庄	tɕʰiẽ213	xiɛ35 xɛ35	kuəʔ4	tɕia213	kʰɔ213	ɕiɛ13	ɕia35	xaŋ35	tɕiaŋ324
涟水	tɕʰiĩ31	xɛ55	kaʔ34	ka31 tɕia31	kʰɔ31 tɕʰiɔ31	xɛ35	xa55	xaŋ55	tɕiaŋ324

从声韵拼合的情况看，与假、蟹、效、流、宕和江摄开口二等韵相拼的见系开口二等都存在腭化情况。见系开口字，声母虽然都有腭化与否的文白差异，但字音的声韵拼合还有语音层次的细微差异，具体有声$_{白}$韵$_{白}$、声$_{白}$韵$_{文}$、声$_{文}$韵$_{文}$这

三种声韵拼合的差异类型，具体见表2-35。

表 2-35

类型	例　音				
声$_{白}$韵$_{白}$	铅 kã	家 ka	鞋 xɛ	角 kaʔ/koʔ/kəʔ/kuəʔ	敲 k^{h}ɔ
	下 xa	巷 xaŋ	讲 kaŋ	蟹 xɛ/xa	
声$_{白}$韵$_{文}$	蟹 xi/xiɛ/xiei	鞋 xiei			
声$_{文}$韵$_{文}$	铅 tɕ^{h}iĩ/tɕ^{h}iẽ	蟹 ɕiɛ	家 tɕia	鞋 ɕiɪ/ɕiɛ	下 ɕia
	讲 tɕiẽ/tɕiĩ/tɕiã/tɕiaŋ				

这三种声韵拼合的类型，声$_{白}$韵$_{白}$和声$_{文}$韵$_{文}$这两种的读音情况多于声$_{白}$韵$_{文}$，声$_{白}$韵$_{白}$的类型是最古老的音读层次，声$_{文}$韵$_{文}$是语音演变最近的一个层次，而声$_{白}$韵$_{文}$则是这两种类型中的过渡类型。虽然这些地点的见系开口二等字，保留着文白两读系统，但并非都是声$_{白}$韵$_{白}$和声$_{文}$韵$_{文}$这两个文白系统整齐对应的类型，通过厘清声韵的具体语音层次，能分析出语音演变速度和所处阶段。

开口二等见系在灌南等连云港南部地区两读，这种语音现象存在的原因是强势方言对其语音系统的渗透和影响。

张光宇(1993)将见系开口二等字文白异读分为几种类型，其中的“长江沿岸型”与灌南地区相同。

连云港其他地区，开口二等见系声母，虽然基本都只有腭化一种音读形式，但仍有少数字，声母存在两读的情况，如：赣榆城头“藠”读 tʂã^{n}51/ʧiã^{n}51，曲阳“蟹”读 ɕie/xie，xie 音已经说明了字音变化的中间状态，声母存古，韵母先行变化。东海石榴镇“粳”读音为 əŋ，声母未及变化就已脱落。

(二)“刚、将”见系开口一等腭化

“喊、刚”这两个字，在连云港各地基本均有 tɕ、tɕ^{h}、ɕ 和 ʧ、ʧ^{h}、ʃ 的白读

声母以及 k、k^h、x 的文读声母，声母腭化的读法出现于口语中，如“我刚来，我刚刚来，刚忙赶去”等语句中均说 tɕiaŋ。而其他见系开口一等字均只有 k、k^h、x 声母。

一等见系腭化的情况今较少见，也不是系统性的音变现象。

从上文对见系腭化情况的分析来看，见系四等俱全，腭化的过程大体先发生在三四等，其次才发生在二等，最为特殊和少见的是发生在一等。所以，从现在见系腭化现象的地理分布情况来看，三四等见系腭化的分布范围最广，其次是二等，而见系一等腭化的情况非常少。

四、疑母今读

《汉语方言字表》中疑母开合口主要有如下的一些字，见表 2-36。

表 2-36

疑母	开口	蛾果开一	鹅果开一	俄果开一	我果开一	饿果开一	牙假开二	芽假开二	雅假开二
		呆蟹开一	碍蟹开一	艾蟹开一	涯蟹开二	崖蟹开二	捱蟹开二	艺蟹开三	宜止开三
		仪止开三	蚁止开三	谊止开三	义止开三	议止开三	疑止开三	拟止开三	倪止开三
		沂~河，止开三	毅止开三	熬效开一	傲效开一	鳌效开一	咬效开二	牛流开三	藕流开一
		偶流开一	岩咸开二	验咸开三	严咸开三	业咸开三	吟咸开三	演山开三	谚山开三
		孽山开三	言山开三	研山开四	岸山开一	眼山开二	颜山开二	雁山开二	演山开三
		银臻开三	因臻开三	姻臻开三	昂宕开一	鄂宕开一	仰宕开三	虐宕开三	岳江开二
		乐江开二	凝曾开三	硬梗开二	额梗开二	迎梗开三			
	合口	卧果合一	瓦假合二	吴遇合一	蜈遇合一	梧遇合一	五遇合一	伍遇合一	午遇合一
		误遇合一	悟遇合一	鱼遇合三	渔遇合三	语遇合三	愚遇合三	娱遇合三	遇遇合三
		寓遇合三	外蟹合一	危止合三	伪止合三	魏止合三	元山合三	阮山合三	愿山合三
		月山合三	原山合三	源山合三	玉通合三	狱通合三			

中古疑母，依韵母的开合，今读形式主要有零声母ø、舌面后擦音 ɣ、舌面后鼻音声母 ŋ 和唇齿浊擦音 v 四种。

(一)疑母开口今读分布

疑母开口今主要有三种音读类型，见表 2-37。

表 2-37

<table>
<tr><th colspan="2">类型</th><th>分　布</th></tr>
<tr><td rowspan="3">开口</td><td>ø型</td><td>赣榆(罗阳、宋庄、青口、城南、城东、殷庄、城头、沙河、墩尚、大岭)，东海，海州，新浦，连云，灌云</td></tr>
<tr><td>ŋ 型</td><td>灌南(长茂、堆沟、九队、北陈集、六塘、李集、三口、花园、新集)</td></tr>
<tr><td>ɣ 型</td><td>赣榆开口一等(黑林、吴山、龙河、马站、柘汪、徐福、海头、九里、石桥、赣马、欢墩、班庄、土城、徐山、夹山、官河、城西、门河、厉庄)</td></tr>
</table>

ɣ 型，今主要分布在赣榆中北部地区，与开口一等韵相拼的疑母多读浊擦音 ɣ。这一类型地区，疑母开口读 ɣ 音主要保留在老派口音中，年轻人口音中则已基本变读零声母。赣马、官河、门河和城西这几个乡镇中，疑母开口今读的年龄差异已很明显。

ŋ 型，集中分布在灌南地区，如：灌南新集“鸭”ŋa、“硬”ŋən。疑母开口读鼻音 ŋ 的情况还见于灌南南部江淮官话洪巢片的响水、滨海、射阳、阜宁，通泰片和黄孝片等大部分地区。明朝《西儒耳目资》中的音系被认为最能代表中古时期江淮地区官话的语音系统，其中记录疑母读为 ŋ。这也说明灌南等大片江淮官话地区疑母读 ŋ 是对中古时期语音特点的保留。

零声母ø型，集中在连云港境内中原官话南部地区以及江淮官话北部地区，分布范围最广泛。疑母开口全部读零声母。

疑母开口今读类型的具体分布，见图 2-16。

疑母开口的三种音读类型，例示见表 2-38。

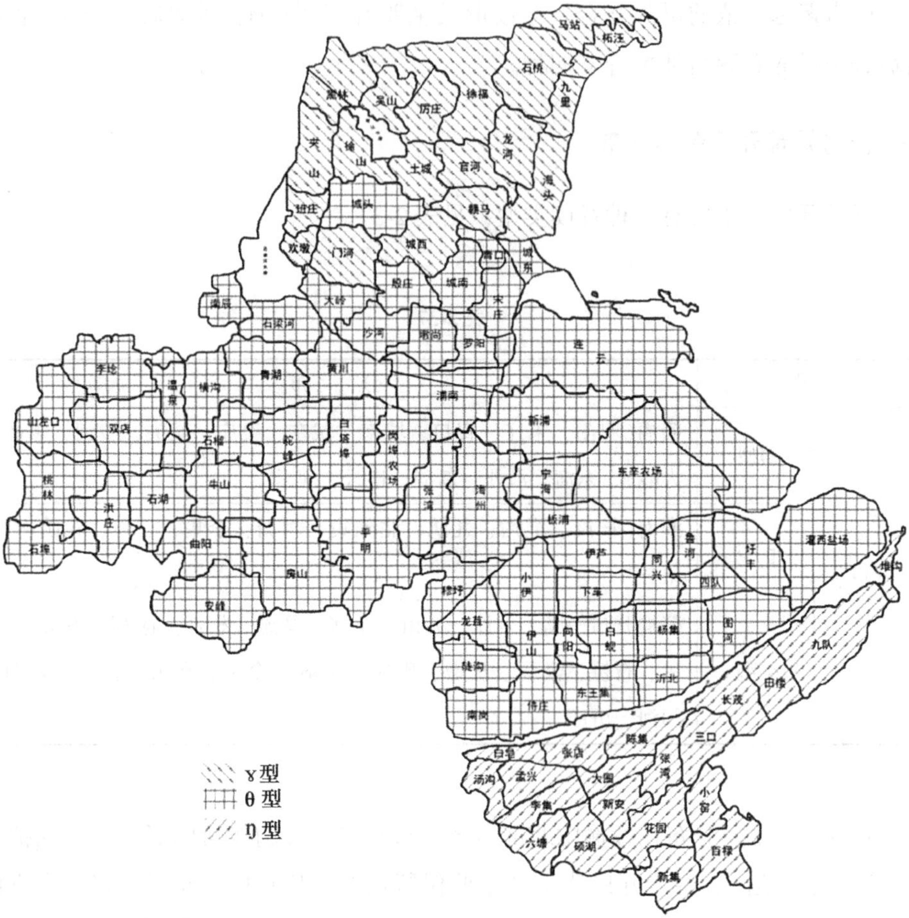

图 2-16　疑母开口今读类型分布

表 2-38　疑母开口今读例音

	鹅果开一	饿果开一	熬效开一	藕流开一	岸山开一	牙假开二
马站	ɣə55	ɣə51 və51	ɣau35	ɣəu33	$ɣã^{n}51$	ia55
九里	ɣə35	ɣə51	ɣau35	ɣəu324	$ɣã^{n}51$	ia35
海头	ɣə35	uə53 ɣə53	ɣau35	ɣəu33	$ɣã^{n}53$	ia35
石桥	ɣə55	uə53 və53	ɣau55	ɣəu324	$ɣã^{n}53$	ia55

续表

	鹅果开一	饿果开一	熬效开一	藕流开一	岸山开一	牙假开二
徐福	ɤə55	ə51 və51	ɤau55	ɤəu324	ɤãⁿ51	ia55
赣马	ɤə35	uə51 ɤə51	ɤau35	ɤəu324	ɤãⁿ51	ia35
官河	ɤə35	ɤə51	ɤau35	ɤəu324	ɤãⁿ51	ia35
厉庄	ɤə55	ɤə51 uə51	ɤau55	ɤəu324	ɤãⁿ51 ãⁿ51	ia55
门河	ɤə33	ɤə51	ɤau33	ɤəu324	ɤãⁿ51 ãⁿ51	ia33
城西	ɤə55	ɤə51	ɤau55	ɤəu324	ɤãⁿ51 ãⁿ51	ia55
青口	ə35 uə35	ə51 uə51	au35	əu324	ãⁿ51	ia35
宋庄	ə55	uə51	au35	əu324	ãⁿ51	ia35
欢墩	ɤə35	uə53 ɤə53	ɤau35	ɤəu324	ɤãⁿ53	ia35
沙河	ə35	ə53	au35	əu324	ãⁿ53	ia35
海州	ʊ13	ʊ35	ɔ13	əu324	ã35	ia13
新浦	ʊ13	ʊ35	ɔ13	əu324	ã35	ia13
朝阳	ʊ13	ʊ35	ɔ13	əu324	ã35	ia13
侍庄	ʊ13	ʊ35	ɔ13	əu324	ã35	ia13
杨集	ʊ13	ʊ35	ɔ13	əu324	ã35	ia13
图河	ʊ13	ʊ35	ɔ13	əu324	ã35	ia13
陈集	ŋʊ13	ŋʊ35	ŋɔ13	ŋəu324	ŋã35	ia13
九队	ŋʊ13	ŋʊ35	ŋɔ13	ŋəu42	ŋã35	ia13
六塘	ŋʊ35	ŋʊ53	ŋɔ35	ŋəu42	ŋã53	ia35
长茂	ŋʊ35	ŋʊ53	ɔ35 ŋɔ35	əu42 ŋəu42	ŋã53	ia35
三口	ŋʊ13	ŋʊ35	ŋɔ13	ŋəu42	ŋã35	ia13

续表

	咬效开二	眼山开二	硬梗开二	艺蟹开三	蚁止开三	牛流开三
马站	iau324	iã^{n}324	iŋ51	i51	i33	niəu55
九里	iau324	iã^{n}324	iŋ51	i51	i324	niəu55
海头	iau33	iã^{n}33	iŋ53	i51	i324	niəu55
石桥	iau324	iã^{n}324	iŋ53	i51	i324	niəu55
徐福	iau324	iã^{n}324	iŋ51	i51	i324	niəu55
赣马	iau324	iã^{n}324	iəŋ51	i51	i324	niəu55
官河	iau324	iã^{n}324	iəŋ51	i51	i324	niəu55
厉庄	iau324	iã^{n}324	iəŋ51	i51	i324	niəu55
门河	iau324	iã^{n}324	iŋ51	i51	i324	niəu55
城西	iau324	iã^{n}324	iəŋ51	i51	i324	niəu55
青口	iau324	iã^{n}324	iŋ51	i51	i324	niəu55
宋庄	iau324	iã^{n}324	iŋ51	i51	i324	niəu35
欢墩	iau324	iã^{n}324	iŋ53	i51	i324	niəu35
沙河	iau324	iã^{n}324	iŋ53	i51	i324	niəu35
海州	iɔ324	iã324	iŋ35	ɿ35	ɿ324	liəɯ13
新浦	iɔ324	iã324	iŋ35	ɿ35	ɿ324	liəɯ13
朝阳	iɔ324	iã324	iŋ35	ɿ35	ɿ324	liəɯ13
侍庄	iɔ324	iã324	iŋ35	ɿ35	ɿ324	liəɯ13
杨集	iɔ324	iã324	iŋ35	ɿ35	ɿ324	ləu13
图河	iɔ324	iã324	iŋ35	ɿ35	ɿ324	ləu13
陈集	iɔ324	iã42	əŋ35	ɿ35	ɿ324	ŋəu13
九队	iɔ42	iã42	ən35	ɿ35	ɿ42	ŋəu13
六塘	iɔ42	iã42 ŋã42	ən53	ɿ35	ɿ42	nəu35
长茂	iɔ42	iã42 ŋã42	ən53	ɿ35	ɿ42	ləu35
三口	iɔ42	iã42	ən35	ɿ35	ɿ42	ŋəu13

(二)疑母合口今读分布

疑母合口今有两种音读类型，见表2-39、图2-17。

表2-39

类型		分　　布
疑母合口	v型	东海(牛山、驼峰、温泉、石榴、李埝、双店、山左口、桃林、石埠、石湖、洪庄、南辰、青湖、石梁河、黄川)，赣榆
	Ø型	东海(房山、安峰、平明、曲阳、张湾、白塔、浦南)，海州、新浦、连云、灌云、灌南

说明：赣榆南部罗阳、墩尚、沙河等乡镇，疑母合口v声母变读零声母程度大于中北部。

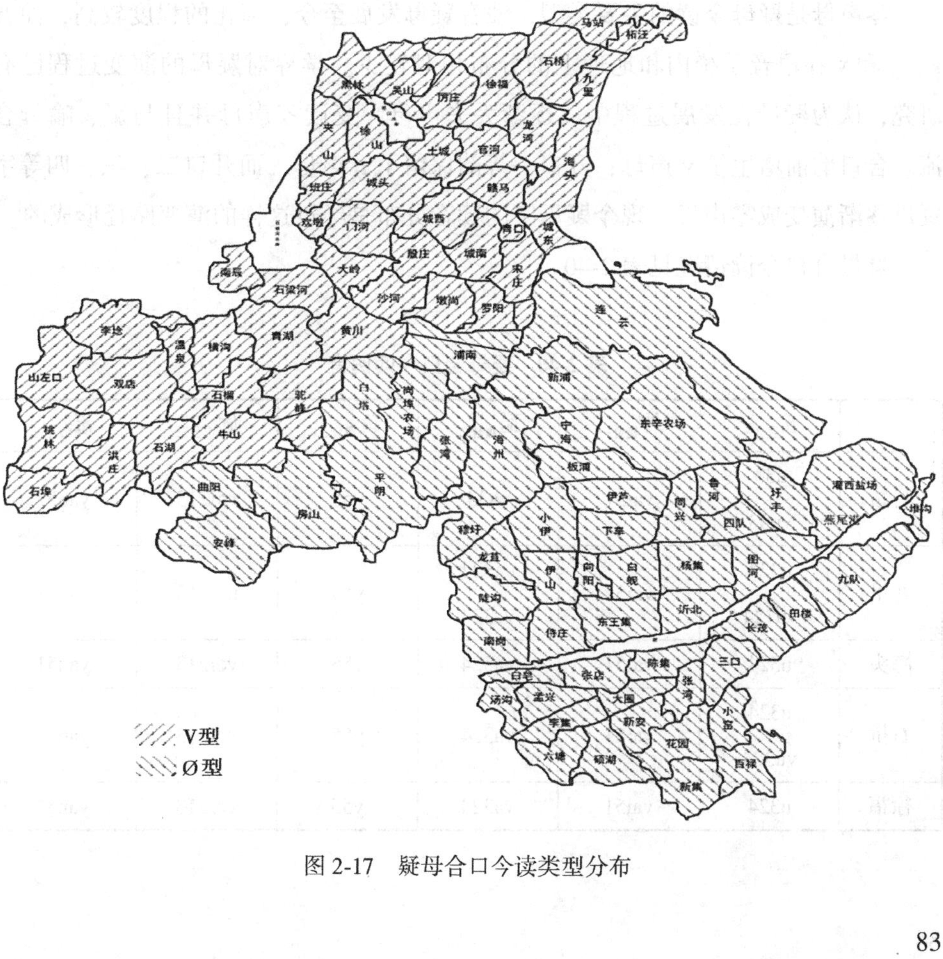

图2-17　疑母合口今读类型分布

疑母合口今读有两种类型：v 型和ø型，分布范围明显。

v 型，集中分布在赣榆和东海北部以及周边的郯城、日照、临沂等地。这一类型地区，疑母合口并入微母，同读 v，如："屋"vu。合口韵 v 声母，是古疑母失去浊声母而成零声母后，合口介音 u 逐渐变读 v 声母。还有一个特别的现象，赣榆北部徐福、马站、石桥有开口疑母字今读 v 声母，如"饿"，这个字在赣榆各地区的读音大致有如下几种：ŋə/ə/uə、uo/və，开口今读为合口韵的，并不多见，我们推测，这个疑母开口字的古音形式为 ŋə，浊音 ŋ 渐渐丢失，变为零声母字，后来增生了 u 介音，受合口韵的影响以及本身摩擦音较重，声母变读 v。

零声母ø型，分布范围最广，集中在连云港中南部的大部分地区。中部地区，疑母开合口均为零声母ø；南部地区，开合口疑母读音不同，疑母开口为浊鼻音 ŋ，合口疑母为零声母ø。

零声母是疑母今读的主要类型，浊音疑母发展至今，清化的程度较高，浊音 ɣ、ŋ 和 v 在语音系统内和地理上的分布相对较少。学界对疑母的演变过程已有研究，认为疑母在发展过程中，逐渐丢失声母，变读零声母并且与影、喻母合流。合口韵前增生了 v 声母；开口一等韵保留了 ŋ 声母，而开口二、三、四等字疑母逐渐演变成零声母。现今疑母字的读音分布是经过这样的演变路径形成的。

疑母合口今读情况见表 2-40。

表 2-40　疑母合口今读例音

	五遇合一	外蟹合一	瓦假合二	鱼遇合三	危止合三	愿山合三
马站	u33 vu33	vai51	va33	y55	vəi213	yan51
九里	u324 vu324	vai51	ua324 va324	y55	uəi213	yan51
海头	u324	vai51	va324	y55	vəi213	yan51
石桥	u324 vu324	vai51	va324	y55	vəi213	yan51
徐福	u324	vai51	va324	y55	vəi213	yan51

续表

	五$_{\text{遇合一}}$	外$_{\text{蟹合一}}$	瓦$_{\text{假合二}}$	鱼$_{\text{遇合三}}$	危$_{\text{止合三}}$	愿$_{\text{山合三}}$
赣马	u324	vai51 uai51	va324 ua324	y55	vəi213	yan51
官河	u324	vai51	va324	y55	vəi213	yan51
厉庄	u324	vai51	va324	y55	vəi213	yan51
门河	u324	vai51	va324	y55	vəi213	yan51
城西	u324	vai51	va324	y55	vəi213	yan51
青口	u324	uai51	ua324	y55	vəi213	yan51
宋庄	u324	vai51	va324	y35	vəi213	yan51
欢墩	u324	vai51	va324	y35	vəi213	yan51
沙河	u324	uai51	ua324 va324	y35	uəi213	yan51
海州	ʊ324	uɛ35	ua324	y13	uəi213	yʊ̃35
新浦	ʊ324	uɛ35	ua324	y13	uəi213	yʊ̃35
朝阳	ʊ324	uɛ35	ua324	y13	uəi213	yʊ̃35
侍庄	ʊ324	uɛ35	ua324	y13	uəi213	yʊ̃35
杨集	ʊ324	uɛ35	ua324	y13	uəi21	yĩ35
图河	ʊ324	uɛ35	ua324	y13	ui21	yĩ35
陈集	ʊ324	ua35	ua324	y13	ui21	yĩ35
九队	ʊ42	ua35	ua42	y13	ui21	yĩ35
六塘	ʊ42	ua53	ua42	y35	ui21	yĩ53
长茂	ʊ42	ua53	ua42	y35	ui21	yĩ53
三口	ʊ42	ua35	ua42	y13	ui21	yĩ35

疑母在各地，有少量例外字音，比如东海“倪$_{\text{～林,东海地名}}$”为 mi，并入明母。此类现象较少，所以并不作为一个单独的音读类型。

影母自古至今均为零声母，虽有学者将其音值拟为 ʔ、w、j，但这些音值可以看作零声母的不同变体。今在连云港境内，影母基本都读为零声母，没有读音类型的差异。

第五节　专题讨论——非敷奉母与晓匣母今读

一、非敷奉母与晓匣母今读类型和分布

非敷奉母和晓匣母，单念时，分别为 f 和 x，这两组声母能区分，全境皆然；但在词语或语句中，存在混读的情况。

具体的混读类型和地理分布见图 2-18。

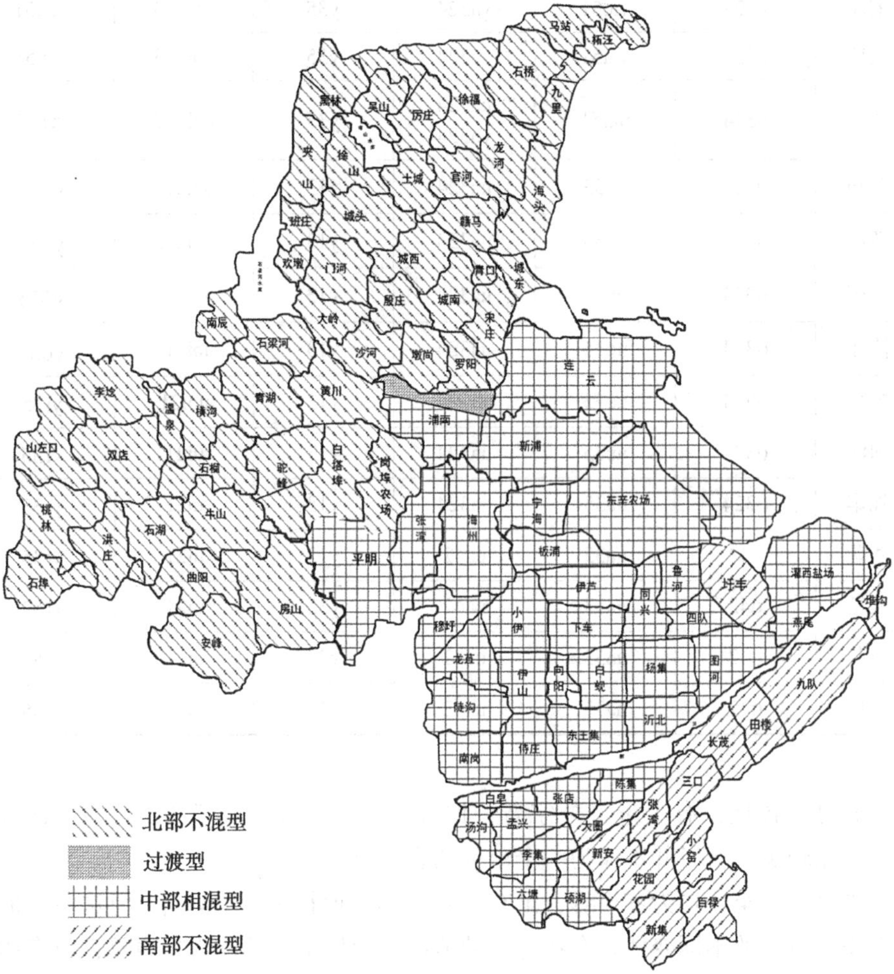

图 2-18　非敷奉、晓匣母今读类型分布

由图 2-18 可知，非组和晓组今读有三种类型：北部不混型，中部混读型和南部不混型。

北部不混型，单字和话语中，非敷奉母和晓匣母均不混。这一类型地区集中在北部中原官话和江淮官话部分地区，是中原官话的普遍特点；在与中原官话相邻的江淮官话部分地方，如：东海曲阳、安峰、牛山、白塔、驼峰、房山，也能清楚地区分 f 和 x。这一类型周边地区非组和晓组声母读音情况见表 2-41。

表 2-41

地点	非组	晓组	关系
虎山日照	f	x	区分
巨峰日照	f	x	区分
岚山日照[①]	f	x	区分
莒县日照	f	x	区分
兰山临沂	f	x	区分
莒南临沂	f	x	区分
郯城临沂	f	x	区分
临沭临沂	f	x	区分

说明：①岚山材料引自《日照方言调查报告》(牟海霞，2010)。

其他各点材料出处上文已述。

由表 2-41 可知，连云港北接的山东南部地区，非组和晓匣组声母今读全部区分，无一例外，这说明在连云港北部以及相邻的大片中原官话地区，f 和 x 声母区分这一方言特点具有地域性。

中部相混型，非敷奉母混读晓匣母 x 是主要的混读情况；也有少数晓匣母字在语流中混读非敷奉母 f。这一类型广泛分布在东海东南部、新浦、海州、灌云以及灌南西北部等地区，分布较连续。东海东南部的平明、张湾、浦南这几个乡镇以及灌南西北部的陈集、汤沟、六塘、硕湖、李集几个乡镇，因地理位置相近等原因，与中部的新浦、海州、灌云地区非组和晓组声母的相混情况相同，从而区别于同一县的其他乡镇。根据《汉语方言地图集》(曹志耘，2008)，与这一类型相同的周边地区还有江苏的宿迁和南京以及安徽的淮南、霍邱和南陵。

南部不混型，非敷奉母和晓匣母基本不混，仅有少数字 f 母字读 x 声母，且多是在语流中，因混读情况较少，所以视作不混读的类型。这一类型分布在灌云圩丰以及灌南中东部的新安、长茂、田楼、新集、百禄、堆沟、九队、三口等几个乡镇。与这一类型地区相邻的地区，非敷奉母和晓匣母今读情况见表 2-42。

表 2-42

地点	非组	晓组	关系
涟水$_{淮安}$	f	x	区分
建湖$_{淮安}$①	f	x	区分
响水$_{盐城}$②	f	x	区分
步凤$_{盐城}$③	f	x	区分
射阳$_{盐城}$④	f	x	区分

说明：①④建湖、射阳材料均依据《江苏省志 · 方言志》(鲍明炜等，1998)。

②盐城响水县材料引自《响水县方言音系比较研究》(张军，2004)。响水非敷奉组仅小部分字在老年人语音中混读晓匣母 x。

③盐城步凤方言材料引自《盐城方言研究》(蔡华祥，2011)。

表 2-43　非敷奉、晓匣母今读例音

	符$_{\sim号}$	胡$_{\sim说}$	饭$_{吃\sim}$	换$_{\sim货}$	发$_{\sim火}$
马站	fu55	xu55	fã51	xuã51	fa213
城西	fu55	xu55	fã51	xuã51	fa213
李埝	fu35	xu35	fan53	xuan53	fa213
牛山	fu55	xu55	fã41	xuã41	faʔ4
黄川	fu35	xu35	fan41	xuan41	fa213
驼峰$_{北}$	fu13	xu13	fã35	xuã35	faʔ4
浦南$_{北}$	xu35	xu35	xuan53	xuan53	xua213

续表

	符~号	胡~说	饭吃~	换~货	发~火
浦南南	xu13	xu13	xuã35	xʊ̃35	xuaʔ4
新浦	xu13	xu13	xuã35	xʊ̃35	xuaʔ4
海州	xu13	xu13	xuã35	xʊ̃35	xuaʔ4
朝阳	xu13	xu13	xuã35	xʊ̃35	xuaʔ4
伊山	xu13	xu13	xuã35	xõ35	xuaʔ4
南岗	xu13	xu13	xuã35	xʊ̃35	xuaʔ4
侍庄	xu13	xu13	xuã35	xʊ̃35	xuaʔ4
圩丰	fu13	xu13	fã35	xʊ̃35	faʔ4
图河	xu13	xu13	xuã35	xʊ̃35	xuaʔ4
杨集	xu13	xu13	xuã35	xʊ̃35	xuaʔ4
南岗	xu13	xu13	xuã35	xʊ̃35	xuaʔ4
陈集	xu13	xu13	xuã35	xʊ̃35	xuaʔ4
新集	fu13	xu13	fã35	xʊ̃35	faʔ4
六塘	xu13	xu13	xuã35	xʊ̃35	xuaʔ4
李集	xu13	xu13	xuã35	xʊ̃35	xuaʔ4
长茂	fu13	xu13	fã35	xʊ̃35	faʔ4
三口	fu13	xu13	fã35	xʊ̃35	faʔ4
九队	fu13	xu13	fã35	xʊ̃35	faʔ4
	话费~	飞~机	灰~色	缝裁~	红~色
马站	xua51	fei213	xuəi213	fəŋ55	xoŋ55
城西	xua51	fei213	xuəi213	fəŋ55	xoŋ55
李埝	xua53	fei213	xuei213	fəŋ35	xoŋ35
牛山	xua41	fei213	xuei213	fəŋ55	xoŋ55
黄川	xua41	fei213	xuei213	fəŋ35	xoŋ35
驼峰北	xua4	fei213	xuei213	fəŋ13	xoŋ13

续表

	话$_{费\sim}$	飞$_{\sim机}$	灰$_{\sim色}$	缝$_{裁\sim}$	红$_{\sim色}$
浦南$_{北}$	xua53	xui213	xui213	xoŋ35	xoŋ35
浦南$_{南}$	xua35	xui213	xui213	xoŋ13	xoŋ13
新浦	xua35	xui213	xui213	xoŋ13	xoŋ13
海州	xua35	xui213	xui213	xoŋ13	xoŋ13
朝阳	xua35	xui213	xui213	xoŋ13	xoŋ13
伊山	xua35	xui213	xui213	xoŋ13	xoŋ13
南岗	xua35	xui213	xui213	xoŋ13	xoŋ13
侍庄	xua35	xui213	xui213	xoŋ13	xoŋ13
圩丰	xua35	fei213	xui213	fəŋ13	xoŋ13
图河	xua35	xui213	xui213	xoŋ13	xoŋ13
杨集	xua35	xui213	xui213	xoŋ13	xoŋ13
南岗	xua35	xui213	xui213	xoŋ13	xoŋ13
陈集	xua35	xui213	xui213	xoŋ13	xoŋ13
新集	xua35	fei21	xui21	fəŋ13	xoŋ13
六塘	xua35	xui21	xui21	xoŋ13	xoŋ13
李集	xua35	xui21	xui21	xoŋ13	xoŋ13
长茂	xua35	fei21	xui21	fən13	xoŋ13
三口	xua35	fei21	xui21	fən13	xoŋ13
九队	xua35	fei21	xui21	fən13	xoŋ13

由表2-43可知，连云港南部及周围地区，非敷奉母和晓匣母区分是连云港南部一片地区范围内较普遍的读音特点。

二、非敷奉、晓匣母混读原因

连云港中部非组和晓组混读的地区，虽然各地混读的程度、音值情况有一些差异，但变读的规律却大致相同，即：混读的情况更多地出现于词汇或语句环境中；f母读入x母是主要的音变方向；非敷奉母混读x时，增加-u-介音，见表 2-44。

表 2-44

<table>
<tr><td rowspan="3">新浦</td><td colspan="2">费工夫 xuəi35 koŋ213 xuə0</td></tr>
<tr><td colspan="2">花粉 xua214 xoŋ41</td></tr>
<tr><td colspan="2">放松 xuaŋ35 ʂoŋ213</td></tr>
<tr><td rowspan="2">西诸$_{\text{朝阳}}$</td><td colspan="2">姓冯 ɕiŋ35 xoŋ13</td></tr>
<tr><td colspan="2">飞机飞起来了 xui213 tsɿ213 xui213 tsʰɿ324 lɛ13 lə0</td></tr>
<tr><td rowspan="4">杨集$_{\text{灌云}}$</td><td colspan="2">米饭 mɿ324 xuã35</td></tr>
<tr><td colspan="2">飞机 xuəi213 tsɿ213</td></tr>
<tr><td colspan="2">黑化肥会挥发 xəʔ4 xua35 xuəi13 xuəi35 xuəi213 xuaʔ4</td></tr>
<tr><td colspan="2">发废话话费会挥发 xuaʔ4 xuəi35 xua35 xua35 xuəi35 xuəi35 xuəi213 xuaʔ4</td></tr>
<tr><td>图河$_{\text{灌云}}$</td><td colspan="2">媳妇 ɕiɪʔ4 xʊ0</td></tr>
<tr><td rowspan="3">陈集$_{\text{灌南}}$</td><td>蜂 fəŋ213</td><td>蜂蜜 xoŋ213 mɿ35</td></tr>
<tr><td>分 fəŋ213</td><td>一分钱 iʔ4 xoŋ213 tɕʰiĩ13</td></tr>
<tr><td colspan="2">稀饭 sɿ213 xuã35</td></tr>
</table>

非、晓组混读的现象在江淮官话区较普遍。唇齿音与牙喉音，发音部位不同并且音位对立。唇齿擦音 f，需要用力将气流从唇齿形成的缝隙中送出，而舌根擦音 x，发音省力，发音部位也更自然。非组与晓组字今混合的现象，说明在发音时，人会倾向于更轻松、更自然、更省力的发音方式。开口 f 读 x 时，会增加一个介音 u，这是一个将声母和韵母自然衔接的过渡音，是 x 的气流通过喉部进入口腔时容易形成的一个元音。

发音省力并不是 f、x 声母混读的决定条件，因为它并不能解释为什么单字环境下的混读要明显少于词汇环境中。语言环境是混读情况发生的充分且必要的条件，因为它会在很大程度上激发发音省力的需要，所以，混读虽然会增加字词同音的情况，但这可以借助语言环境来使语义明晰。

第三章　韵母今读类型与地理分布

本章对中古韵摄在连云港各地的语音形式进行描述，归纳今读类型，用方言地图直观表现这些音读类型的地理分布，结合历史文献以及周边地区方言的情况分析这些语音特征演变的历史轨迹。

中古韵摄演变至今，在各地的具体情况各不相同，而且阴声韵、阳声韵和入声韵因韵母结构不同，语音表现有类的差异，所以，下文对这三类韵母分别进行讨论。

第一节　阴声韵

阴声韵是指中古时期果、假、遇、蟹、止、效、流七个韵，阴声韵是由元音组成的，没有鼻音或塞音韵尾。阴声韵的今读类型差异主要体现在元音的音值以及韵摄的分合上。

一、果摄见系一等歌戈韵

（一）果摄见系一等歌戈韵今读类型和分布

果摄一等字中，“他大那哪跢涴阿”几个字的读音与普通话接近，连云港各地音读形式基本无异，此处不讨论。

果摄见系一等开、合口韵今读，大致有两种类型：开合口韵相同，开合口韵不同。

这两种类型的地理分布如图 3-1 所示。

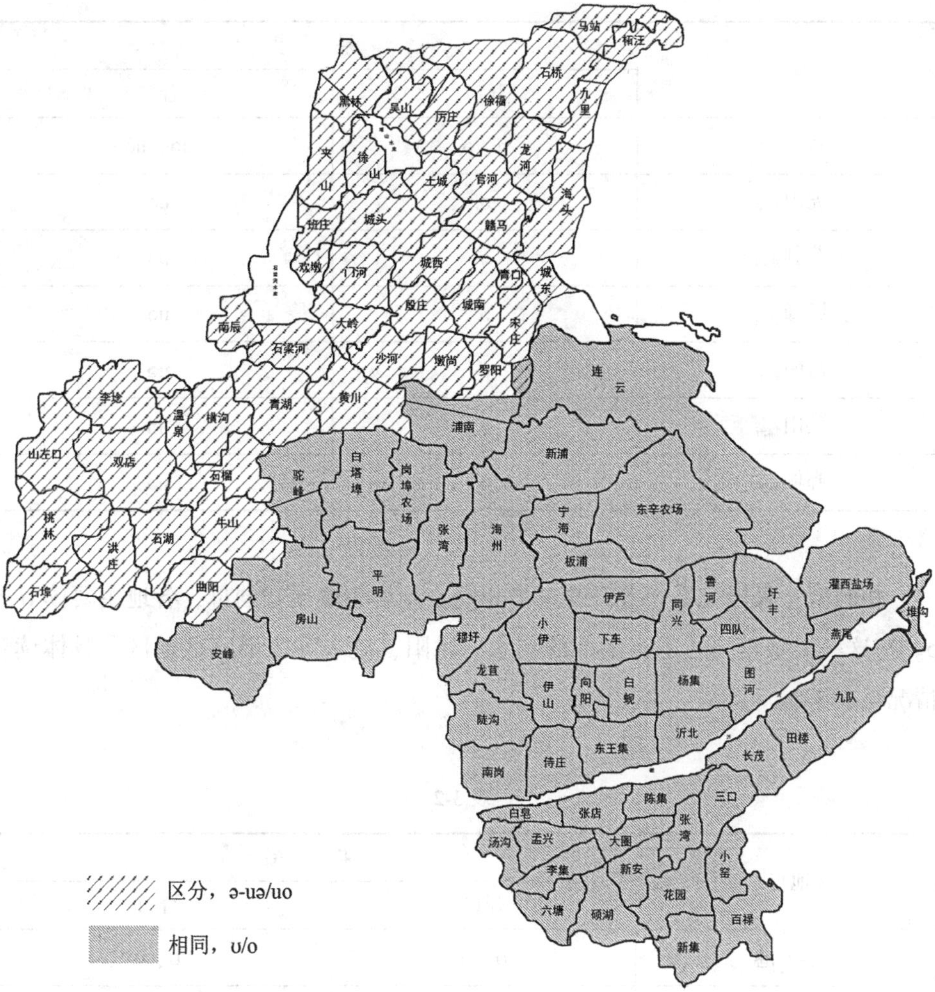

图 3-1 果摄见系一等韵今读类型分布

区分型，果摄开、合口一等字，如“哥—锅、个—过、贺—祸、饿—卧”这四组字，读音不同，开合口区别明显，合口字“锅、过、祸、卧”韵母存在-u-介音。这一类型的果摄开合口韵与中古音的音韵地位相对应。这一类型集中分布在赣榆以及东海的中北部地区，与这一类型相同的周围地区有沛县、邳州、新沂，莒县、莒南、郯城、临沭，见表 3-1。

表 3-1

地点	果　摄	
	开口	合口
连云港	ə、o	uə、uo
虎山日照	ə	uə
莒县日照	ə	uə
巨峰日照	ə	uə
莒南临沂	ə	uə
兰山临沂	ə	uə
郯城临沂	ə	uə

相同型，果摄见系一等开合口韵相同，且均为单元音韵母，各地主要读 ʊ 或 o。与这一类型相同的还有南部的响水、沭阳、涟水等江淮官话地区。具体读音情况见表 3-2。

表 3-2

地点	果　摄	
	开口	合口
连云港	ʊ、o	ʊ、o
响水盐城	u	u
沭阳宿迁	o	o
涟水淮安	o	o
建湖淮安	o	o

说明：各点材料出处同前文。

部分地点果摄今读情况见表 3-3。

表 3-3 果摄开合口韵今读例音

果摄	开口				
	多端	**左精**	**哥见**	**饿疑**	**河晓**
马站	tuo213	tθuo324	kə213	ɣə51 və51	xə55
九里	tuo213	tθuo324	kə213	ɣə51	xə55
班庄	tuə213	ʦuə324	kə213	ə51	xə55
青口	tuə213	ʦuə324	kə213	ə51	xə55
墩尚	tuə213	ʦuə324	kə213	ə53	xə35
李埝	tuə213	ʦuə324	kə213	ə53	xə35
牛山	tuə213	ʦuɔ213	kə213	ə41	xə55
安峰	tʊ213	tʂʊ31	kʊ213	ʊ35	xʊ13
白塔	tʊ213	ʦʊ324	kʊ213	ʊ35	xʊ13
新浦	tʊ213	tʂʊ324	kʊ213	ʊ35	xʊ13
伊山	tʊ213	tʂʊ324	kʊ213	ʊ35	xʊ13
图河	tʊ213	tʂʊ324	kʊ213	ʊ35	xʊ13
陈集	tʊ213	tʂʊ324	kʊ213	ŋʊ35	xʊ13
三口	tʊ21	ʦʊ33	kʊ21	ŋʊ35	xʊ13
长茂	tʊ21	ʦʊ42	kʊ21	ŋʊ35	xʊ13
九队	tʊ21	ʦʊ42	kʊ21	ŋʊ35	xʊ13
新集	tʊ21	ʦʊ42	kʊ21	ŋʊ35	xʊ13
果摄	合口				
	破滂	**唾透**	**坐从**	**过见**	**火晓**
马站	p^{h}uo51	t^{h}uo51	tθuo51	kuo51	xuo324
九里	p^{h}uo51	t^{h}uo51	tθuo51	kuo51	xuo324
班庄	p^{h}uə51	t^{h}uə51	ʦuə51	kuə51	xuə324
青口	p^{h}uə51	t^{h}uə51	ʦuə51	kuə51	xuə324
墩尚	p^{h}uə53	t^{h}uə53	ʦuə53	kuə53	xuə324
李埝	p^{h}uə53	t^{h}uə53	ʦuə324	kuə53	xuə324

续表

果摄	合口				
	破滂	**唾透**	**坐从**	**过见**	**火晓**
牛山	pʰuə41	tʰuə41	tsuə41	kuə41	xuə324
安峰	pʰʊ35	tʰʊ35	tʂʊ35	kʊ35	xʊ31
白塔	pʰʊ35	tʰʊ35	tʂʊ35	kʊ35	xʊ324
新浦	pʰʊ35	tʰʊ35	tʂʊ35	kʊ35	xʊ324
伊山	pʰʊ35	tʰʊ35	tʂʊ35	kʊ35	xʊ324
图河	pʰʊ35	tʰʊ35	tʂʊ35	kʊ35	xʊ324
陈集	pʰʊ35	tʰʊ35	tʂʊ35	kʊ35	xʊ324
三口	pʰʊ35	tʰʊ35	tsʊ35	kʊ35	xʊ33
长茂	pʰʊ35	tʰʊ35	tsʊ35	kʊ35	xʊ42
九队	pʰʊ35	tʰʊ35	tsʊ35	kʊ35	xʊ42
新集	pʰʊ35	tʰʊ35	tsʊ35	kʊ35	xʊ42

(二)果摄见系一等韵分布的演变轨迹

果摄经过漫长的古今演变历史，果摄端系开口韵字，如“他大那”，各点均读 a，普通话也如此，读音虽显例外，但实际上是上古时期果摄读音的留存。中古及近古时期，原 a 和 ua 音逐渐后高化为 ɔ/uɔ 或 o/uo 音，今连云港江淮官话地区果摄歌韵的读音 o/ʊ 应当是在 ɔ/uɔ 或 o/uo 的基础上进一步分化演变出来的音读形式；近代的 ə/uə 音较好地体现在中原官话各点语音中。果摄今读的历史层次，果摄今读类型的地理分布与历史阶段的对应关系见表 3-4。

表 3-4

历史	古音	现时	今音
汉唐	a	端组，开口	a
宋、元、明清	ɔ/uɔ，o/uo	江淮官话各点	o/ʊ
近代	ə/uə	中原官话各点	uə/ə

由表3-4可知，在连云港地区，果摄见系一等歌韵的两种今读类型从南至北的共时地理分布，正像果摄歌韵从中古时期发展至今的历时演变轨迹。

二、假摄开口麻韵

假摄开口二等和三等麻韵，今读情况不同，下文分别细述。

(一)二等麻韵今读

二等麻韵，各地的主元音一般为a或ɑ，但地区差异主要在于，部分地区的见系二等麻韵有开口韵和齐齿呼韵两种音读形式，主要分布在灌云图河、沂北、杨集、燕尾四个乡镇以及灌南地区，与见系开口二等声母腭化的分布地区大致相同，具体可见图2-15。

二等麻韵在各地的读音情况见表3-5。

表3-5 假摄二等麻韵今读例音

	爬	拿	茶	查	沙	家	虾	下	吓
青口	pʰa55	na55	ʈʂʰa55	ʈʂʰa55	ʂa213	ʧia213	ʃia213	ʃia51	ʃia51
牛山	pʰa55	na55	ʈʂʰa55	ʈʂʰa55	ʂa213	ʨia213	ɕia213	ɕia41	ɕia41
新浦	pʰa13	la13	ʈʂʰa13	ʈʂʰa13	ʂa213	ʨia213	ɕia213	ɕia35	ɕia35 xəʔ4
伊山	pʰa13	la13	ʈʂʰa13	ʈʂʰa13	ʂa213	ʨia213	ɕia213	ɕia35	ɕia35 xaʔ4
新集	pʰa13	na13	ʦʰa13	ʦʰa13	sa21	ka21	xɛ21	xa35 ɕia35	xaʔ4
李集	pʰa13	la13	ʦʰa13	ʦʰa13	sa21	ka21	xa21	xa35	xaʔ4
六塘	pʰa13	na13	ʦʰa13	ʦʰa13	sa21	kɑ21 ʨia21	xɑ21 ɕia21	xɑ35 ɕia35	xəʔ4 ɕia35
九队	pʰa13	la13	ʦʰa13	ʦʰa13	sa21	ka21 ʨia21	xɛ21 ɕia21	xa35 ɕia35	xəʔ4 ɕia35
三口	pʰa13	la13	ʦʰa13	ʦʰa13	sa21	kɑ21	xɑ21	xɑ35 ɕia35	xaʔ4 ɕia35

(二)三等麻韵今读及分布

假摄三等麻韵今读有几种形式：ie、iə、ə、i/iɪ、ʅ、ei。各地方言中，这几种音读形式往往叠置存在(见表 3-6)，无法将某种音读形式与地区一一对应。假摄三等麻韵今读的几种形式及地理分布情况见图 3-2。

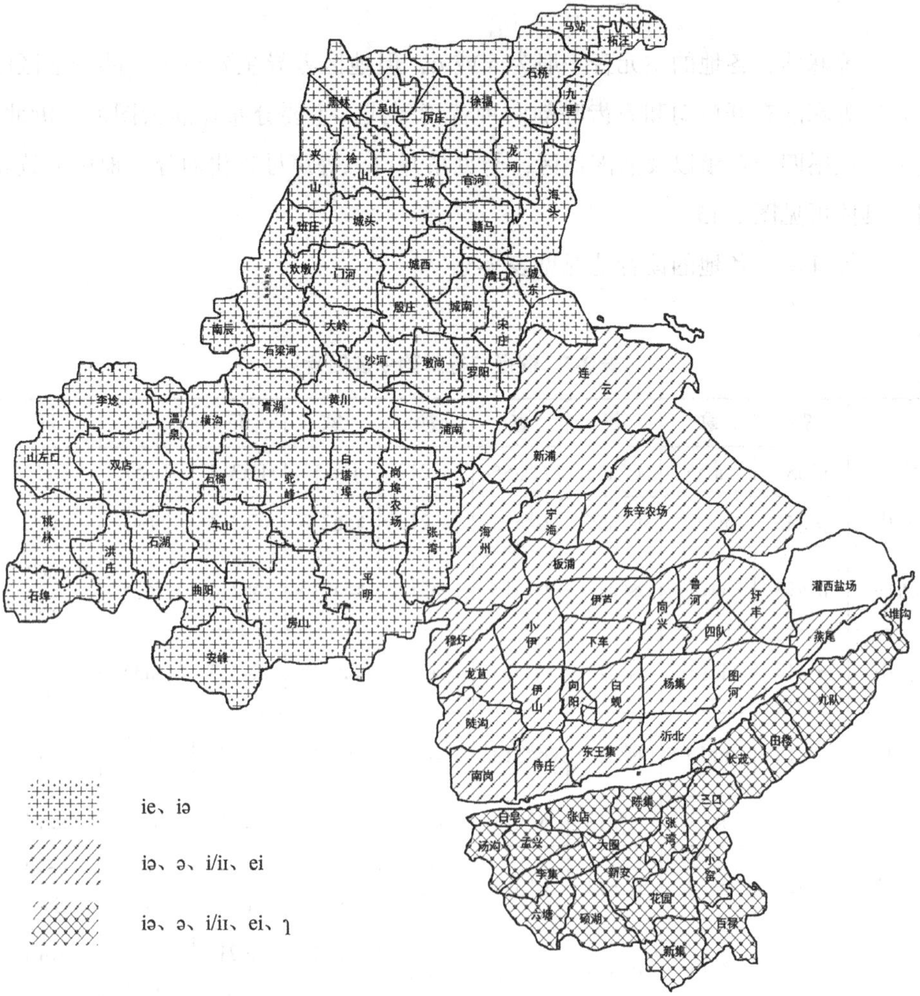

图 3-2 假摄开口三等麻韵今读类型分布

表 3-6

ie	赣榆、东海
iə	新浦、朝阳
ə	新浦、朝阳
i/iɪ	新浦、朝阳、灌南
ʅ	灌南
ei	新浦、朝阳、灌南

说明：朝阳、六塘、长茂、九队，i/iɪ，ei 音读形式都有。

新集，ʅ、ei 类型读音都有。

由图 3-2 可知，三等麻韵音读类型的地理分布有一定规律，北部赣榆和东海地区，以 ie、iə 韵居多，都有介音-i-，与三等韵的音韵地位对应；中部新浦、海州、连云地区，以 iə、ə、i/iɪ 和裂化的复元音 ei 为主；灌云、灌南地区多见元音高化的韵母 i 和 iɪ 和舌尖化的 ʅ 韵，舌尖音 ʅ 是这一类型地区与中部地区的主要差异，这不仅仅只是一个音读形式，而且标志着语音演变过程的更进一步，假摄开口三等韵已进入蟹止摄舌尖化的语音链移演变的过程（舌尖化音变，下文专题详述）。

假摄开口三等韵的今读情况见表 3-7。

表 3-7 假摄三等麻韵今读例音

	姐	写	斜	谢	者	车	蛇	社	爷
马站	tθie324	θie324	θie55	θie51	ʧie324	ʧʰie213	ʃie55	ʃie51	ie55
九里	tθie324	θie324	θie55	θie51	ʧie324	ʧʰie213	ʃie55	ʃie51	ie55
官河	tsie324	sie324	sie55	sie51	ʧie324	ʧʰie213	ʃie55	ʃie51	ie55
班庄	tsie324	sie324	sie55	sie51	tʂei324	tʂʰei213	ʂei55	ʂei51	ie55
青口	tsie324	sie324	sie55 sia55	sie51	ʧie324	ʧʰie213	ʃie55	ʃie51	ie55
沙河	tsie324	sie324	sie55	sie51	tʂə324	tʂʰə213	ʂə55	ʂə51	ie55

续表

	姐	写	斜	谢	者	车	蛇	社	爷
墩尚	tɕie324	sie324 ɕie324	ɕie35	ɕie53	tʂə324	tʂʰə213	ʂə35	ʂə53	ie35
李埝	tɕie324	ɕie324	ɕie35	ɕie53	tʂei324	tʂʰei213	ʂei35	ʂei53	ie35
牛山	tɕie324	ɕie324	ɕie55 tɕʰie55	ɕie41	tʂə324	tʂʰə213	ʂə55 ʂa55	ʂə41	iə55
白塔	tɕiɪ324	ɕiɪ324	ɕiɪ13 tɕʰiɪ13	ɕiɪ35	tʂei324	tʂʰei213	ʂei13	ʂei35	iɪ13
新浦	tɕiɪ324	ɕiɪ324	ɕiɪ13 tɕʰiɪ13	ɕiɪ35	tʂei324	tʂʰei213 tʂʰə213	ʂei13 ʂə13	ʂei35 ʂə35	iɪ13 ie13
朝阳	tɕiɪ324	ɕiɪ324	tɕʰiɪ13	ɕiɪ35	tʂei324	tʂʰei213 tɕʰiɪ213	ʂei13 ɕiɪ13	ʂei35 ɕiɪ35	iɪ13
伊山	tɕiɪ324	ɕiɪ324	tɕʰiɪ13	ɕiɪ35	tʂei324	tʂʰei213	ʂei13 ɕiɪ13	ʂei35 ɕiɪ35	iɪ13
圩丰	tɕiɪ324	ɕiɪ324	tɕʰiɪ13	ɕiɪ35	tʂei324	tɕʰiɪ213	ɕiɪ13	ɕiɪ35	iɪ13
杨集	tɕiɪ324	ɕiɪ324	tɕʰiɪ13	ɕiɪ35	tʂei324	tʂʰei213	ɕiɪ13	ɕiɪ35	iɪ13
图河	tɕiɪ324	ɕiɪ324	tɕʰiɪ13	ɕiɪ35	tʂei324	tʂʰei213	ɕiɪ13	ʂei35 ɕiɪ35	iɪ13
陈集	tɕiɪ324	ɕiɪ324	tɕʰiɪ13 ɕiɪ13	ɕiɪ35	tʂei324	tʂʰei213 tɕʰiɪ213	ɕiɪ13	ʂei35 ɕiɪ35	iɪ13
新集	tsɿ42 tɕi42	sɿ42 ɕi42	ɕi13	sɿ35 ɕi35	tsei42	tsʰei21	sei13 ɕiɪ13	sei35 ɕiɪ35	iɪ13
李集	tɕiɪ42	ɕiɪ42	tɕʰiɪ13	ɕiɪ35	tsei42	tsʰei21	sei13 ɕiɪ13	sei35 ɕiɪ35	iɪ13
六塘	tɕi42	ɕi42	tɕʰiɪ13	ɕi35	tsei42	tɕʰiɪ21 tsʰei21	sei13 ɕiɪ13	sei35	iɪ13
长茂	tɕiɪ42	ɕiɪ42	tɕʰiɪ13	ɕiɪ35	tsei42	tsʰei21 tʂʰei21	sei13	sei35 ɕiɪ35	iɪ13
九队	tɕiɪ42	ɕiɪ42	tɕʰiɪ13	ɕiɪ35 xiɪ35	tsei42	tsʰei21	sei13	sei35 ɕiɪ35	iɪ13

续表

	姐	写	斜	谢	者	车	蛇	社	爷
三口	tɕiɪ33	ɕiɪ33	tɕʰiɪ13	ɕiɪ35	tsei33	tɕʰiɪ21 tsʰei21	ɕiɪ13 sei13	sei35 ɕiɪ35	iɪ13
涟水	tɕi212	ɕi212	tɕʰi35	ɕi55	tsei212	tsʰei31	sei35	sei55	i35
响水	tɕi214	ɕi214	tɕʰi24	ɕi55	tse214	tsʰe41	sei24	sei55	i55

由表 3-7 可知，精系和知系假摄开口三等读音情况不同，精系多为 i、ɿ，知系多为 ei、i/iɪ、ə、iə、ie。虽然存在地理类型上的差异，但各地均有一个大致的规律，开口韵 ei、ə 与声母 tʂ、tʂʰ、ʂ 或 ts、tsʰ、s 相拼，而齐齿韵 i/iɪ、iə、ie 多与声母 tɕ、tɕʰ、ɕ，ʧ、ʧʰ、ʃ 相拼。

（三）假摄二、三等麻韵音读类型的历史演变

假摄二、三等麻韵的历史演变情况见表 3-8。

表 3-8

隋到中唐	麻部 a 韵	
晚唐五代	麻部 a 韵	
宋代	麻蛇部，二等 a 韵、三等 ia 韵	麻蛇互叶
元代	二等为家麻 a 韵	
	三等为车遮 iæ 韵	例如：车 tɕʰiæ，舍 ɕiæ
明清	二等 a、ia，喉牙音为 ia，其他为 a	例如：妈马麻骂 ma，沙杀 ʂa；加架 kia，下虾匣 xia
	三等 ie、e，舌齿音为 e，其他为 ie	例如：遮者哲宅 tʂe，车扯册 tʂʰe，惹热 ɽe，色舌 ʂe；姐借截 tsie，且妾 tsʰie，些写邪屑 sie，野夜 jie

假摄二、三等麻韵，连云港各点基本区分，主元音不同，二、三等麻韵不同的读音形式中既有历史的沉积，也有新的音变层次的叠加。

假摄二等韵，各地主元音基本为 a，均保留了二等麻韵历史音读形式，但见系(喉牙音)麻韵今读形式存在音读类型、地理分布和历史层次的不同。灌南及灌云东南的杨集、图河等地，二等麻韵存在两读，声、韵均不同，其中 kɑ、ka、xɑ 等形式，麻韵二等喉牙音还未区分，这是元代之前音读的保留，而 tɕia、ɕia 的读音说明二等喉牙音已经区分，声韵谐同变化，这是明清之后的语音演变层次。其他地区，二等麻韵基本是明清以后的层次，多读 tɕia、ɕia 等音。

假摄三等韵，今在连云港各地的音读形式较多，但大致可以分成 e、ie、ə、iə 和 i/iɪ、ɿ、ei 两大类，这两大类各有其分布范围和语音来源。e、ie、ə、iə 韵基本分布在东海北部和赣榆这些中原官话地区，这些音读形式与明清时期三等麻韵的读音情况相同，明清时期的读音是其今音的来源，赣榆地区麻韵三等舌齿音仍为齐齿呼韵，所以历史层次上要更早一些。i/iɪ、ɿ、ei 类韵，大致分布在连云港中南部的江淮官话各地，是晚于 e、ie、ə、iə 韵的一个层次，是在元音高化链移式过程中产生的音。止摄在晚唐时分出舌尖前的支思韵 ɿ，由此引发了一系列的音变过程，至今都未停止。支思韵舌尖化为 ɿ 韵后，i 韵的位置空出，蟹摄开口三四等韵随后填补了 i 韵的位置，然后也渐渐舌尖化为 ɿ 韵，假摄开口三等韵的主元音也逐渐高化为 iɪ 或 i 韵，去填补蟹止摄空出的 i 韵位置后，部分假摄三等韵也发生了舌尖化音变，读 ɿ 韵。假摄开口三等韵经历了 ia—iɛ—ie—iə—iɪ—i—ɿ 等阶段的不断央化、高化以及舌尖化的演变过程。但是，语音演变仍未就此停止，i 韵又裂化出 ei 韵。朱晓农(2004)认为，裂化是元音高化的表现之一，在新浦、连云、灌云、灌南等地均有由高元音 i 出位裂化的 ei 韵，如新浦“者、车、蛇、社”等知系字。灌南新集方言中，假摄开口三等韵出现了三种音变现象：高化 i、舌尖化 ɿ 和舌位裂化 ei，精组字在高化为 i 后，先于其他地方并入蟹止摄并舌尖化，知系、见系字主要是高化的 i 韵以及出位裂化的 ei 韵。长茂、九队、六塘等灌南部分乡镇假开三知系字都有 i 和 ei 两读的韵母。

“蛇”为三等麻韵船母字，牛山今读 ʂa 和 ʂə。ʂa 音不同于其他三等麻韵字，也不见于连云港其他地区。麻韵三等读同二等是唐代之前的读音情况，现在这一孤例淹没在其他的音读形式中，而且其另一个音读 ʂə 更为常见，ʂa 这一古音层次在不久后很可能被置换，最终消失。

由今连云港方言中假摄三等麻韵的几种音读形式，可以推测其演变的历史过程，见图 3-3。

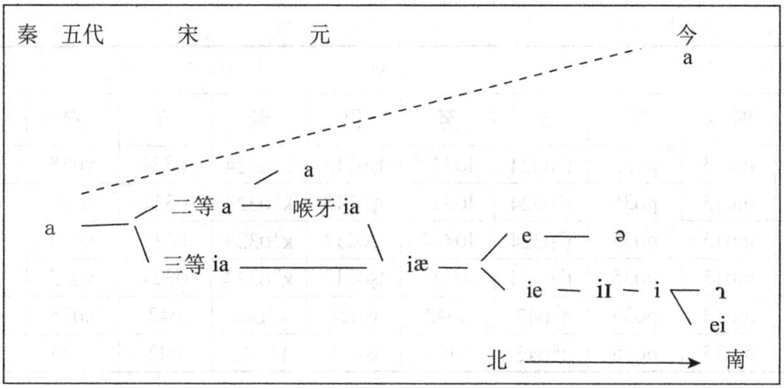

图 3-3 假摄三等麻韵演变情况

三、遇摄模鱼虞三韵

(一)遇摄合口一等模韵类型分布

遇摄合口一等模韵，今在连云港地区主要有 u、ʊ 两类韵母。但有两个特殊的音变现象：明母模韵平声与去声音读存在地区差异，东海北部和赣榆的中原官话地区，果摄合口韵混同，去声韵为 u；而新浦、海州以南的江淮官话区，遇摄合口一等模韵不区分平声和去声，均为 ʊ 韵。疑母、影母模韵，音节起始处似有一过渡音°，而且，音节结束时多有闭口的 m 音，听感和闭口的动作明显，°um 韵音读还见于见、溪、群、晓匣母模韵字。

遇摄合口一等模韵两种今读类型，读音例举如下，见表 3-9。

表 3-9 遇摄合口一等模韵今读例音

u 型									
	模~子	**布**	**土**	**努**	**租**	**苦**	**五**	**户**	**裤**
马站	muo55	pu51	tʰu324	nu324	tʂu213	kʰu324	u324	xu51	kʰu51
青口	muə55	pu51	tʰu324	nu324	tʂu213	kʰu324	u324	xu51	kʰu51
李埝	mə35	pu53	tʰu324	nu324	tʂu213	kʰu324	u324	xu53	kʰu53
牛山	muə55	pu41	tʰu324	nu324	tʂu213	kʰu324	u324	xu41	kʰu41

续表

ʊ型									
	模~子	布	土	努	租	苦	五	户	裤
新浦	mʊ13	pʊ35	t^hʊ324	lʊ324	ʈʂʊ213	k^hʊ324	ʊ324	xʊ35	k^hʊ35
连云	mʊ13	pʊ35	t^hʊ324	lʊ324	ʈʂʊ213	k^hʊ324	ʊ324	xʊ35	k^hʊ35
伊山	mʊ13	pʊ35	t^hʊ324	lʊ324	ʈʂʊ213	k^hʊ324	ʊ324	xʊ35	k^hʊ35
陈集	mʊ13	pʊ35	t^hʊ324	lʊ324	ʈʂʊ213	k^hʊ324	ʊ324	xʊ35	k^hʊ35
新集	mʊ13	pʊ35	t^hʊ42	nʊ42	tsʊ21	k^hʊ42	ʊ42	xʊ35	k^hʊ35
长茂	mʊ13	pʊ35	t^hʊ42	lʊ42	tsʊ21	k^hʊ42	ʊ42	xʊ35	k^hʊ35

这两种音读类型的分布情况见图 3-4。

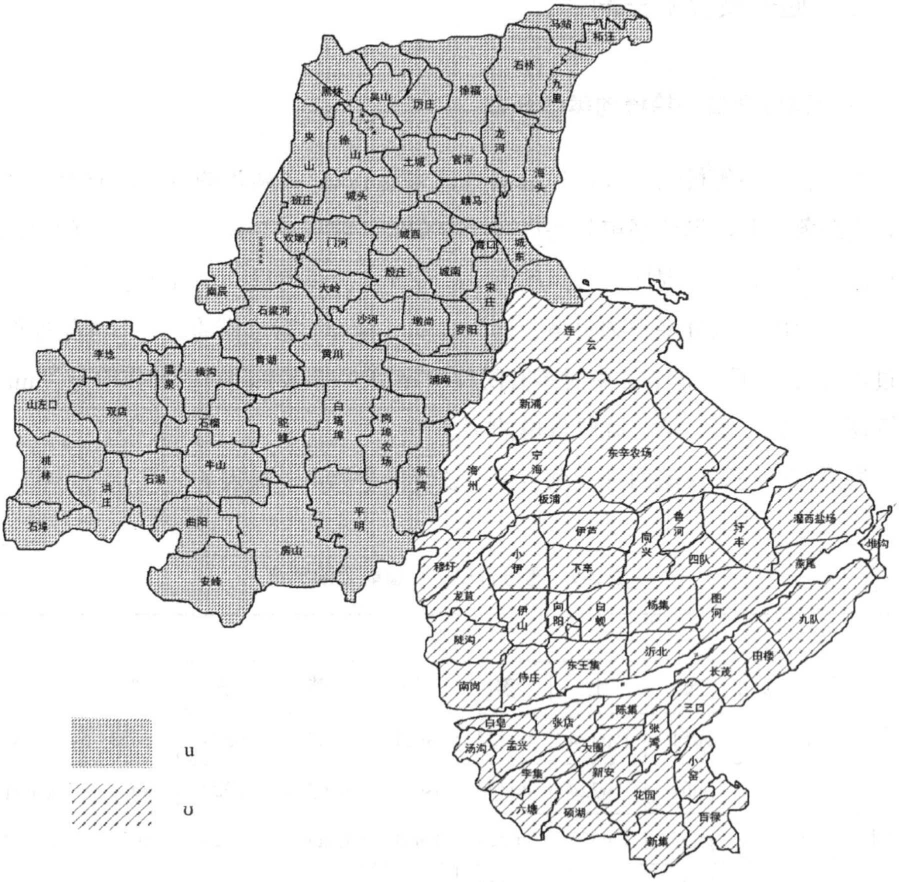

图 3-4　遇摄合口一等模韵今读类型分布

(二)遇摄合口三等鱼虞韵类型分布

根据声母是否分尖团以及知庄章组的分合情况，遇摄合口三等鱼虞韵今分别读 u、ʊ、y、ʮ。帮组、非组、庄组和日母声母后为 u 或 ʊ 韵母，泥来母字 u、ʊ 和 y 韵均有，精组和见系字的韵母基本都为 y 韵，但在知组和章组前，遇摄鱼虞韵的今读有 ʮ 和 y 两种分布类型，这种类型分布差异也正是知庄章组声母二分的类型分布差异，知$_{三}$章组声母为 ʧ、ʧ^{h}、ʃ，韵母对应为 ʮ。

遇摄合口三等鱼虞韵的分布情况见图 3-5。

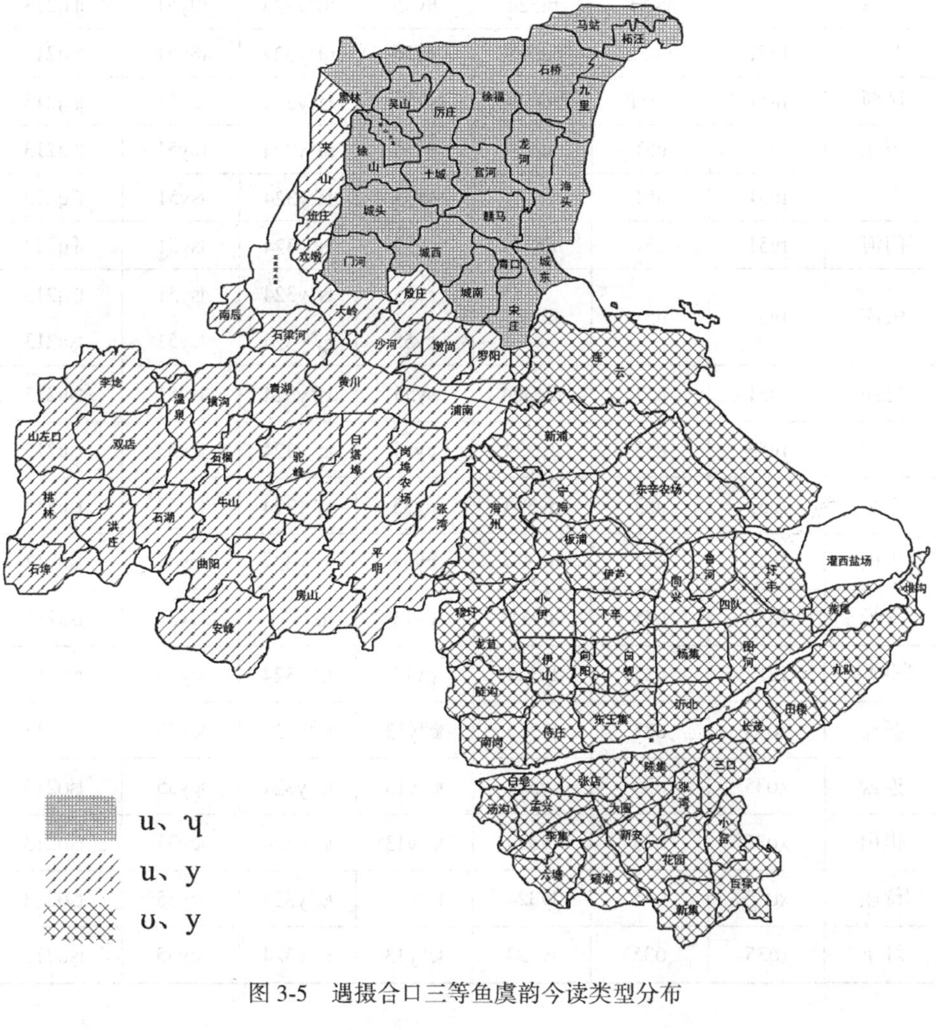

图 3-5 遇摄合口三等鱼虞韵今读类型分布

遇摄合口模韵及鱼虞韵的地理分布不完全相同，类型分布间都有过渡，北部u/ɥ型地区，遇摄合口三等知系字韵母为ɥ，这与这一区知系二分，知$_{三}$章组声母读舌面音ʧ、ʧ^{h}、ʃ有关；u/y型和ʊ/y型地区，与帮系、端系、知系声母相拼的遇摄音值略有不同。遇摄合口三等鱼虞韵的读音，例示如下，见表3-10。

表3-10　遇摄合口三等鱼虞韵今读例音

	非		泥来		精		知
	父	雾	女$_{鱼}$	徐	娶	聚	猪
马站	fu51	vu51	ni324	θy55	tθ^{h}y324	tθy51	ʧɥ213
九里	fu51	vu51	nie324	θy55	tθ^{h}y324	tθy51	ʧɥ213
城西	fu51	vu51	nie324	sy55	ʦ^{h}y324	ʦy51	ʧɥ213
厉庄	fu51	u51	ni324	θy55	tθ^{h}y324	tθy51	ʧɥ213
青口	fu51	u51	ny324	sy55	ʦ^{h}y324	ʦy51	ʧɥ213
门河	fu51	u51	nie324	sy55	ʦ^{h}y324	ʦy51	ʧɥ213
宋庄	fu51	u51	ni324	sy55 ɕy55	ʦ^{h}y324 ʨ^{h}y324	ʦy51 ʨy51	ʧɥ213 tʂu213
班庄	fu51	u51	nie324	sy55	ʦ^{h}y324	ʦy51	tʂu213
墩尚	fu53	u53	ny324	ɕy35	ʨ^{h}y324	ʨy53	tʂu213
李埝	fu53	u53	ny324	ɕy35	ʨ^{h}y324	ʨy53	tʂu213
牛山	fu41	u41	ny324	ɕy55	ʨ^{h}y324	ʨy41	tʂu213
安峰	fu35	u35	ny31	ɕy13	ʨ^{h}y31	ʨy35	tʂu213
驼峰$_{北}$	fu13	u35	ly324	ɕy13	ʨ^{h}y324	ʨy35	tʂu213
新浦	xʊ35	ʊ35	ly324	ʨ^{h}y13	ʨ^{h}y324	ʨy35	tʂʊ213
连云	xʊ35	ʊ35	ly324	ʨ^{h}y13	ʨ^{h}y324	ʨy35	tʂʊ213
伊山	xʊ35	ʊ35	ly324	ʨ^{h}y13	ʨ^{h}y324	ʨy35	tʂʊ213
侍庄	xʊ35	ʊ35	ly324	ʨ^{h}y13	ʨ^{h}y324	ʨy35	tʂʊ213
圩丰	fʊ35	ʊ35	ly324	ʨ^{h}y13	ʨ^{h}y324	ʨy35	tʂʊ213

续表

	非		泥来		精		知
	父	雾	女$_{\text{鱼}}$	徐	娶	聚	猪
图河	xʊ35	ʊ35	ly324	tɕʰy13	tɕʰy324	tɕy35	tʂʊ213
陈集	xʊ35	ʊ35	ly324	ɕy13 tɕʰy13	tɕʰy324	tɕy35	tʂʊ213
新集	fʊ35	ʊ35	ly324	ɕy13 tɕʰy13	tɕʰy324	tɕy35	tʂʊ213
长茂	fu35	u35	ly42	ɕy13 tɕʰy13	tɕʰy42	tɕy35	tʂʊ21
三口	fʊ35	ʊ35	ly33	ɕy13 tɕʰy13	tɕʰy33	tɕy35	tsʊ21 tʂʊ21
	知		庄			章	
	蛛	住	初	梳	书	主	树
马站	ʧɥ213	ʧɥ51	tʂʰu213	ʂu213	ʃɥ213	ʧɥ324	ʃɥ51
九里	ʧɥ213	ʧɥ51	tʂʰu213	ʂu213	ʃɥ213	ʧɥ324	ʃɥ51
城西	ʧɥ213	ʧɥ51	tʂʰu213	ʂu213	ʃɥ213	ʧɥ324	ʃɥ51
厉庄	ʧɥ213	ʧɥ51	tʂʰu213	ʂu213	ʃɥ213	ʧɥ324	ʃɥ51
青口	ʧɥ213	ʧɥ51	tʂʰu213	ʂu213	ʃɥ213	ʧɥ324	ʃɥ51
门河	ʧɥ213	ʧɥ51	tʂʰu213	ʂu213	ʃɥ213	ʧɥ324	ʃɥ51
宋庄	ʧɥ213 tʂu213	ʧɥ51 tʂu213	tʂu213	ʂu213	ʃɥ213 ʂu213	ʧɥ324 tʂu324	ʃɥ51 ʂu51
班庄	tʂu213	tʂu51	tʂʰu213	ʂu213	ʂu213	tʂu324	ʂu51
墩尚	tʂu213	tʂu53	tʂʰu213	ʂu213	ʂu213	tʂu324	ʂu53
李埝	tʂu213	tʂu53	tʂʰu213	ʂu213	ʂu213	tʂu324	ʂu53
牛山	tʂu213	tʂu41	tʂʰu213	ʂu213	ʂu213	tʂu324	ʂu41
安峰	tʂu213	tʂu35	tʂʰu213	ʂu213	ʂu213	tʂu31	ʂu35
驼峰$_{\text{北}}$	tʂu213	tʂu35	tʂʰu213	ʂu213	ʂu213	tʂu324	ʂu35

续表

	知		庄			章	
	蛛	住	初	梳	书	主	树
新浦	tʂʊ213	tʂʊ35	tʂ^{h}ʊ213	ʂʊ213	ʂʊ213	tʂʊ324	ʂʊ35
连云	tʂʊ213	tʂʊ35	tʂ^{h}u213	ʂʊ213	ʂʊ213	tʂʊ324	ʂʊ35
伊山	tʂʊ213	tʂʊ35	tʂ^{h}ʊ213	ʂʊ213	ʂʊ213	tʂʊ324	ʂʊ35
侍庄	tʂʊ213	tʂʊ35	tʂ^{h}ʊ213	ʂʊ213	ʂʊ213	tʂʊ324	ʂʊ35
圩丰	tʂʊ213	tʂʊ35	tʂ^{h}ʊ213	ʂʊ213	ʂʊ213	tʂʊ324	ʂʊ35
图河	tʂʊ213	tʂʊ35	tʂ^{h}ʊ213	ʂʊ213	ʂʊ213	tʂʊ324	ʂʊ35
陈集	tʂʊ213	tʂʊ35	tʂ^{h}ʊ213	ʂʊ213	ʂʊ213	tʂʊ324	ʂʊ35
新集	tʂʊ213	tʂʊ35	tʂ^{h}ʊ213	sʊ21	sʊ21	tsʊ42	sʊ35
长茂	tʂʊ21	tʂʊ35	tʂ^{h}ʊ21	ʂʊ21	ʂʊ21	tʂʊ42	sʊ35
三口	tʂʊ21	tsʊ35	ts^{h}ʊ21	sʊ21	sʊ21	tsʊ33	sʊ35
	见晓		疑		影	云	
	去	许	鱼	遇	于	雨	
马站	tɕ^{h}y51	ɕy324	y55	y51	y55	y324	
九里	tɕ^{h}y51 c^{h}y51	ɕy324 çy324	y55	y51	y55	y324	
城西	c^{h}y51	çy324	y55	y51	y55	y324	
厉庄	tɕ^{h}y51	ɕy324	y55	y51	y55	y324	
青口	tɕ^{h}y51	ɕy324	y55	y51	y55	y324	
门河	c^{h}y51	çy324	y55	y51	y55	y324	
宋庄	tɕ^{h}y51	ɕy324	y55	y51	y55	y324	
班庄	tɕ^{h}y51	ɕy324	y55	y51	y55	y324	
墩尚	tɕ^{h}y53	ɕy324	y35	y53	y35	y324	
李埝	tɕ^{h}y53	ɕy324	y35	y53	y35	y324	
牛山	tɕ^{h}y41	ɕy324	y55	y41	y55	y324	

续表

	见晓		疑		影	云	
	去	许	鱼	遇	于	雨	
安峰	$tɕ^hy35$	ɕy31	y13	y35	y13	y31	
驼峰北	$tɕ^hy35$	ɕy324	y13	y35	y13	y324	
新浦	$tɕ^hy35$	ɕy324	y13	y35	y13	y324	
连云	$tɕ^hy35$	ɕy324	y13	y35	y13	y324	
伊山	$tɕ^hy35$	ɕy324	y13	y35	y13	y324	
侍庄	$tɕ^hy35$	ɕy324	y13	y35	y13	y324	
圩丰	$tɕ^hy35$	ɕy324	y13	y35	y13	y324	
图河	$tɕ^hy35$	ɕy324	y13	y35	y13	y324	
陈集	$tɕ^hy35$	ɕy324	y13	y35	y13	y324	
新集	$tɕ^hy35$	ɕy42	y13	y35	y13	y42	
长茂	$tɕ^hy35$	ɕy42	y13	y35	y13	y42	
三口	$tɕ^hy35$	ɕy33	y13	y35	y13	y33	

四、蟹、止摄

蟹、止两摄今读有一些相近的语音表现，而且，这两个韵在历史演变中有一些联系，所以这里一并讨论。

（一）见系蟹摄皆佳韵

蟹摄开口一、二等韵各地主要元音多为 a。二等皆佳韵的音读形式在连云港各地存在类型和分布的不同。部分地区皆佳韵有齐齿呼韵的第二种音读形式，读 ia、iɪ 或者 i 韵。两读的情况主要分布在连云港江淮官话区南部的灌南以及灌云东南部的一小片地区，蟹摄开口二等韵的文白异读较成系统，白读韵母为 a 或 ɛ，文读为 iɪ 或 i；两读的语音现象很少见于江淮官话北部地区。连云港北部赣榆地区皆佳韵今读 iai。

蟹摄皆佳韵今读类型和分布情况，如图 3-6 所示。

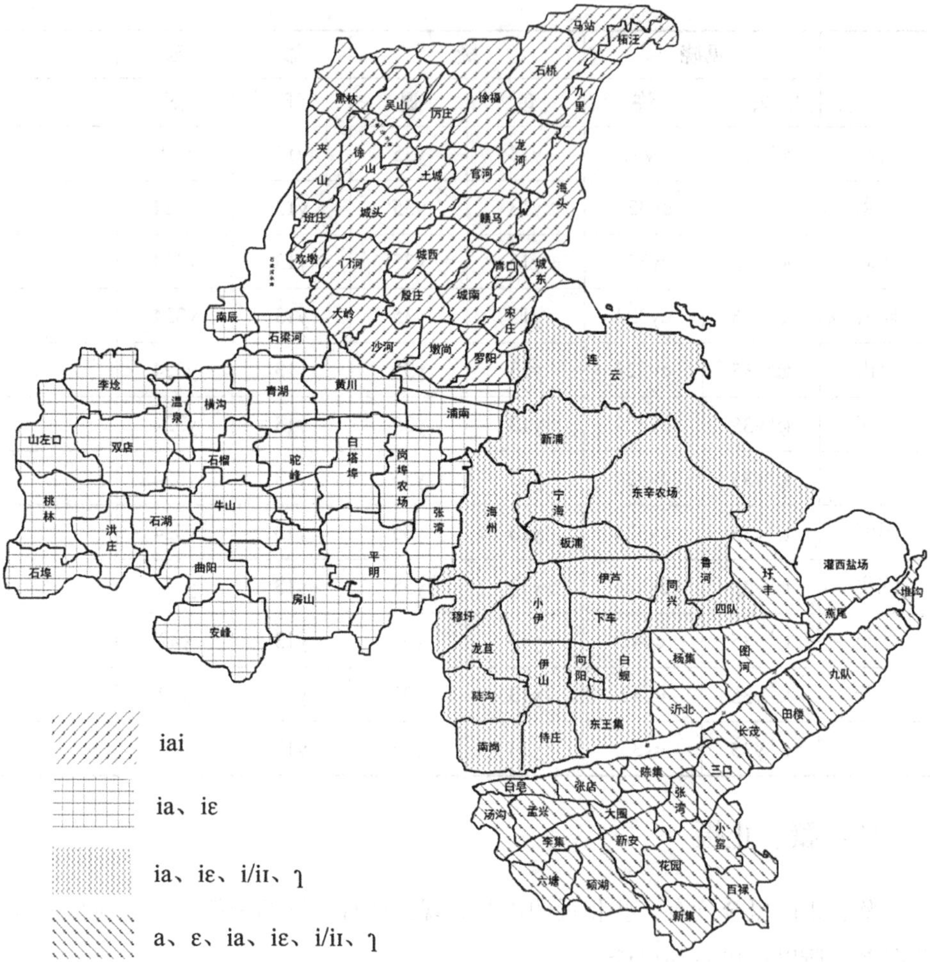

图 3-6　蟹摄二等皆佳韵今读类型分布

以如下例音说明见系蟹摄皆佳韵的读音情况，见表 3-11。

表 3-11　蟹摄见系开口二等韵今读例音

	侍庄	圩丰	杨集	图河	李集	陈集	九队	三口	长茂	新集
街	tɕiɛ213	kɛ213	tɕiɛ213	tɕia21	ka21	kɛ213	ka21	kɛ21	kɛ21	kɛ21
解～开	tɕiɛ324 tɕiɪ324	kɛ324	kɛ324	ka42	ka42 tɕiɪ42	tɕiɛ324	ka42 tɕiɪ42	kɛ33 tɕiɪ33	kɛ42 tɕiɪ42	kɛ42

续表

	侍庄	圩丰	杨集	图河	李集	陈集	九队	三口	长茂	新集
鞋	ɕiɛ13	xɛ13	xɛ13 ɕiɛ13	xa13	xa13	xɛ13	xa13	xɛ13	xɛ13	xɛ13
蟹	xiɛ35 ɕiɪ35	xɛ35	xɛ35 ɕiɪ35	xa35	xa35 ɕiɪ35	xa35	xa35 ɕiɪ35	xɛ35 ɕiɪ35	xɛ35 xiɪ35	xɛ35

由表 3-11 皆佳韵的读音可知，虽然在灌南和灌云一小部分地区存在较多的两读情况，但皆佳韵在各地的演变速度和音读形式不完全相同，文白两种读音形式并非整齐地存在于每一个语音系统中，皆佳韵字音的不同历史层次反映出这两个小韵正在经历的演变过程。如"街""蟹"两字，在各地所处的历史层次如下，见图 3-7、图 3-8。

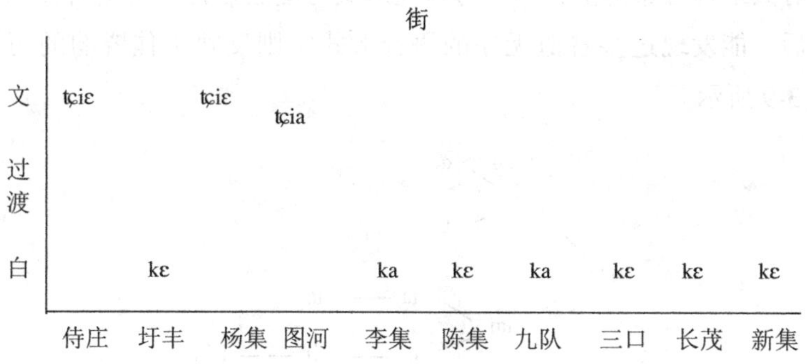

图 3-7

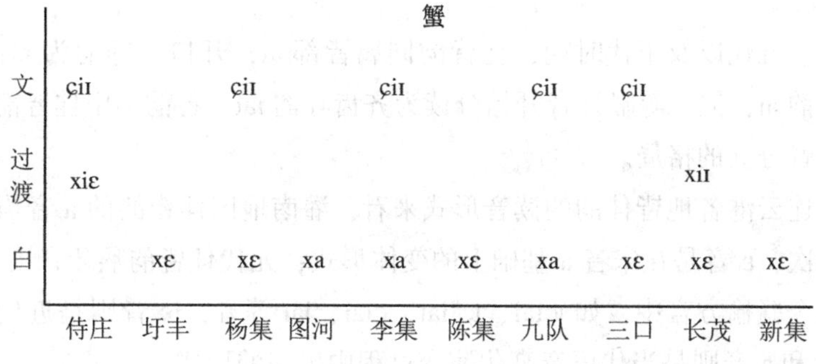

图 3-8

“街”字在灌云东南部和灌南的读音形式大多为 ka 或 kε，这是白读形式，是较古老的语音层次；而在灌云侍庄、杨集和图河读 tɕiε、tɕia，这两种读音是“街”字的文读形式，与普通话读音近似，是较近的语音历史层次。

“蟹”字今在各地多两读，文读的形式多为 xa 或 xε，白读各地基本为 ɕiɪ，侍庄和长茂两地有 xiε 和 xiɪ 的读音，是文白读之间的过渡形式。

在连云港北部的赣榆及周边少数地区，蟹摄二等皆佳韵读 iai 音，见表 3-12。

表 3-12

赣榆	蟹	鞋	街	挨	解~开	矮
	çiai51	çiai55	ciai213	iai213	ciai324	iai324

蟹摄皆佳韵今读 iai、ia、iε、a、ε、iɪ、i、ɿ，这几种形式看似是不同的音读类型，各有其地理分布范围，但当将这些形式与蟹摄在各个历史阶段的语音情况进行比较后，能发现这些看似无序的语音形式实则反映了佳皆韵的历史演变过程，如图 3-9 所示。

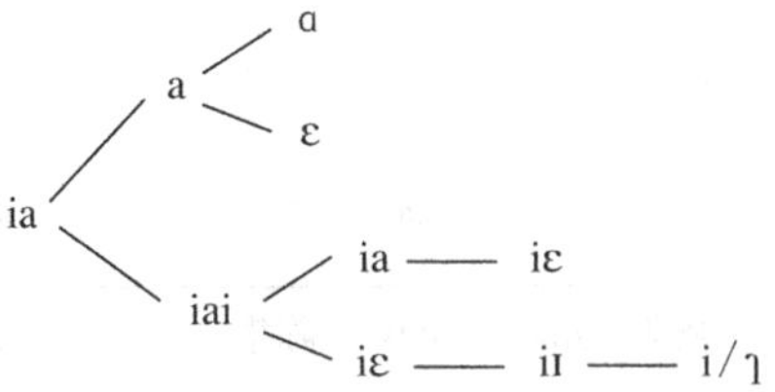

图 3-9

隋唐、五代以及宋代时期，佳皆韵同属皆部 ai，开口二等韵为 ai；元代时，同属皆来韵 ai，但二等喉牙音开始分读为齐齿呼韵 iai，各韵书中佳皆韵均保持着这种喉牙音分立的格局。

结合连云港各地皆佳韵的读音形式来看，灌南地区佳皆韵的 a 音当是宋以前的语音层次，ε 音是在宋音 a 基础上的变体形式；元代佳皆韵喉牙音读 iai 还完好地保留在今赣榆方言中，如 tɕiai、tɕ^{h}iai、ɕiai、iai 等音；iε 音则是近代的语音层次；iɪ、i 和 ɿ 音则是当代语音高化演变过程中出现的形式。

蟹摄今读类型的地理分布，仿佛使我们亲眼看到它演变的历史过程。

（二）端系蟹摄灰泰韵、止摄支脂微韵今读

端系蟹摄合口一等灰泰韵字如“堆、推、腿、罪、对、退、队、碎”，止摄合口三等支脂微韵字如“嘴、醉”，在普通话中为合口呼韵 uəi。而在今连云港地区，各点今读较一致，均读开口韵 ei 或 e 韵，介音-u-全部脱落。连云港北部地区基本为 ei 韵，南部的灌南为 e 韵。

连云港周围地区，端系蟹摄合口一等、止摄合口三等韵的今读情况见表 3-13。

表 3-13

	地点	今读
北邻地区	日照	ei
	郯城临沂	ue
	莒南临沂	uei
	兰山临沂	uei
	徐州	uei
南邻地区	响水盐城	ɛ
	涟水淮安	ei

说明：徐州材料依据《江苏省志 · 方言志》（鲍明炜等，1998）。
其他各点材料出处同前文。

由表 3-13 可知，紧临连云港北部的日照，端系蟹摄合口一等、止摄合口三等韵今读形式与连云港相同，而其他北邻地区则不同，为合口韵；紧临连云港南部的响水、涟水也为开口韵，与连云港读音情况相同。

从端系蟹摄合口一等、止摄合口三等韵在连云港及周围地区的类型和分布可以看出，从北向南，音节结构越来越简单，但今读开口韵是这一地区音读形式较一致的特点。

（三）“尾”读音分布与止摄合口韵的历史演变

“尾”，是止摄合口三等微韵微母字。微韵字今在普通话中读 uəi，连云港地区基本都读 uəi，独“尾”一字例外。读音例举如下，见表 3-14。

表 3-14　“尾”各地音读

北 ↓ 南	赣榆	马站	九里	海头	赣马	黑林	厉庄
		vei324	i324	vei324	vei324 uəi324	i324 vei324	vei324
		青口	门河	城西	沙河	墩尚	石桥
		i324 uəi324	vei324	vei324	vei324	vei324	vei324
	东海	李埝	桃林	黄川	驼峰	牛山	洪庄
		vei324	vei324	vei324	uei324$_{北}$ uei31$_{南}$	i324 vei324	vei324
北 ↓ 南	东海	白塔	浦南	安峰	平明	张湾	
		uəi324	uəi324	uəi31	uəi324	i324 uəi324	
	中部	海州	新浦	朝阳			
		i324	ɿ324	uəi324			
	灌云	侍庄	板浦	伊山	南岗	杨集	图河
		ɿ324 i324	ɿ324 i324	i324 uəi324	ɿ324 i324	ɿ324 ui324	i324 ui324
		四队	圩丰	下车			
		i324	ɿ324 i324	ɿ324			
	灌南	陈集	白皂	李集	新集	六塘	三口
		ɿ324 uəi324	i42	ɿ42	i42 ɿ42	i42 ui42	ui33
		新安	长茂	九队	燕尾	涟水	
		i42	i42	ɿ42/i42	ɿ42/i42	i212	

由表 3-14 可知，“尾”在赣马、黑林、伊山、九队等多个地点有文白两种读音，声母和韵母均有差异。声母的差异表现在唇齿浊辅音 v 和零声母ø的类型差异上，v 声母类型集中在北部赣榆地区；中南部的新浦、灌云、灌南，微母普遍为ø。从北向南分布的声母类型依次是 v—ø。关于微母的今读类型和分布，前文已述，此处主要讨论止摄合口韵的今读和分布等情况。

“尾”今读韵母有几种形式：uəi、ui、i、ɿ。

vei 韵，主要分布在北部中原官话地区，只有这一片地区，微母还读 v。

uəi 和 ui 韵，集中在中南部江淮官话地区；vei、uəi 和 ui 的分布范围非常广，几乎遍及全境。

i 韵，在中原官话和江淮官话区均存在。

ɿ 韵，仅出现在江淮官话的方言中。

有的地区仅有一种形式，如：赣榆九里 i 韵；有的地区，有两种读音形式，如：青口 i/uəi 韵。

“尾”的几种音读形式，分布情况见图 3-10。

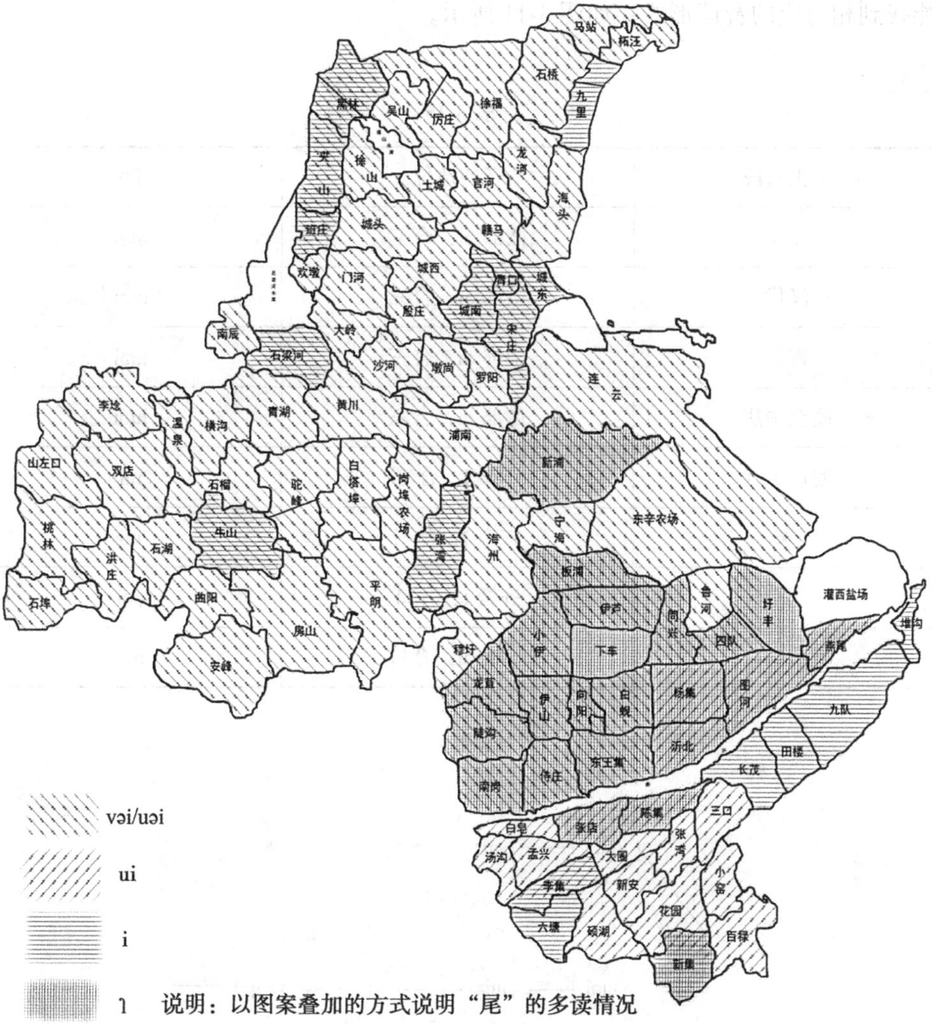

图 3-10 “尾”今读分布

这几种读音今虽同处于共时的语音层面，但其实是微韵发展过程中不同历史阶段的反映，是微韵沿着不同的分化轨迹演变来的。这两个演变方向并行不悖，是不同性质、不同维向的语音变化。

由合口微韵的历史演变过程可知(见表 3-15)，微韵从元代起韵母的介音就变为-u-，改变了原来的韵母结构和语音发展的方向。但是，元代周德清在《中原音韵 · 正语作词起例》中说到“羊尾子为羊椅子”，可见，那时“尾”就已经读 i 了。微韵从元代起朝着两个方向发展，而发展过程中各个阶段的演变在方言里也能找到相对应的音读形式，如图 3-11 所示。

表 3-15

历史阶段	音韵地位	音读
先秦	微部 əi，合三	iuəi
汉代	微部 əi，合三	iuəi
魏晋	微部 əi，合三	iuəi
隋至中唐	微部 əi，合三	iuəi
晚唐五代	脂微 i，合三	iui
宋	支齐 i，合三	iui
元	齐微 i，合口	uəi
明清	灰堆 əi，合口	uəi

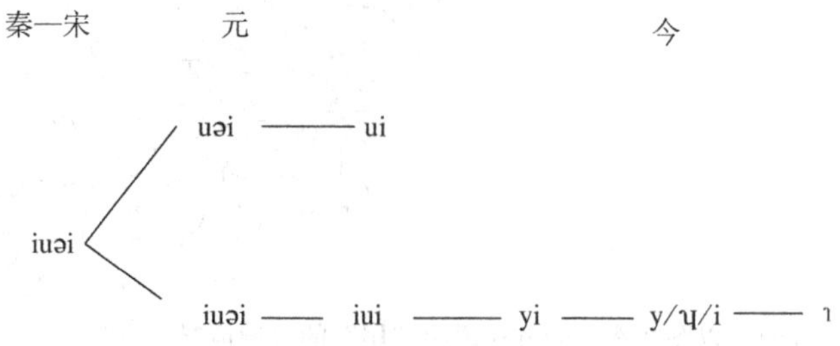

图 3-11

元代时起，微母读为唇齿浊擦音 v，今赣榆北部的马站、海头等乡镇还保留此读音，浊音后来清化了，“尾”读 uəi，而今进一步简化为 ui 韵，这也是语音高化演变过程的体现。ui 韵存在于连云港南部的乡镇中。

元代时，微韵有另一条向着“i”音发展的轨迹：iuəi-iui-yi-y/ʮ/i，合口三等韵后来介音变读 y，微韵读为 yi，后来变读为 y，这一语音现象，即如今所称的“支微入鱼”，在江淮官话通泰片、西北官话中均有不同程度的保留。微韵读 i，现较多地保留在南部的闽语和吴语中，而北部官话区少见，如：海门“味”vi，平邑“飞”fi，客家话“鱼”i。连云港“尾”ʅ 和 ui 均为较晚近的音变形式，分别是 i 音和 uəi 音舌尖化和前化、简化发展演变的结果。所以，“尾”的今读既有中古的语音层次，也有新近的语音变化形式。

日母止摄字“儿、而、耳、二”等，在连云港各地的读音不同。在赣榆、东海及周边临沂、郯城、莒南、日照等中原官话区，多数读卷舌音 ɚ，部分地区读 ɭə；在连云港中部以南的绝大部分江淮官话中，多为开口韵 ɛ、ɑ、a，具体音值在不同点往往有不同表现。具体分布和读音可见本书第二章声母中对止摄日母今读类型和分布的论述。

五、效、流摄

（一）效摄今读类型分布

帮系、端系和见系效摄今读，各地大致的音读情况是：一、二等韵读 au 或 ɔ；三、四等韵读 iau、iɔ 或者 iɯ 韵。各地的音读类型和分布如图 3-12。

见系开口二等“敲、咬”有 ɔ/iɔ、au/iau 两读。知系声母二分的地区，知$_{二}$庄组拼效摄一二等，韵母为 ɔ、au，知$_{三}$章组拼效摄三四等，韵母为 iɔ、iau，如赣榆马站、柘汪、九里、赣马、莒南、日照等地区；知庄章组声母合并的地区，效摄今为 ɔ、au 韵，如涟水、响水、临沂等地。

效摄今读分布的总体趋势是：从北向南，主元音逐渐高化，开口度降低 a-ɔ-ɯ，韵母结构逐渐简化 au-ɔ、iau-iɔ-iɯ。

音读例示见表 3-16：

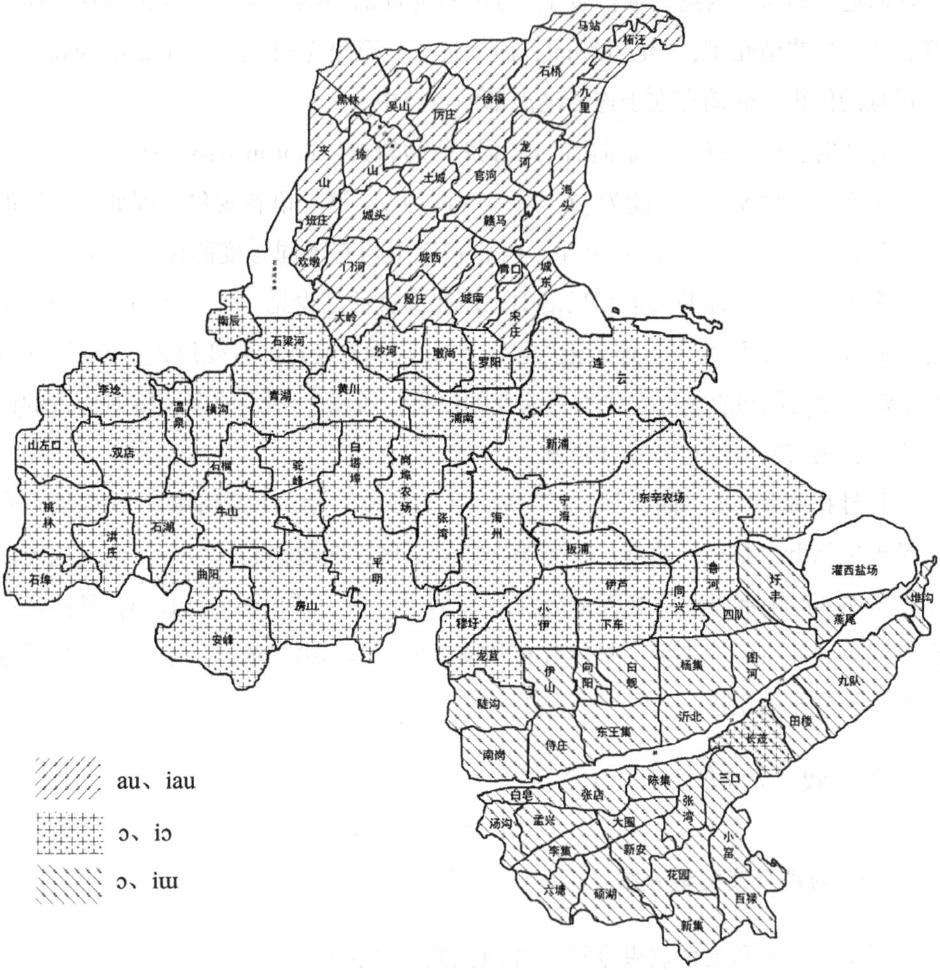

图 3-12　效摄今读类型分布

表 3-16　效摄今读例音

au/iau 型								
效摄	一等		二等		三等		四等	
开口	**毛**	**高**	**吵**	**敲**	**小**	**烧**	**挑**	**叫**
马站	mau55	kau213	tʂ^{h}au324	tɕ^{h}iau213 k^{h}au213	θiau324	ʃiau213	t^{h}iau213	tɕiau51

续表

au/iau 型

效摄开口	一等		二等		三等		四等	
	毛	高	吵	敲	小	烧	挑	叫
官河	mau55	kau213	tʂ^{h}au324	c^{h}iau213 k^{h}au213	siau324	ʃiau213	t^{h}iau213	ciau51
班庄	mau55	kau213	tʂ^{h}au324	tɕ^{h}iau213	ɕiau324	ʂau213	t^{h}iau213	tɕiau51
青口	mau55	kau213	tʂ^{h}au324	tɕ^{h}iau213	siau324	ʃiau213	t^{h}iau213	tɕiau51

ɔ/iɔ 型

效摄开口	一等		二等		三等		四等	
	毛	高	吵	敲	小	烧	挑	叫
墩尚	mɔ35	kɔ213	tʂ^{h}ɔ324	tɕ^{h}iɔ213	ɕiɔ324	ʂɔ213	t^{h}iɔ213	tɕiɔ53
牛山	mɔ55	kɔ213	tʂ^{h}ɔ324	k^{h}ɔ213	ɕiɔ324	ʂɔ213	t^{h}iɔ213	tɕiɔ41
白塔	mɔ13	kɔ213	tʂ^{h}ɔ324	k^{h}ɔ213	ɕiɔ324	ʂɔ213	t^{h}iɔ213	tɕiɔ35
新浦	mɔ13	kɔ213	tʂ^{h}ɔ324	k^{h}ɔ213	ɕiɔ324	ʂɔ213	t^{h}iɔ213	tɕiɔ35
连云	mɔ13	kɔ213	tʂ^{h}ɔ324	k^{h}ɔ213	ɕiɔ324	ʂɔ213	t^{h}iɔ213	tɕiɔ35
板浦	mɔ13	kɔ213	tʂ^{h}ɔ324	k^{h}ɔ213	ɕiɔ324	ʂɔ213	t^{h}iɔ213	tɕiɔ35
长茂	mɔ13	kɔ21	tʂ^{h}ɔ42	k^{h}ɔ21	ɕiɔ42	ʂɔ21	t^{h}iɔ21	tɕiɔ35

ɔ/iɯ 型

效摄开口	一等		二等		三等		四等	
	毛	高	吵	敲	小	烧	挑	叫
伊山	mɔ13	kɔ213	tʂ^{h}ɔ324	k^{h}ɔ213	ɕiɯ324	ʂɔ213	t^{h}iɯ213	tɕiɯ35
侍庄	mɔ13	kɔ213	tʂ^{h}ɔ324	k^{h}ɔ213	ɕiɯ324	ʂɔ213	t^{h}iɯ213	tɕiɯ35
圩丰	mɔ13	kɔ213	tʂ^{h}ɔ324	k^{h}ɔ213	ɕiɯ324	ʂɔ213	t^{h}iɯ213	tɕiɯ35
杨集	mɔ13	kɔ213	tʂ^{h}ɔ324	k^{h}ɔ213	ɕiɯ324	ʂɔ213	t^{h}iɯ213	tɕiɯ35
图河	mɔ13	kɔ213	tʂ^{h}ɔ324	k^{h}ɔ213	ɕiɯ324	ʂɔ213	t^{h}iɯ213	tɕiɯ35
陈集	mɔ13	kɔ213	tʂ^{h}ɔ324	k^{h}ɔ213	ɕiɯ324	ʂɔ213	t^{h}iɯ213	tɕiɯ35
六塘	mɔ13	kɔ21	ts^{h}ɔ42	k^{h}ɔ21	ɕiɯ42	sɔ21	t^{h}iɯ21	tɕiɯ35
新集	mɔ13	kɔ21	ts^{h}ɔ42	k^{h}ɔ21	ɕiɯ42	sɔ21	t^{h}iɯ21	tɕiɯ35
李集	mɔ13	kɔ21	ts^{h}ɔ42	k^{h}ɔ21	ɕiɯ42	sɔ21	t^{h}iɯ21	tɕiɯ35
三口	mɔ13	kɔ21	ts^{h}ɔ33	k^{h}ɔ21	ɕiɯ33	sɔ21	t^{h}iɯ21	tɕiɯ35
九队	mɔ13	kɔ21	ts^{h}ɔ42	k^{h}ɔ21 tɕ^{h}iɯ21	ɕiɯ42	sɔ21	t^{h}iɯ21	tɕiɯ35

(二)流摄今读类型分布

流摄今读类型的差异主要集中在一等和三等韵。流摄帮组明母开口一等字“某母拇戊茂贸”和非组字“浮谋矛否妇负阜富副复”，这些字在各地均有混入果摄、遇摄或效摄的情况。除了混入其他韵摄的帮组和非组字以外，流摄一等韵，今连云港各地主要有 əu 和 ɤɯ 两种音读形式；流摄三等韵，今各地主要有 iəu、iu 和 iy 三种音读形式。流摄一等和三等韵，在连云港各处的音读类型有三种：əu、iəu 型，əu、iu 型和 əu/ɤɯ、iy 型。

这三种类型的分布如图 3-13。

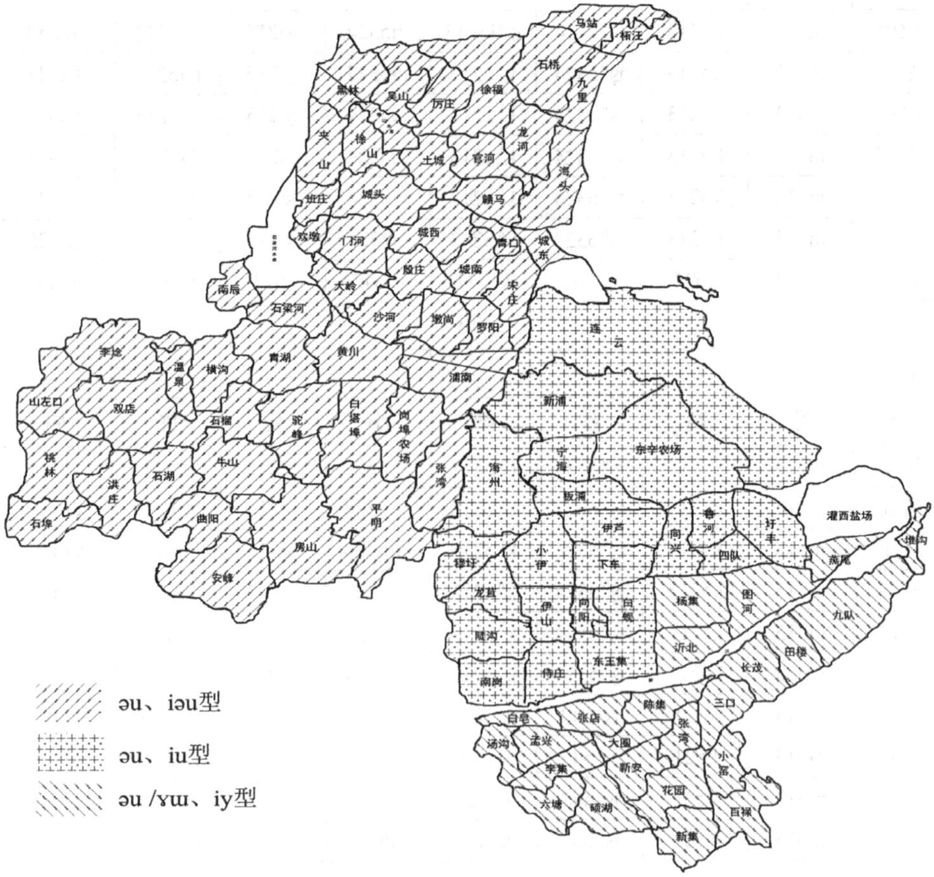

图 3-13　流摄一、三等韵今读类型分布

əu、iəu 型，集中分布在赣榆和东海境内的中原官话以及相邻的东海驼峰、平明、张湾等江淮官话地区。这一类型地区内部存在差异，主要是知系流摄三等韵的读音具体不同，知系声母二分的地区，知$_{三}$章组为齐齿呼韵 iəu，而知$_{二}$庄组为 əu；知系声母合一的地区，知庄章组均为 əu 音。

əu、iu 型，集中在连云港中部的新浦、海州、连云和灌云大部分地区。这一类型地区，流摄开口韵也同 əu、iəu 型地区一样，读 əu 韵，但流摄开口三等的今读主要为 iu，境内各点较一致。

əu /ɤɯ、iy 型，分布在灌云东南部的图河、杨集、沂北以及灌南地区，这一音读类型也见于南邻的涟水、响水等地。

由以上分析可知，流摄一等韵的今读形式各地差异不大，仅在灌南六塘、新集等少数乡镇有读 ɤɯ 音的情况，韵母主元音开口度降低；而流摄三等韵今读形式差异较大，而且大致的规律也是从北向南，韵母元音数量减少，结构逐渐简化：iəu-iu/iy，主元音高化的趋势明显：ə-u-y。

流摄今读各类型的读音情况见表 3-17、表 3-18。

表 3-17 流摄开口一等韵今读例音

	豆	楼	走	后		豆	楼	走	后
马站	təu51	ləu55	tθəu324	xəu51	圩丰	təu35	ləu13	tʂəu324	xəu35
九里	təu51	ləu55	tθəu324	xəu51	杨集	təu35	ləu13	tʂəu324	xəu35
官河	təu51	ləu55	tsəu324	xəu51	图河	təu35	ləu13	tʂəu324	xəu35
班庄	təu51	ləu55	tsəu324	xəu51	陈集	təu35	ləu13	tʂəu324	xəu35
牛山	təu41	ləu55	tsəu324	xəu41	六塘	tɤɯ35	lɤɯ13	tsɤɯ42	xɤɯ35
新浦	təu35	ləu13	tʂəu324	xəu35	新集	tɤɯ35	lɤɯ13	tsɤɯ42	xɤɯ35
连云	təu35	ləu13	tʂəu324	xəu35	李集	təu35	ləu13	tsəu42	xəu35
板浦	təu35	ləu13	tʂəu324	xəu35	长茂	təu35	ləu13	tsəu42	xəu35
伊山	təu35	ləu13	tʂəu324	xəu35	三口	təu35	ləu13	tsəu33	xəu35
侍庄	təu35	ləu13	tʂəu324	xəu35	九队	təu35	ləu13	tsəu42	xəu35

表 3-18　流摄开口三等今读例音

əu、iəu 型					
	牛	**流**	**秋**	**抽**	**九**
马站	niəu55	liəu55	tθʰiəu213	ʧʰiəu213	tɕiəu324
九里	niəu55	liəu55	tθʰiəu213	ʧʰiəu213	tɕiəu324
官河	niəu55	liəu55	tsʰiəu213	ʧʰiəu213	tɕiəu324 ciəu324
班庄	niəu55	liəu55	tsʰiəu213	tʂʰəu213	tɕiəu324
牛山	niəu55	liəu55	tɕʰiəu213	tʂʰəu213	tɕiəu324
əu、iu 型					
	牛	**流**	**秋**	**抽**	**九**
新浦	liu13	liu13	tɕʰiu213	tʂʰəu213	tɕiu324
连云	liu13	liu13	tɕʰiu213	tʂʰəu213	tɕiu324
板浦	liu13	liu13	tɕʰiu213	tʂʰəu213	tɕiu324
伊山	liu13	liu13	tɕʰiu213	tʂʰəu213	tɕiu324
侍庄	ləu13	ləu13	tɕʰiu213	tʂʰəu213	tɕiu324
圩丰	ləu13	ləu13	tɕʰiu213	tʂʰəu213	tɕiu324
əu/ɤɯ、iy 型					
	牛	**流**	**秋**	**抽**	**九**
杨集	ləu13	ləu13	tɕʰiy213	tʂʰəu213	tɕiy324
图河	ləu13	ləu13	tɕʰiy213	tʂʰəu213	tɕiy324
陈集	ləu13	ləu13	tɕʰiy213	tʂʰəu213	tɕiy324
六塘	nɤɯ13	nɤɯ13	tɕʰiy21	tsʰɤɯ21	tɕiy42
新集	nɤɯ13	nɤɯ13	tɕʰiy21	tsʰɤɯ21	tɕiy42
李集	ləu13	ləu13	tɕʰiy213	tsʰəu21	tɕiy42
长茂	nəu13	ləu13	tɕʰiy21	tʂʰəu21	tɕiy42
三口	ləu13	ləu13	tɕʰiy21	tsʰəu21	tɕiy33
九队	ŋəu13	ləu13	tɕʰiy21	tsʰəu21	tɕiy42

（三）“口、狗”和“牛、流”等特殊音读

布龙菲尔德(1955：424)指出：“有些语言特征，现在只保留在残余形式里，从前却分布在广阔的领域，方言地理学提供了这样的证据。特别是，一个特征只出现在零散地方，被一片说着占上风的新形式的连绵区域所分隔，那么，这幅地图通常能够这样解释：这些分散地点曾经是一片完整领域的组成部分。这样，方言地理学可以给我们提示语言特征的层级。”对流摄的今读情况进行调查时，发现

“口、狗”和“牛、流”这几个字的读音较特殊，是游离于语音系统之外的“散字”，地理分布也不连续。下文将结合其他汉语方言地区的情况，对这几个字的读音、分布以及形成历史等方面进行说明。

1.“口、狗”

古音开口一等韵不带-i-介音，而三等韵带-i-介音，这是汉语音韵的普遍规律，今汉语方言大多如此。连云港方言中有一些特殊的字音并不符合这一规律。

连云港各地，流摄一等侯韵今读的主要形式为 əu 或 ɤɯ；但东海安峰，“口”和“狗”这两个字，读音特殊，见表 3-19。

表 3-19

东海安峰	**狗**	流摄开口一等侯韵见母	kiəu324
	口	流摄开口一等侯韵溪母	k^hiəu324

安峰流摄开口一等侯韵“狗、口”两字读细音 iəu 韵的现象非常特殊，其他的字均读开口韵 əu，而且，这种音读情况不见于连云港其他地区。

这种特殊的音读，学界已有关注。张光宇(1993)在讨论见系二等字的文白异读时，提及汉语方言中也可见一等见系腭化的现象，主要出现在流摄韵母前。《汉语方言地图集》(曹志耘，2008)在全国 930 多个调查点对侯韵“豆”这一条目进行了调查，其中有 60 多个点读细音，多分布在长江两岸和东南沿海地带，在江苏境内，只出现在句容、镇江吴语地区和吴江，各地具体音读形式不同。郑伟(2008)提出湘语和浙南吴语中多存在见系一等腭化的情况，但北部吴语中少见，见表 3-20。

表 3-20

狗	南昌	高安	娄底	临安	富阳	宁海	黄岩	嵊县	新昌
	kiɛu	kieu	tɕi	kiə	kiʉ	kiu	tɕio	tɕiø	tɕiɯ

这些流摄开口一等韵读细音的方言点，有的声母已经腭化，如：浙江温岭“狗”tɕio，“扣”$tɕ^h$io；但包括安峰在内的一些地区，侯韵今虽读细音，但声母却未腭化。

流摄开口一等今读细音，仅见于安峰方言“狗”、“口”两字，不见于连云港其他地区，也未见于包括连云港在内的其他官话地区。这种类型地理分布的巨大差异已说明流摄开口一等字今读细音的情况，如果不是从外地借入的语音形式，那么，细音的类型就是这一片地区中的几近消失的语音特征层次。

2.“牛、流”

流摄开口三等尤韵，今连云港一些地区，有部分字读开口韵，如：长茂“牛、流、楼”同读 ləu。这种特殊音读现象主要的分布范围见图 3-14。

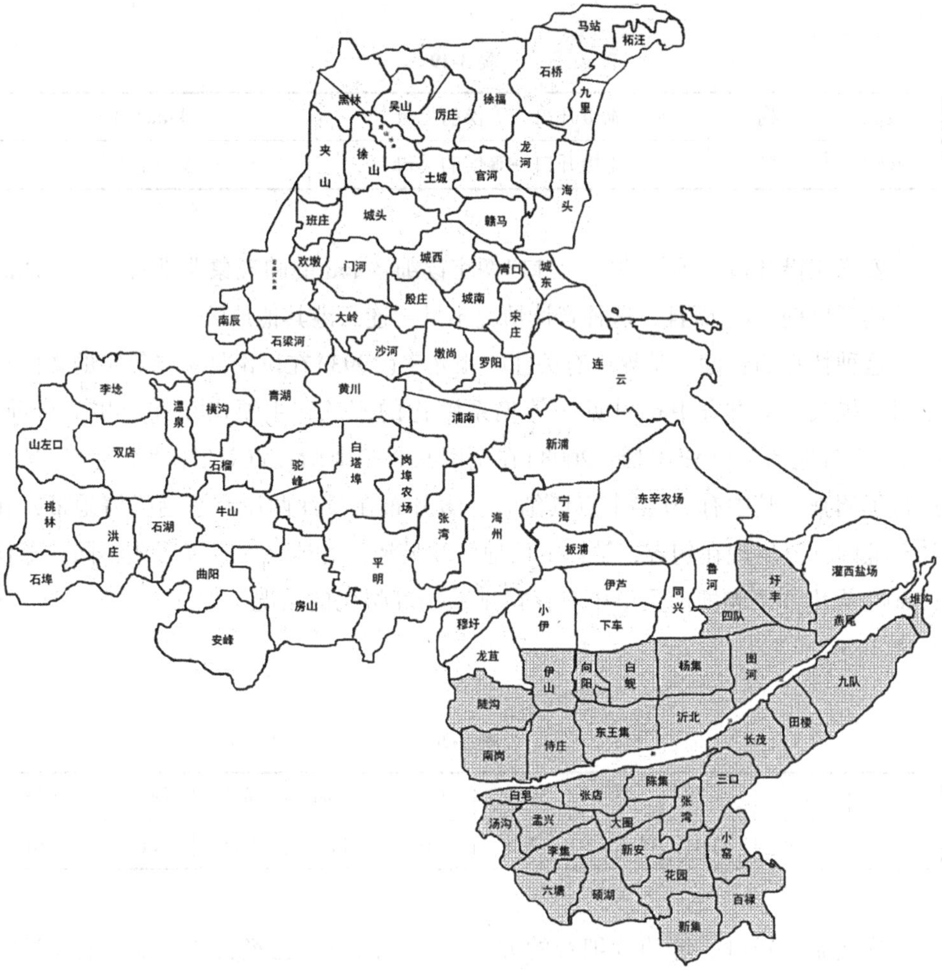

图 3-14 “牛、流”今读 əu、ɤɯ 分布

灌南及周边地区尤韵读开口的特殊现象，主要出现在与泥、来、疑母相拼的音节中，当与见晓组和精组相拼时，尤韵仍读细音韵母 iu 或 iy 韵。与灌南相邻的响水、涟水，“牛”“流”两字的读音情况如下，见表 3-21。

表 3-21

地点	牛	流
响水	nəɯ	liəɯ
涟水	niu/əu	niu

响水和涟水，“牛”均读开口韵，而“流”均为细音韵，灌南及灌云境内，“牛”和“流”均为开口韵，与响水和涟水情况不同。而据《汉语方言地图集》(曹志耘，2008)，尤韵读开口的现象主要集中在长江以南地区。

“狗、口”“牛、流”这些音读形式特殊的散字，犹如几颗“语言化石”，能为汉语语音史、方言学的研究提供很珍贵的线索。

六、专题讨论——蟹止摄舌尖化音变

语音舌尖化是韵母元音前高化，继而引起声母舌尖化等一连串音变的现象。舌尖化是汉藏语系不同语言中非常普遍的现象。朱晓农(2004)指出“元音舌尖化是汉语方言元音前高化演变的结果之一”。舌尖化需要具备一定的语音条件，汉语方言里的舌尖化主要发生在蟹、止摄开口韵母中。

(一)蟹止摄开口韵舌尖化分布

蟹摄开口三等祭韵、四等齐韵以及止摄开口三等支、脂、之和微韵，即普通话韵母为前高元音 i 以及舌尖元音 ɿ 和 ʅ 的字，今在连云港境内的江淮官话地区，韵母和声母存在舌尖化的情况。

蟹、止两摄开口韵今有 i、ʅ、ɿ、iɪ、ie 几种读音形式，语音表现的共同特点是主元音较高。然而，《江苏省和上海市方言概况》、《江苏省志 · 方言志》均未提到包括连云港在内的江淮官话地区的舌尖化现象，据此推断，这一种音变现象可能是在较近的历史时期内发生的。据此次调查，连云港境内蟹、止摄舌尖化音变现象的分布范围大致如下，见图 3-15。

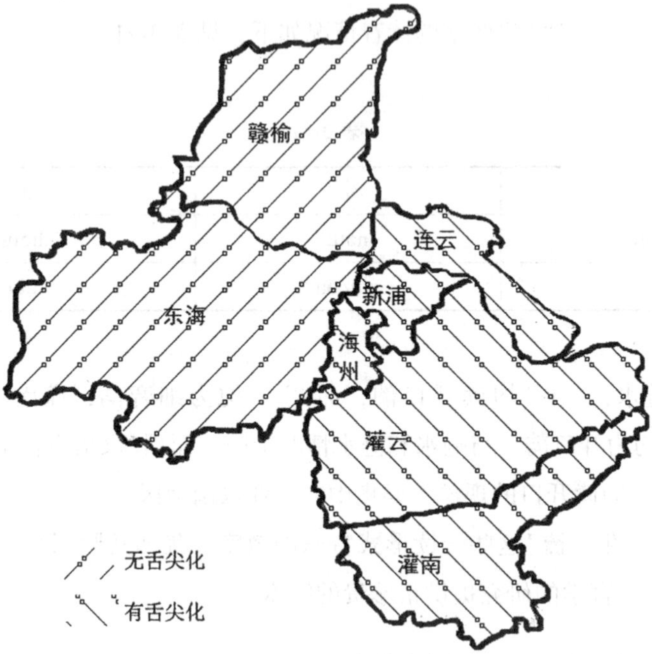

图 3-15 蟹、止摄舌尖化音变地理分布

连云港各方言点蟹、止摄开口韵存在舌尖化的字，除声调不同外，声母和韵母音值基本相同，故仅以新浦方言为例说明读音情况，见表 3-22。

表 3-22 新浦方言蟹止摄舌尖化例音

币 蟹开三 帮祭去	例 蟹开三 来祭去	滞 蟹开三 澄祭去	制 蟹开三 章祭去	世 蟹开三 书祭去	艺 蟹开三 疑祭去	批 蟹开四 滂齐平	迷 蟹开四 明齐平	低 蟹开四 端齐平
pʅ35	lʅ35	ʦʅ35	ʦʅ35	sʅ35	ʅ35	pʰʅ213	mʅ13	tʅ213
泥 蟹开四 泥齐平	西 蟹开四 心齐平	鸡 蟹开四 见齐平	米 蟹开四 明齐上	弟 蟹开四 定齐上	礼 蟹开四 来齐上	挤 蟹开四 精齐上	洗 蟹开四 心齐上	谜 蟹开四 明齐去
lʅ13	sʅ213	ʦʅ213	mʅ324	tʅ35	lʅ324	ʦʅ324	sʅ324	mʅ35

续表

第 蟹开四 定齐去	丽 蟹开四 来齐去	细 蟹开四 心齐去	计 蟹开四 见齐去	系 蟹开四 匣齐去	皮 止开三 並支平	璃 止开三 来支平	池 止开三 澄支平	支 止开三 章支平
tɿ35	lɿ35	sɿ35	ʦɿ35	ʦɿ35	pʰɿ13	lɿ13	ʦʰɿ13	ʦɿ213
匙 止开三 禅支平	奇 止开三 群支平	宜 止开三 疑支平	移 止开三 以支平	紫 止开三 精支上	纸 止开三 章支上	是 止开三 禅支上	企 止开三 溪支上	倚 止开三 影支上
ʦʰɿ13	ʦʰɿ13	ɿ13	ɿ13	ʦɿ324	ʦɿ324	sɿ35	ʦʰɿ324	ɿ324
臂 止开三 帮支去	荔 止开三 来支去	智 止开三 知支去	翅 止开三 书支去	寄 止开三 见支去	戏 止开三 晓支去	易 止开三 以支去	尼 止开三 泥脂平	梨 止开三 来脂平
pɿ35	lɿ35	ʦɿ35	ʦʰɿ35	ʦɿ35	sɿ35	ɿ35	lɿ13	lɿ35
迟 止开三 澄脂平	脂 止开三 章脂平	饥 止开三 见脂平	姨 止开三 以脂平	比 止开三 帮脂上	指 止开三 章脂上	几茶~ 止开三 见脂上	屁 止开三 滂脂去	地 止开三 定脂去
ʦʰɿ13	ʦɿ213	ʦɿ213	ɿ13	pɿ324	ʦɿ324	ʦɿ324	pʰɿ35	tɿ35
腻 止开三 泥脂去	利 止开三 来脂去	器 止开三 溪脂去	思 止开三 心之平	时 止开三 禅之平	旗 止开三 群之平	里 止开三 来之上	齿 止开三 昌之上	市 止开三 禅之上
lɿ35	lɿ35	ʦʰɿ35	sɿ213	sɿ13	ʦʰɿ13	sɿ324	ʦʰɿ324	sɿ35
起 止开三 溪之上	喜 止开三 晓之上	以 止开三 以之上	字 止开三 从之去	治 止开三 澄之去	厕 止开三 初之去	事 止开三 崇之去	记 止开三 见之去	意 止开三 影之去
ʦʰɿ324	sɿ324	ɿ324	ʦɿ35	ʦɿ35	ʦʰɿ35	sɿ35	ʦɿ35	ɿ35
几 止开三 见微平	沂 止开三 疑微平	希 止开三 晓微平	衣 止开三 影微平	汽 止开三 溪微去				
ʦɿ213	ɿ13	sɿ213	ɿ13	ʦʰɿ35				

通过表 3-22 可以看出，新浦方言中，蟹摄开口三、四等和止摄开口三等字，除日母字外均已舌尖化，但具体情况不同：帮、非、端组字仅韵母舌尖化，当地人能清楚地区分出“第—字”；疑、影、云以母字读零声母，韵母读舌尖前元音；精、知庄章组和见晓组字的声母和韵母均舌尖化。

舌尖化现象在连云港各点的读音情况，举例如下，见表 3-23。

表 3-23　蟹止摄舌尖化例音

无舌尖化									
蟹摄	帮组	端组		泥来	精组		章组	见组	晓组
	迷	**低**	**第**	**泥**	**挤**	**西**	**制**	**鸡**	**系**$_{\text{联～}}$
马站	mi55	ti213	ti51	mi55	tθi324	θi213	ʧi51	tɕi213	ɕi51
九里	mi55	ti213	ti51	mi55	tθi324	θi213	ʧi51	ci213	çi51
黑林$_{\text{东}}$	mi55	ti213	ti51	mi55	tθi324	θi213	tʂʅ51	tɕi213	ɕi51
黑林$_{\text{西}}$	mi55	ti213	ti51	mi55	tsi324	si213	tʂʅ51	tɕi213	ɕi51
海头	mi35	ti213	ti53	mi35	tθi324	θi213	ʧi53	tɕi213	ɕi53
石桥	mi 35	ti213	ti53	mi35	tθi324	θi213	ʧi53	ci213 tɕi213	çi53 ɕi53
徐福	mi55	ti213	ti51	mi55	tθi324	θi213	ʧi51	tɕi213	ɕi51
赣马	mi55	ti213	ti51	mi55	tθi324	θi213	ʧi51	ci213	çi51
官河	mi55	ti213	ti51	mi55	tsi324	si213	ʧi51	ci213	çi51
厉庄	mi55	ti213	ti51	mi55	tθi324	θi213	ʧi51	tɕi213	ɕi51
门河	mi55	ti213	ti51	mi55	tsi324	si213	ʧi51	ci213	çi51
城西	mi55	ti213	ti51	mi55	tsi324	si213	ʧi51	ci213	çi51
班庄	mi55	ti213	ti51	mi55	tsi324	si213	tʂʅ51	tɕi213	ɕi51
青口	mi55	ti213	ti51	mi55	tsi324	si213	tʂʅ51	tɕi213	ɕi51
宋庄	mi55	ti213	ti51	mi55$_{\text{泥土}}$ ni55$_{\text{水泥}}$	tsi324 tɕi324	si213 ɕi213	ʧi51 tʂʅ51	tɕi213	ɕi51
沙河	mi35	ti213	ti53	ni35	tsi324	si213	tʂʅ53	tɕi213	ɕi53
墩尚	mi35	ti213	ti53	ni35	tɕi324	ɕi213	tʂʅ53	tɕi213	ɕi53

续表

无舌尖化									
蟹摄	帮组	端组		泥来	精组		章组	见组	晓组
	迷	**低**	**第**	**泥**	**挤**	**西**	**制**	**鸡**	**系**联~
李埝	mi35	ti213	ti53	mi35	tɕi324	ɕi213	tʂʅ53	tɕi213	ɕi53
牛山	mi55	ti213	ti41	mi55	tɕi324	ɕi213	tʂʅ41	tɕi213	ɕi41
黄川	mi35	ti213	ti41	mi35	tɕi324	ɕi213	tʂʅ41	tɕi213	ɕi41
驼峰北	mi13	ti213	ti35	mi13	tɕi324	ɕi213	tɕi35	tɕi213	ɕi35
海州	mi13	ti213	ti35	mi13	tɕi324	ɕi213	tɕi35	tɕi213	ɕi35
止摄	帮组	端组	泥来	精组	知组	庄组	章组	见晓	影喻
	皮	**地**	**梨**	**字**	**迟**	**事**	**纸**	**记**	**医**
马站	pʰi55	ti51	li55	tθi51	ʧʰi55	ʂʅ51	ʧi324	tɕi51	i213
九里	pʰi55	ti51	li55	tθi51	ʧʰi55	ʂʅ51	ʧi324	ci51 tɕi51	i213
黑林东	pʰi55	ti51	li55	tθi51	tʂʰʅ55	ʂʅ51	tʂʅ213	tɕi51	i213
黑林西	pʰi55	ti51	li55	tsi51	tʂʰʅ55	ʂʅ51	tʂʅ213	tɕi51	i213
海头	pʰi35	ti53	li35	tθi53	ʧʰi35	ʂʅ53	ʧi324	tɕi53	i213
石桥	pʰi35	ti53	li35	tθi53	ʧʰi35	ʂʅ53	ʧi324	ci53 tɕi53	i213
徐福	pʰi55	ti51	li55	tθi51	ʧʰi55	ʂʅ51	ʧi324	tɕi51	i213
赣马	pʰi55	ti51	li55	tθi51	ʧʰi55	ʂʅ51	ʧi324	ci51	i213
官河	pʰi55	ti51	li55	tsi51	ʧʰi55	ʂʅ51	ʧi324	ci51	i213
厉庄	pʰi55	ti51	li55	tθi51	ʧʰi55	ʂʅ51	ʧi324	tɕi51	i213
门河	pʰi55	ti51	li55	tsi51	ʧʰi55	ʂʅ51	ʧi324	ci51	i213
城西	pʰi55	ti51	li55	tsi51	ʧʰi55	ʂʅ51	ʧi324	ci51	i213
班庄	pʰi55	ti51	li55	tsi51	tʂʰʅ55	ʂʅ51	tʂʅ213	tɕi51	i213
青口	pʰi55	ti51	li55	tθi51	ʧʰi55	ʂʅ51	ʧi324	tɕi51	i213
宋庄	pʰi55	ti51	li55	tsi51	ʧʰi55 tʂʰʅ55	ʂʅ53	ʧi324 tʂʅ324	tɕi51	i213

续表

无舌尖化									
止摄	帮组	端组	泥来	精组	知组	庄组	章组	见晓	影喻
	皮	**地**	**梨**	**字**	**迟**	**事**	**纸**	**记**	**医**
沙河	pʰi35	ti53	li35	tsɿ53	tʂʰʅ35	ʂʅ53	tʂʅ324	tɕi53	i213
墩尚	pʰi35	ti53	li35	tsɿ53	tʂʰʅ35	ʂʅ53	tʂʅ324	tɕi53	i213
李埝	pʰi35	ti53	li35	tsɿ53	tʂʰʅ35	ʂʅ53	tʂʅ324	tɕi53	i213
牛山	pʰi55	ti41	li55	tsɿ41	tʂʰʅ55	ʂʅ41	tʂʅ324	tɕi41	i213
黄川	pʰi35	ti41	li35	tsɿ41	tʂʰʅ35	ʂʅ41	tʂʅ324	tɕi41	i213
驼峰北	pʰi13	ti35	li13	tsɿ35	tʂʰʅ13	ʂʅ35	tʂʅ324	tɕi35	i213
海州	pʰi13	ti35	li13	tsɿ35	tʂʰʅ13	ʂʅ35	tʂʅ324	tɕi35	i213
有舌尖化									
蟹摄	帮组	端组		泥来	精组		章组	见组	晓组
	迷	**低**	**第**	**泥**	**挤**	**西**	**制**	**鸡**	**系联～**
侍庄	mɿ13	tɿ213	tɿ35	lɿ13	tsɿ324	sɿ213	tsɿ35	tsɿ213	sɿ35
圩丰	mɿ13	ti213	ti35	lɿ13	tɕi324	ɕi213	tʂʅ35	tɕi213	ɕi35
杨集	mɿ13	tɿ213	tɿ35	lɿ13	tsɿ324	sɿ213	tsɿ35	tsɿ213	sɿ35
图河	mɿ13	tɿ213	tɿ35	lɿ13	tsɿ324	sɿ213	tsɿ35	tsɿ213	sɿ35
陈集	mɿ13	tɿ213	tɿ35	lɿ13	tsɿ324	sɿ213	tsɿ35	tsɿ213	sɿ35
李集	mɿ13	tɿ21	tɿ35	lɿ13	tsɿ42	sɿ21	tsɿ35	tsɿ21	sɿ35
九队	mɿ13	tɿ21	tɿ35	lɿ13	tsɿ42	sɿ21	tsɿ35	tsɿ21	sɿ35
新集	mɿ13	tɿ21	tɿ35	nɿ13	tsɿ42	sɿ21	tsɿ35	tsɿ21	sɿ35
六塘	mɿ13	tɿ21	tɿ35	nɿ13	tsɿ42	sɿ21	tsɿ35	tsɿ21	sɿ35
长茂	mɿ13	tɿ21	tɿ35	nɿ13	tsɿ42	sɿ21	tsɿ35	tsɿ21	sɿ35
三口	mɿ13	tɿ21	tɿ35	lɿ13	tsɿ33	sɿ21	tsɿ35	tsɿ21	sɿ35
止摄	帮组	端组	泥来	精组	知组	庄组	章组	见晓	影喻
	皮	**地**	**梨**	**字**	**迟**	**事**	**纸**	**记**	**医**
新浦	pʰɿ13	tɿ35	lɿ13	tsɿ35	tsʰɿ13	sɿ35	tsɿ324	tsɿ35	ɿ213
朝阳	pʰi13	ti35	lɿ13	tʂʅ35	tʂʅ13	ʂʅ35	tʂʅ324	tʂʅ35	ɿ213

续表

无舌尖化									
止摄	帮组	端组	泥来	精组	知组	庄组	章组	见晓	影喻
	皮	**地**	**梨**	**字**	**迟**	**事**	**纸**	**记**	**医**
侍庄	p^{h}ɿ13	tɿ35	lɿ13	ʦɿ35	ʦ^{h}ɿ13	sɿ35	ʦɿ324	ʦɿ35	ɿ213
圩丰	p^{h}ɿ13	tɿ35	lɿ13	tʂʅ35 ʦɿ35	tʂʅ13 ʦ^{h}ɿ13	ʂʅ35	tʂʅ324	tʂʅ35	ɿ213
杨集	p^{h}ɿ13	tɿ35	lɿ13	ʦɿ35	ʦ^{h}ɿ13	sɿ35	ʦɿ324	ʦɿ35	ɿ213
图河	p^{h}ɿ13	tɿ35	lɿ13	ʦɿ35	ʦ^{h}ɿ13	sɿ35	ʦɿ324	ʦɿ35	ɿ213
陈集	p^{h}ɿ13	tɿ35	lɿ13	ʦɿ35	ʦ^{h}ɿ13	sɿ35	ʦɿ324	ʦɿ35	ɿ213
李集	p^{h}ɿ13	tɿ35	lɿ13	ʦɿ35	ʦ^{h}ɿ13	sɿ35	ʦɿ42	ʦɿ35	ɿ21
九队	p^{h}ɿ13	tɿ35	lɿ13	ʦɿ35	ʦ^{h}ɿ13	sɿ35	ʦɿ42	ʦɿ35	ɿ21
新集	p^{h}ɿ13	tɿ35	nɿ13	ʦɿ35	ʦ^{h}ɿ13	sɿ35	ʦɿ42	ʦɿ35	ɿ21
六塘	p^{h}ɿ13	tɿ35	nɿ13	ʦɿ35	ʦ^{h}ɿ13	sɿ35	ʦɿ42	ʦɿ35	ɿ21
长茂	p^{h}ɿ13	tɿ35	nɿ13	ʦɿ35	ʦ^{h}ɿ13	sɿ35	ʦɿ42	ʦɿ35	ɿ21
三口	p^{h}ɿ13	tɿ35	lɿ13	ʦɿ35	ʦ^{h}ɿ13	sɿ35	ʦɿ33	ʦɿ35	ɿ21

说明：朝阳为老派语音，新派语音中有舌尖化现象。

对连云港各地蟹、止摄今读的综合考察可以发现，连云港地区蟹、止摄开口字各地舌尖化的程度不同，处于舌尖化过程中的不同阶段。中原官话区的赣榆和东海北部没有舌尖化现象；江淮官话区的东海南部的石湖、安峰、平明等地，端组、知庄章组和见晓组声母没有舌尖化现象；新浦、灌云、灌南大部分地区，蟹、止摄开口韵有舌尖化的情况，与蟹止摄相拼的精、知、庄、章、见组字，声韵均已舌尖化；灌南新集舌尖化不仅限于蟹摄和止摄，假摄开口三等精组字也已有舌尖化的情况，如“写”sɿ、“谢”sɿ/ɕiɪ，新集方言里舌尖化的音变过程较其他地区更进了一步。

由北向南，舌尖化语音类型以及地理分布情况，如图 3-16 所示。

图 3-16　舌尖化语音及地理分布

(二) 舌尖化语音表现

舌尖化是一种可观察到的正在进行中的语音变化。当声母的发音部位靠后而韵母又是高元音时，声母必然会受到韵母的影响，为发音省力，就会自然前移，因而，见、晓组以及知庄章组字声母的发音部位会前移至舌尖。

舌尖化的音变拉力很大，东海张湾、新浦区、连云区、灌云等地精知庄章合读为舌尖后音 tʂ、tʂʰ、ʂ，但因为舌尖化的力量，使语音中增加了舌尖前音 ʦ、ʦʰ、s。“尾”是止摄合口三等微母字，普通话中为 uəi，各地文读基本都是这一读音，但日常口语中多读为 i，在新浦、灌云等存在舌尖化现象的地区，读为 ɿ。江淮官话通泰片里，端组声母也已跟随韵母舌尖化了；山西省武乡县方言里遇摄合口韵母舌尖化为 ʮ 韵母；有的方言中舌尖化甚至已经影响到了阳声韵。孙小花(2006)提到，山西境内梗摄三四等阳声韵今读舌尖单元音，如：寿阳“病 pɿ、名 mɿ、听 tʰɿ、领 le、星 sɿ、正 ʦɿ、镜 ʦɿ、影 zɿ”，文水“病 pɿ、名 mɿ、听 tʰɿ白、领 lɿ、井 ʦɿ、星 sɿ、声 sɿ、正 ʦɿ、镜 ʦi、影 ɿ、蝇 ɿ白”，祁县“星 sɿ”。阳声韵的情况还见于汾阳、清徐、忻州等多个地点。这说明舌尖化并不仅仅局限在蟹摄开口三四等、止摄开口三等和假摄开口三等韵等阴声韵的范围内，只要有合适的音读条件，舌尖化的音变势力就会对其施加影响。

舌尖化是包括江淮官话在内的汉语方言里一个较普遍的音变现象，见于响水、涟水、沭阳等江淮官话洪巢片地区以及江淮官话通泰片的部分地区；晋语文水、汾阳、武乡、沁县、寿阳中均有舌尖化的音变现象。举例见表 3-24。

表 3-24　舌尖化各类型例音

		武乡	文水	合肥	崇明	灌云	响水	新浦
蟹摄开口	批	pʰɿ	pʰɿ	pʰɿ	pʰi	pʰɿ	pʰɿ	pʰɿ
	弟	tɿ	tɿ	tɿ	di	tɿ	tɿ	tɿ
	泥	nzɿ	nzɿ	ɿ文 mɿ白	ɦȵi	lɿ	lɿ	lɿ
	计	ʦɿ	ʦɿ	ʦɿ	tɕi dʑi	ʦɿ	ʦɿ	ʦɿ
	例	l̩	lɿ	ɿ	ɦli	lɿ	lɿ	lɿ
	艺	zɿ	ɿ	ɿ	ɦȵi	ɿ	ɿ	ɿ

续表

		武乡	文水	合肥	崇明	灌云	响水	新浦
止摄开口	皮	pʰɿ	pʰɿ	pʰɿ	bi	pʰɿ	pʰɿ	pʰɿ
	字	tsɿ	tsɿ	tsɿ	tsɿ	tsɿ	tsɿ	tsɿ
	齐	tsʰɿ	tsʰɿ	tsʰɿ	dʑi ʑi	tsʰɿ	tsʰɿ	tsʰɿ
	鸡	tsɿ	tsɿ	tsɿ	tɕi	tsɿ	tsɿ	tsɿ
	移	zɿ	ɿ	ɿ	ɦi	ɿ	ɿ	ɿ
	戏	sɿ	sɿ	sɿ	ɕi	sɿ	sɿ	sɿ
遇摄合口	聚	tsʮ	tsʮ	tɕy	dʑi$_{文}$ ʑi$_{白}$ dʑy$_{文}$	tɕy	tɕy	tɕy
	许	sʮ	sʮ	ɕy	ɕi ɕy$_{文}$	ɕy	ɕy	ɕy
	鱼	zʮ	nzʮ	y	ɦy	y	y	y
	猪	tʂu	tʂu	tʂu	tsɿ	tʂu	tʂu	tʂu

说明：文水材料引自《文水方言百年来的元音高化》(乔全生、余跃龙，2009)、《文水方言的文白异读及历史层次》(王临惠，2007)、《山西方言音韵研究》(韩沛玲，2012)。

武乡材料转引自《山西方言音韵研究》(韩沛玲，2012)。

合肥材料引自《汉语方音字汇》(2009)。

崇明材料引自《崇明方言研究》(张惠英，2009)。

(三)蟹止摄今读类型的历史层次

蟹止摄开口韵历史发展的总体趋势是韵母逐渐简化，元音逐渐高化，而元音的高化和舌尖化引起了声母和韵母结构的系统变化。在各个历史阶段，蟹止摄韵类的分化、合并以及转移情况见表3-25。

表 3-25

<table>
<tr><td></td><td>切韵</td><td colspan="2">汉代</td><td colspan="2">魏晋</td><td>隋唐</td><td colspan="2">晚唐五代</td></tr>
<tr><td rowspan="2">蟹摄</td><td>祭韵</td><td colspan="2"></td><td rowspan="2" colspan="2">祭部开三、四
iæi、iæi</td><td rowspan="2">祭部 iæi</td><td rowspan="2" colspan="2">齐稽部
开三 iæi</td></tr>
<tr><td>齐韵</td><td colspan="2">支部，开四 ie
脂部，开四 iei</td></tr>
<tr><td rowspan="3">止摄</td><td>支韵</td><td colspan="2">支部，开三 ie</td><td colspan="2">支部开三 ie</td><td rowspan="3">脂部 i</td><td rowspan="3">脂微部 i</td><td rowspan="3">支思韵 ɿ</td></tr>
<tr><td>脂韵</td><td colspan="2">脂部，开三 iei</td><td colspan="2">脂部开三 iei</td></tr>
<tr><td>之韵</td><td colspan="2">之部，开三 iə</td><td colspan="2">之部开三 iə</td></tr>
<tr><td></td><td>切韵</td><td colspan="2">宋代</td><td colspan="2">元代</td><td colspan="3">明清</td></tr>
<tr><td rowspan="2">蟹摄</td><td>祭韵</td><td rowspan="5">支齐韵
开三 i</td><td rowspan="5">资思韵 ɿ</td><td rowspan="5">齐微韵
i、əi
uəi、yi</td><td rowspan="5">资思韵 ɿ
支思韵 ʅ</td><td rowspan="5" colspan="2">衣期韵 i</td><td rowspan="5">支思韵
ɿ、ʅ、ɚ</td></tr>
<tr><td>齐韵</td></tr>
<tr><td rowspan="3">止摄</td><td>支韵</td></tr>
<tr><td>脂韵</td></tr>
<tr><td>之韵</td></tr>
</table>

支脂之三韵至隋唐时期合为脂部，为高元音 i，晚唐止摄又分化出支思韵 ɿ，舌尖音韵母出现，这应为蟹止摄开口三四等韵一系列语音变化的肇始。王力(2002)认为止摄精组最早开始舌尖化，演变出了 ɿ 韵，北音支思韵的出现已经能说明舌尖音 ɿ/ʅ 的存在了。《切韵指掌图》中蟹摄开口三、四等并入止摄 i 韵，这应该是因为止摄精组舌尖化后空出了 i 韵的位置，蟹摄开口三、四等韵就逐渐演变然后填入这一空位。

语言具有系统性，演变过程中往往会牵一发而动全身。蟹止摄开口韵精组声母随韵母一同舌尖化后，精组相邻部位的知庄章组和见晓组声母也有了舌尖化的情况，进而将帮组也连带进来。假摄开口三等、蟹摄开口二等韵填入原蟹、止摄开口 i 韵中，假摄开口三等韵经历的变化过程可能是：iɛ-ie-iɪ-i，这几个韵在连云港方言中均能捕捉到，iɪ 韵居多；蟹摄开口二等可能的变化过程是，iæi-iɛi-iei-iəi-i，当地中老年口音中还有鞋~子 xiei/xiai，蟹螃~ xie、xi 的口语音，可用以证明语音的这种变化过程，蟹摄开口二等韵的高化，也带动了声母的腭化。

上文已对蟹、止、假摄舌尖化在方言语音系统内部、在连云港地区的地理分布以及在汉语方言中的存在情况进行了说明，不仅如此，舌尖化的音变现象还存在社会分布，即年龄层次上的差异。朝阳镇和灌云圩丰镇的两位70多岁的发音人，他们方言口音中的舌尖化程度与中年人和青年人的差异较显著。朝阳老派的方言中，声母没有舌尖化的情况，韵母舌尖化情况很少，仅与泥、来母相拼的蟹、止摄有舌尖化的现象，如："泥"lɿ13，"知"tʂʅ213，"细"ɕi35；圩丰老派的方言中，蟹止摄开口三、四等韵今大多为i或ʅ，声母和韵母均未见舌尖化情况。这种年龄差异反映了语言的共时变化。

对连云港方言中蟹止摄开口三、四等韵今读类型和分布的研究，我们可以发现，蟹止摄今天的地理分布是不同历史时期蟹止摄的语音形式在共时层面的停留，这些今读形式处于不同的历史层次。

第二节 阳声韵

一、咸山摄

（一）咸山摄开口韵的音读类型

咸、山两摄阳声韵开口一、二等洪音和三、四等细音，在普通话中为前鼻音an和ian，主元音相同；在江淮官话区，主元音区分，鲍明炜（1993）说"江淮官话韵母的特点，除入声韵外，主要表现在咸山摄的今读分类上。北方官话大区咸山两摄已混同，但是，江淮官话仍分二类或三类，仅麻城英山等五个县不分类"。《江苏省和上海市方言概况》提到"第一区除南京、句容两点，搬与班、官与关韵母不同，肩与间、嫌与咸韵母在新海连、灌云点不同音"。

咸、山两摄开口洪、细音，连云港境内各点依据主元音是否区分，可以分为区分型和相同型。这两大音读类型的分布情况见图3-17。

由图3-17可见，区分型和相同型均有各自较为集中的分布范围。相同型地区，咸、山摄开口阳声韵一、二等和三、四等韵主元音均为a，读为$\tilde{a}^{n}$/$i\tilde{a}^{n}$或ã/iã；区分型地区，韵母洪、细的主元音不同，一、二等韵今为a或ɛ，三、四等韵大多为e或ɪ。灌南地区，咸、山摄二等见系字有文白两读，白读同一等韵，

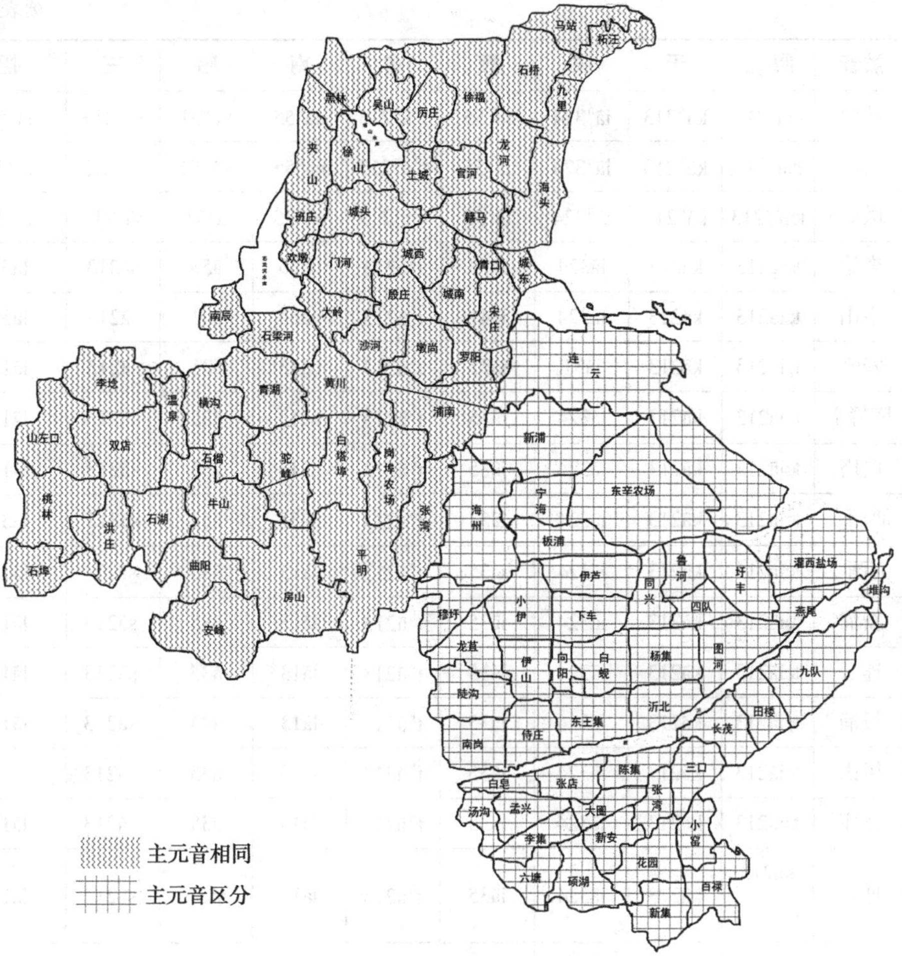

图 3-17　咸山摄开口韵今读类型分布

文读同三等韵。各类型读音举例见表 3-26。

表 3-26　咸山摄开口韵今读例音

洪音	间房～	干	眼	雁	贪	南	暗	三	拦
马站	tɕiã^{n}213	kã^{n}213	iã^{n}324	iã^{n}55	t^{h}ã^{n}213	nã^{n}55	ɤã^{n}51	θã^{n}213	lã^{n}55
九里北	tɕiã^{n}213	kã^{n}213	iã^{n}324	iã^{n}55	t^{h}ã^{n}213	nã^{n}55	ɤã^{n}51	θã^{n}213	lã^{n}55
青口	tɕiã^{n}213	kã^{n}213	iã^{n}324	iã^{n}55	t^{h}ã^{n}213	nã^{n}55	ɤã^{n}51	sã^{n}213	lã^{n}55

续表

洪音	间房～	干	眼	雁	贪	南	暗	三	拦
城西	ciã^{n}213	kã^{n}213	iã^{n}324	iã^{n}55	t^{h}ã^{n}213	nã^{n}55	ɤã^{n}51	sã^{n}213	lã^{n}55
门河	ciã^{n}213	kã^{n}213	iã^{n}324	iã^{n}55	t^{h}ã^{n}213	nã^{n}55	ɤã^{n}51	sã^{n}213	lã^{n}55
墩尚	tɕiã^{n}213	kã^{n}213	iã^{n}324	iã^{n}53	t^{h}ã^{n}213	nã^{n}35	ã^{n}53	sã^{n}213	lã^{n}35
李埝	tɕiã213	kã213	iã324	iã53	t^{h}ã213	nã35	ã53	sã213	lã35
牛山	tɕiã213	kã213	iã324	iã41	t^{h}ã213	nã55	ã41	sã213	lã55
安峰	tɕiã213	kã213	iã31	iã35	t^{h}ã213	nã13	ã35	sã213	lã13
驼峰北	tɕiã213	kã213	iã324	iã35	t^{h}ã213	nã13	ã35	sã213	lã13
白塔	tɕiã213	kã213	iã324	iã35	t^{h}ã213	nã13	ã35	sã213	lã13
浦南北	tɕiã213	kã213	iã324	iã53	t^{h}ã213	nã35	ã53	sã213	lã35
浦南南	tɕiã213	kã213	iã324	iã35	t^{h}ã213	lã13	ã35	ʂã213	lã13
新浦	tɕiã213	kã213	iã324	iã35	t^{h}ã213	lã13	ã35	ʂã213	lã13
连云	tɕiã213	kã213	iã324	iã35	t^{h}ã213	lã13	ã35	ʂã213	lã13
板浦	tɕiã213	kã213	iã324	iã35	t^{h}ã213	lã13	ã35	ʂã213	lã13
伊山	tɕiã213	kã213	iã324	iã35	t^{h}ã213	lã13	ã35	ʂã213	lã13
侍庄	tɕiã213	kã213	iã324	iã35	t^{h}ã213	lã13	ã35	ʂã213	lã13
圩丰	kã213 tɕiã213	kã213	iã324	iã35	t^{h}ã213	lã13	ŋã35	ʂã213	lã13
图河	kã213	kã213	iã324	iã35	t^{h}ã213	lã13	ã35	ʂã213	lã13
陈集	kã213	kã213	iã324	iã35	t^{h}ã213	lã13	ŋã35	ʂã213	lã13
新集	kã21	kã21	ã42 iã42	iã35	t^{h}ã21	nã13	ŋã35	sã21	nã13
六塘	kã21	kã21	ã42	iã35	t^{h}ã21	nã13	ŋã35	sã21	nã13
三口	kã21	kã21	iã33	iã35	t^{h}ã21	lã13	ŋã35	sã21	lã13
长茂	kã21	kã21	ã42 iã42	iã35	t^{h}ã21	nã13	ŋã35	sã21	nã13
九队	kã21	kã21	ã42	iã35	t^{h}ã21	nã13	ã35	sã21	lã13

续表

细音	盐	现	演	验	帘	尖	钳	念	连
马站	iã^{n}55	ɕiã^{n}51	iã^{n}324	iã^{n}51	liã^{n}55	tɕiã^{n}213	tɕ^{h}iã^{n}55	niã^{n}51	liã^{n}55
九里$_{\text{北}}$	iã^{n}55	ɕiã^{n}51	iã^{n}324	iã^{n}51	liã^{n}55	tɕiã^{n}213	tɕ^{h}iã^{n}55	niã^{n}51	liã^{n}55
青口	iã^{n}55	ɕiã^{n}51	iã^{n}324	iã^{n}51	liã^{n}55	tɕiã^{n}213	tɕ^{h}iã^{n}55	niã^{n}51	liã^{n}55
城西	iã^{n}55	ɕiã^{n}51	iã^{n}324	iã^{n}51	liã^{n}55	ciã^{n}213	c^{h}iã^{n}55	niã^{n}51	liã^{n}55
门河	iã^{n}55	ɕiã^{n}51	iã^{n}324	iã^{n}51	liã^{n}55	ciã^{n}213	c^{h}iã^{n}55	niã^{n}51	liã^{n}55
墩尚	iã^{n}35	ɕiã^{n}53	iã^{n}324	iã^{n}53	liã^{n}35	tɕiã^{n}213	tɕ^{h}iã^{n}35	liã^{n}53	liã^{n}35
李埝	iã35	ɕiã53	iã324	iã53	liã35	tɕiã213	tɕ^{h}iã35	liã53	liã35
牛山	iã55	ɕiã41	iã324	iã41	liã55	tɕiã213	tɕ^{h}iã55	niã41	liã55
安峰	iã13	ɕiã35	iã31	iã35	liã13	tɕiã213	tɕ^{h}iã13	niã35	liã13
驼峰$_{\text{北}}$	iã13	ɕiã35	iã324	iã35	liã13	tɕiã213	tɕ^{h}iã13	niã35	liã13
白塔	iã13	ɕiã35	iã324	iã35	liã13	tɕiã213	tɕ^{h}iã13	liã35	liã13
浦南$_{\text{北}}$	iã35	ɕiã53	iã324	iã53	liã35	tɕiã213	tɕ^{h}iã35	liã53	liã35
浦南$_{\text{南}}$	iɛ̃13	ɕiɛ̃35	iɛ̃324	iɛ̃35	liɛ̃13	tɕiɛ̃213	tɕ^{h}iɛ̃13	liɛ̃35	liɛ̃13
新浦	iẽ13	ɕiẽ35	iẽ324	iẽ35	liẽ13	tɕiẽ213	tɕ^{h}iẽ13	liẽ35	liẽ13
连云	iɛ̃13	ɕiɛ̃35	iɛ̃324	iɛ̃35	liɛ̃13	tɕiɛ̃213	tɕ^{h}iɛ̃13	liɛ̃35	liɛ̃13
板浦	iɛ̃13	ɕiɛ̃35	iɛ̃324	iɛ̃35	liɛ̃13	tɕiɛ̃213	tɕ^{h}iɛ̃13	liɛ̃35	liɛ̃13
伊山	iɛ̃13	ɕiɛ̃35	iɛ̃324	iɛ̃35	liɛ̃13	tɕiɛ̃213	tɕ^{h}iɛ̃13	liɛ̃35	liɛ̃13
侍庄	iẽ13	ɕiẽ35	iẽ324	iẽ35	liẽ13	tɕiẽ213	tɕ^{h}iẽ13	liẽ35	liẽ13
圩丰	iẽ13	ɕiẽ35	iẽ324	iẽ35	liẽ13	tɕiẽ213	tɕ^{h}iẽ13	liẽ35	liẽ13
图河	iĩ13	ɕiĩ35	iĩ324	iĩ35	liĩ13	tɕiĩ21	tɕ^{h}iĩ13	liĩ35	liĩ13
陈集	iẽ13	ɕiẽ35	iẽ324	iẽ35	liẽ13	tɕiẽ213	tɕ^{h}iẽ13	liẽ35	liẽ13
新集	iĩ13	ɕiĩ35	iĩ42	iĩ35	liĩ13	tɕiĩ21	tɕ^{h}iĩ13	niĩ35	liĩ13
六塘	iĩ13	ɕiĩ35	iĩ42	iĩ35	niĩ13	tɕiĩ21	tɕ^{h}iĩ13	niĩ35	niĩ13
三口	iĩ13	ɕiĩ35	iĩ33	iĩ35	liĩ13	tɕiĩ21	tɕ^{h}iĩ13	liĩ35	liĩ13
长茂	iĩ13	ɕiĩ35	iĩ42	iĩ35	liĩ13	tɕiĩ21	tɕ^{h}iĩ13	niĩ35	niĩ13
九队	iĩ13	ɕiĩ35	iĩ42	iĩ35	niĩ13	tɕiĩ21	tɕ^{h}iĩ13	niĩ35	niĩ13

从表 3-26 可知，各地咸、山两摄阳声韵的鼻音韵尾都已经不像普通话那样饱满了，鼻音特征的弱化程度各地不同。连云港北部地区，阳声韵主元音带有鼻音色彩，但音节结束时似乎还有微弱的鼻音存在，鼻音虽短弱，但还没有完全消

失，因而记作带鼻音的鼻化韵 $\tilde{a}^{n}$；而在中南部地区，已经成为鼻化韵，鼻音完全弱化，元音带鼻化色彩。另外，咸、山两摄主元音，从北向南的分布是 a—ɛ—e—ɪ，表现出开口度逐渐降低、元音逐渐高化的分布规律。

(二) 山摄合口桓、山删韵的音读类型

山摄一等桓韵与二等山删韵的今读类型和地理分布存在差异，有主元音区分和相同两大类型。这两种类型的具体分布情况见图 3-18。

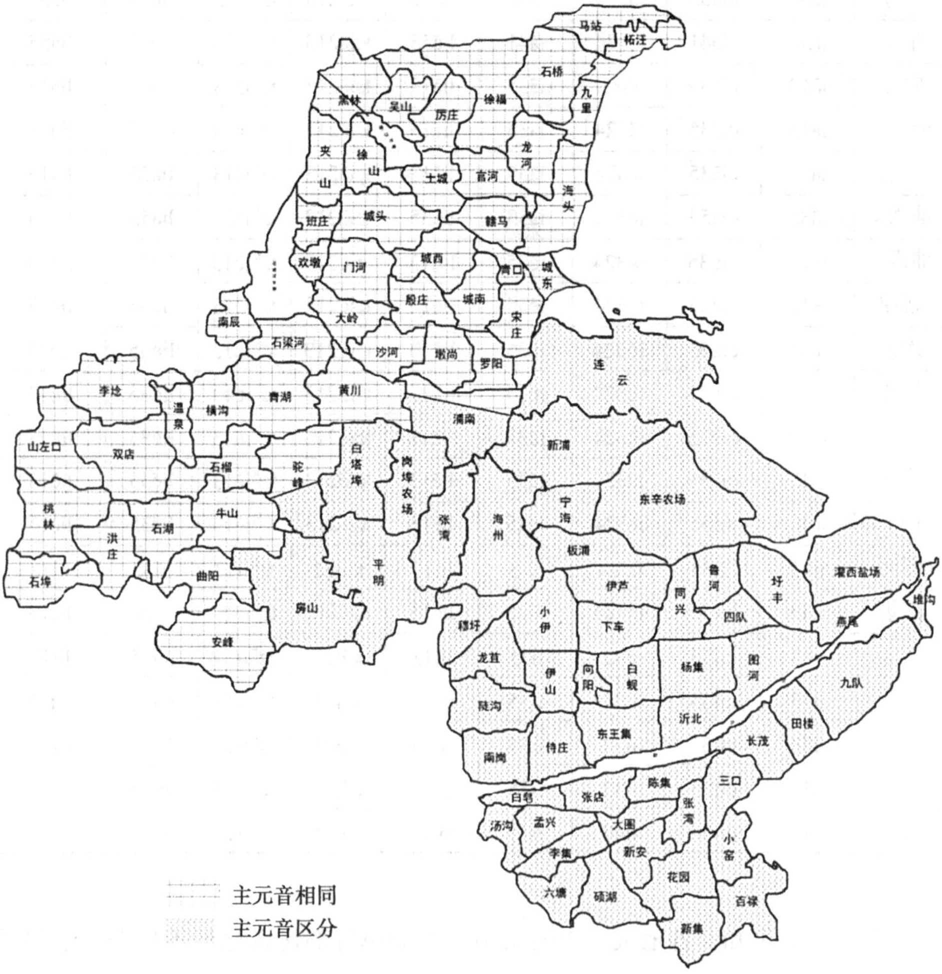

图 3-18 山摄桓、山删韵今读类型分布

相同型，桓山删韵主元音同为 a，帮组字韵母为 a，其他字韵母为 ua。

区分型，桓韵主元音为 o 或 ʊ，山删韵多为 a。

连云港西部的东海县，桓山删韵主元音在中西部的大部分乡镇相同，在东南部的一些乡镇区分，东海驼峰和浦南乡内部也存在差异，北部地区主元音相同，而南部地区主元音区分。具体见表 3-27。

表 3-27　山摄桓、山删韵今读例音

主元音相同型 a									
桓	**搬**	**半**	**判**	**满**	**官**	**贯**	**换**	**玩**	**碗**
马站	pã^{n}213	pã^{n}51	p^{h}ã^{n}51	mã^{n}324	kuã^{n}213	kuã^{n}51	xuã^{n}51	uã^{n}55	uã^{n}324
九里	pã^{n}213	pã^{n}51	p^{h}ã^{n}51	mã^{n}324	kuã^{n}213	kuã^{n}51	xuã^{n}51	uã^{n}55	uã^{n}324
青口	pã^{n}213	pã^{n}51	p^{h}ã^{n}51	mã^{n}324	kuã^{n}213	kuã^{n}51	xuã^{n}51	uã^{n}55	uã^{n}324
城西	pã^{n}213	pã^{n}51	p^{h}ã^{n}51	mã^{n}324	kuã^{n}213	kuã^{n}51	xuã^{n}51	uã^{n}55	uã^{n}324
门河	pã^{n}213	pã^{n}51	p^{h}ã^{n}51	mã^{n}324	kuã^{n}213	kuã^{n}51	xuã^{n}51	uã^{n}55	uã^{n}324
墩尚	pã^{n}213	pã^{n}53	p^{h}ã^{n}53	mã^{n}324	kuã^{n}213	kuã^{n}53	xuã^{n}53	uã^{n}35	uã^{n}324
李埝	pã213	pã53	p^{h}ã53	mã324	kuã213	kuã53	xuã53	uã35	uã324
牛山	pã213	pã41	p^{h}ã41	mã324	kuã213	kuã41	xuã41	uã55	uã324
安峰	pã213	pã35	p^{h}ã35	mã31	kuã213	kuã35	xuã35	uã13	uã31
驼峰$_{北}$	pã213	pã35	p^{h}ã35	mã324	kuã213	kuã35	xuã35	uã13	uã324
山删	**班**	**办**	**盼**	**慢**	**关**	**惯**	**患**	**顽**	**弯**
马站	pã^{n}213	pã^{n}51	p^{h}ã^{n}51	mã^{n}51	kuã^{n}213	kuã^{n}51	xuã^{n}51	uã^{n}55	uã^{n}213
九里	pã^{n}213	pã^{n}51	p^{h}ã^{n}51	mã^{n}51	kuã^{n}213	kuã^{n}51	xuã^{n}51	uã^{n}55	uã^{n}213
青口	pã^{n}213	pã^{n}51	p^{h}ã^{n}51	mã^{n}51	kuã^{n}213	kuã^{n}51	xuã^{n}51	uã^{n}55	uã^{n}213
城西	pã^{n}213	pã^{n}51	p^{h}ã^{n}51	mã^{n}51	kuã^{n}213	kuã^{n}51	xuã^{n}51	uã^{n}55	uã^{n}213
门河	pã^{n}213	pã^{n}51	p^{h}ã^{n}51	mã^{n}51	kuã^{n}213	kuã^{n}51	xuã^{n}51	uã^{n}55	uã^{n}213
墩尚	pã^{n}213	pã^{n}53	p^{h}ã^{n}53	mã^{n}53	kuã^{n}213	kuã^{n}53	xuã^{n}53	uã^{n}35	uã^{n}213
李埝	pã213	pã53	p^{h}ã53	mã53	kuã213	kuã53	xuã53	uã35	uã213
牛山	pã213	pã41	p^{h}ã41	mã41	kuã213	kuã41	xuã41	uã55	uã213

续表

主元音相同型 a									
山删	**班**	**办**	**盼**	**慢**	**关**	**惯**	**患**	**顽**	**弯**
安峰	pã213	pã35	p^hã35	mã35	kuã213	kuã35	xuã35	uã13	uã213
驼峰$_{北}$	pã213	pã35	p^hã35	mã35	kuã213	kuã35	xuã35	uã13	uã213
主元音区分型 o/ʊ、a									
桓	**搬**	**半**	**判**	**满**	**官**	**贯**	**换**	**玩**	**碗**
白塔	põ213	põ35	p^hõ35	mõ324	kõ213	kõ35	xõ35	õ13	õ324
平明	põ213	põ35	p^hõ35	mõ324	kõ213	kõ35	xõ35	õ13	õ324
浦南$_{北}$	pan213	pan53	p^han53	man324	kuan213	kuan53	xuan53	uan35	uan324
浦南$_{南}$	pã213	pã35	p^hã35	mã324	kuã213	kuã35	xuã35	uã13	uã324
新浦	pʊ̃213	pʊ̃35	p^hʊ̃35 p^hã35	mʊ̃324 mã324	kuã213	kʊ̃35 kuã35	xʊ̃35 xuã35	uã13	ʊ̃324 uã324
连云	pʊ̃213	pʊ̃35	p^hʊ̃35	mʊ̃324	kʊ̃213	kʊ̃35	xʊ̃35	uã13	ʊ̃324
伊山	pʊ̃213	pʊ̃35	p^hʊ̃35	mʊ̃324	kʊ̃213	kʊ̃35	xʊ̃35	uã13	ʊ̃324
侍庄	pʊ̃213	pʊ̃35	p^hʊ̃35	mʊ̃324	kʊ̃213	kʊ̃35	xʊ̃35	uã13	ʊ̃324
圩丰	pʊ̃213	pʊ̃35	p^hʊ̃35	mʊ̃324	kʊ̃213	kʊ̃35	xʊ̃35	ʊ̃13	ʊ̃324
图河	pʊ̃213	pʊ̃35	p^hʊ̃35	mʊ̃324	kʊ̃213	kuʊ̃35	xʊ̃35	ʊ̃13	ʊ̃324
陈集	pʊ̃213	pʊ̃35	p^hʊ̃35	mʊ̃324	kʊ̃213	kʊ̃35	xʊ̃35	uã13	ʊ̃324
新集	põ21	põ35	p^hõ35	mõ42	kõ21	kõ35	xõ35	õ13	õ42
李集	pʊ̃21	pʊ̃35	p^hʊ̃35	mʊ̃42	kʊ̃21	kʊ̃35	xʊ̃35	ʊ̃13	ʊ̃42
六塘	põ21	põ35	p^hõ35	mõ42	kõ21	kõ35	xõ35	õ13	õ42
三口	põ21	põ35	p^hõ35	mõ33	kõ21	kõ35	xõ35	õ13	õ33
九队	pʊ̃21	pʊ̃35	p^hʊ̃35	mʊ̃42	kʊ̃21	kʊ̃35	xʊ̃35	ʊ̃13	ʊ̃42
长茂	põ21	põ35	p^hõ35	mõ42	kõ21	kõ35	xõ35	õ13	õ42
响水	põ41	põ55	p^hõ55	mõ214	kõ41	kõ55	xõ55	õ24	õ214
涟水	põ31	põ55	p^hõ55	mõ212	kõ31	kõ55	xõ55	õ35	õ212

续表

主元音区分型 o/ʊ、a									
山删	班	办	盼	慢	关	惯	患	顽	弯
白塔	pã213	pã35	pʰã35	mã35	kuã213	kuã35	xuã35	uã13	uã213
平明	pã213	pã35	pʰã35	mã35	kuã213	kuã35	xuã35	uã13	uã213
浦南北	pan213	pan53	pʰan53	man53	kuan213	kuan53	xuan53	uan35	uan213
浦南南	pã213	pã35	pʰã35	mã35	kuã213	kuã35	xuã35	uã13	uã213
新浦	pã213	pã35	pʰã35	mã35	kuã213	kuã35	xuã35	uã13	uã213
连云	pã213	pã35	pʰã35	mã35	kuã213	kuã35	xuã35	uã13	uã213
伊山	pã213	pã35	pʰã35	mã35	kuã213	kuã35	xuã35	uã13	uã213
侍庄	pã213	pã35	pʰã35	mã35	kuã213	kuã35	xuã35	uã13	uã213
圩丰	pã213	pã35	pʰã35	mã35	kuã213	kuã35	xuã35	uã13	uã213
图河	pã213	pã35	pʰã35	mã35	kuã213	kuã35	xuã35	uã13	uã213
陈集	pã213	pã35	pʰã35	mã35	kuã213	kuã35	xuã35	uã13	uã213
新集	pã21	pã35	pʰã35	mã35	kuã21	kuã35	xuã35	uã13	uã21
李集	pã21	pã35	pʰã35	mã35	kuã21	kuã35	xuã35	uã13	uã21
六塘	põ21	põ35	pʰõ35	mã35	kuã21	kuã35	xuã35	uã13	uã21
三口	pã21	pã35	pʰã35	mã35	kuã21	kuã35	xuã35	uã13	uã21
九队	pã21	pã35	pʰã35	mã35	kuã21	kuã35	xuã35	uã13	uã21
长茂	pã21	pã35	pʰã35	mã35	kuã21	kuã35	xuã35	uã13	uã21
响水	pæ̃41	pæ̃55	pʰæ̃55	mæ̃55	kuæ̃41	kuæ̃55	xuæ̃55	uæ̃24	uæ̃41
涟水	pã31	pã55	pʰã55	mã55	kuã31	kuã55	xuã55	uã35	uã31

虽然咸、山两摄洪细音和山摄合口桓山删韵的今读类型都依据主元音同异分为两大类型，但类型的地理分布情况不完全相同，差异主要在于，东海的房山、平明、张湾、驼峰南和浦南南这一小片地区，咸、山摄阳声韵开口洪细音主元音

相同，与北部地区均属相同型，而山摄合口桓山删韵的主元音却不同，与南部地区相同。

(三)山摄合口仙元先韵的今读类型与分布

山摄合口一等桓韵与二等山删，今主元音存在着 a 与 o 的地理分布差异，二等韵主元音开口度会不同，这是连云港境内江淮官话区的普遍语音特点，但在部分地区，合口三、四等仙元先韵主元音开口度更小，不同于一、二等韵。合口三等仙韵知庄章组和元韵非组字今主元音为 o，与二等韵相同，仙韵精组和见晓组、元先韵见晓组字今韵母为 yĩ。对连云港的调查发现，存在这一种语音特点的是如下地区：灌南和灌云图河、杨集、沂北、燕尾港镇。仙元先韵在连云港各地的读音情况见表 3-28。

表 3-28　山摄合口仙元先韵例音

山摄合口	三仙					三元		四先
	精		见		见		见	
	全	**选**	**圈**	**劝**	**圆**	**元**	**愿**	**悬**
青口	ts^{h}yã^{n}55	ɕyã^{n}324	$tɕ^{h}$yã^{n}213	$tɕ^{h}$yã^{n}51	yã^{n}55	yã^{n}55	yã^{n}51	ɕyã^{n}55
城西	c^{h}yã^{n}55	çyã^{n}324	c^{h}yã^{n}324	c^{h}yã^{n}51	yã^{n}55	yã^{n}55	yã^{n}51	çyã^{n}55
宋庄	ts^{h}yã^{n}55	ɕyã^{n}324	$tɕ^{h}$yã^{n}213	$tɕ^{h}$yã^{n}51	yã^{n}55	yã^{n}55	yã^{n}51	ɕyã^{n}55
墩尚	$tɕ^{h}$yã^{n}35	ɕyã^{n}324	$tɕ^{h}$yã^{n}213	$tɕ^{h}$yã^{n}53	yã^{n}35	yã^{n}35	yã^{n}53	ɕyã^{n}35
牛山	$tɕ^{h}$yã55	ɕyã324	$tɕ^{h}$yã213	$tɕ^{h}$yã41	yã55	yã55	yã41	ɕyã55
驼峰北	$tɕ^{h}$yã13	ɕyã324	$tɕ^{h}$yã213	$tɕ^{h}$yã35	yã13	yã13	yã35	ɕyã13
白塔	$tɕ^{h}$yõ13	ɕyõ324	$tɕ^{h}$yõ213	$tɕ^{h}$yõ35	yõ13	yõ13	yõ35	ɕyõ13
安峰	$tɕ^{h}$yã13	ɕyã31	$tɕ^{h}$yã213	$tɕ^{h}$yã35	yã13	yã13	yã35	ɕyã13
平明	$tɕ^{h}$yõ13	ɕyõ324	$tɕ^{h}$yõ213	$tɕ^{h}$yõ35	yõ13	yõ13	yõ35	ɕyõ13
浦南北	$tɕ^{h}$yã35	ɕyã324	$tɕ^{h}$yã213	$tɕ^{h}$yã53	yã35	yã35	yã53	ɕyã35
浦南南	$tɕ^{h}$yã13	ɕyã324	$tɕ^{h}$yã213	$tɕ^{h}$yã35	yã13	yã13	yã35	ɕyã13

续表

山摄合口	三仙				三元		四先
	精		见		见		见
	全	选	圈	劝	圆	元	愿	悬
新浦	tɕʰyʊ̃13	ɕyʊ̃324	tɕʰyʊ̃213	tɕʰyʊ̃35	yʊ̃13	yʊ̃13	yʊ̃35	ɕyʊ̃13
南岗	tɕʰyʊ̃13	ɕyʊ̃324	tɕʰyʊ̃213	tɕʰyʊ̃35	yʊ̃13	yã13	yʊ̃35	ɕyʊ̃13
侍庄	tɕʰyʊ̃13	ɕyʊ̃324	tɕʰyʊ̃213	tɕʰyʊ̃35	yʊ̃13	yʊ̃13	yʊ̃35	ɕyʊ̃13
杨集	tɕʰyʊ̃13	ɕyʊ̃324	tɕʰyʊ̃213	tɕʰyʊ̃35	yʊ̃13	yʊ̃13	yʊ̃35	ɕyʊ̃13
图河	tɕʰyɪ̃13	ɕyɪ̃324	tɕʰyɪ̃213	tɕʰyɪ̃35	yɪ̃13	yɪ̃13	yɪ̃35	ɕyɪ̃13
陈集	tɕʰyʊ̃13	ɕyʊ̃324	tɕʰyʊ̃213	tɕʰyʊ̃35	yʊ̃13	yʊ̃13	yʊ̃35	ɕyʊ̃13
六塘	tɕʰyɪ̃13	ɕyɪ̃42	tɕʰyɪ̃21	tɕʰyɪ̃35	yɪ̃13	yɪ̃13	yɪ̃35	ɕyɪ̃13
长茂	tɕʰyʊ̃13	ɕyʊ̃42	tɕʰyʊ̃21	tɕʰyʊ̃35	yʊ̃13	yʊ̃13	yʊ̃35	ɕyʊ̃13
新集	tɕʰyɪ̃13	ɕyɪ̃42	tɕʰyɪ̃21	tɕʰyɪ̃35	yɪ̃13	yɪ̃13	yɪ̃35	ɕyɪ̃13
李集	tɕʰyɪ̃13	ɕyɪ̃42	tɕʰyɪ̃21	tɕʰyɪ̃35	yɪ̃13	yɪ̃13	yɪ̃35	ɕyɪ̃13
三口	tɕʰyɪ̃13	ɕyɪ̃33	tɕʰyɪ̃21	tɕʰyɪ̃35	yɪ̃13	yɪ̃13	yɪ̃35	ɕyɪ̃13
九队	tɕʰyɪ̃13	ɕyɪ̃42	tɕʰyɪ̃21	tɕʰyɪ̃35	yɪ̃13	yɪ̃13	yɪ̃35	ɕyɪ̃13
响水	tɕʰyɪ̃24	ɕyɪ̃214	tɕʰyɪ̃41	tɕʰyɪ̃55	yɪ̃24	yɪ̃24	yɪ̃55	ɕyɪ̃24
涟水	tɕʰyɪ̃35	ɕyɪ̃212	tɕʰyɪ̃31	tɕʰyɪ̃55	yɪ̃35	yɪ̃35	yɪ̃55	ɕyɪ̃35

连云港地区山摄合口韵的主元音大致有以下三种类型：一分型 a，各等韵的主元音均为 a，主要由介音 u 或 y 来区分洪细；二分型 a/o(ʊ)，合口一等为 a 或 ua，三四等主要为 yo 或 yʊ；三分型 a/o(ʊ)/ɪ，一等韵与其他地区相同，为 a 或 ua，二等以及帮组、非组和知庄章组三四等韵主元音为 o 或者 ʊ，三四等精组、见晓组为 yɪ。

这三种类型的地理分布情况见图 3-19。

由图 3-19 可知，山摄合口韵由北向南，主元音由一种到两种再到三种，区分程度越来越大。

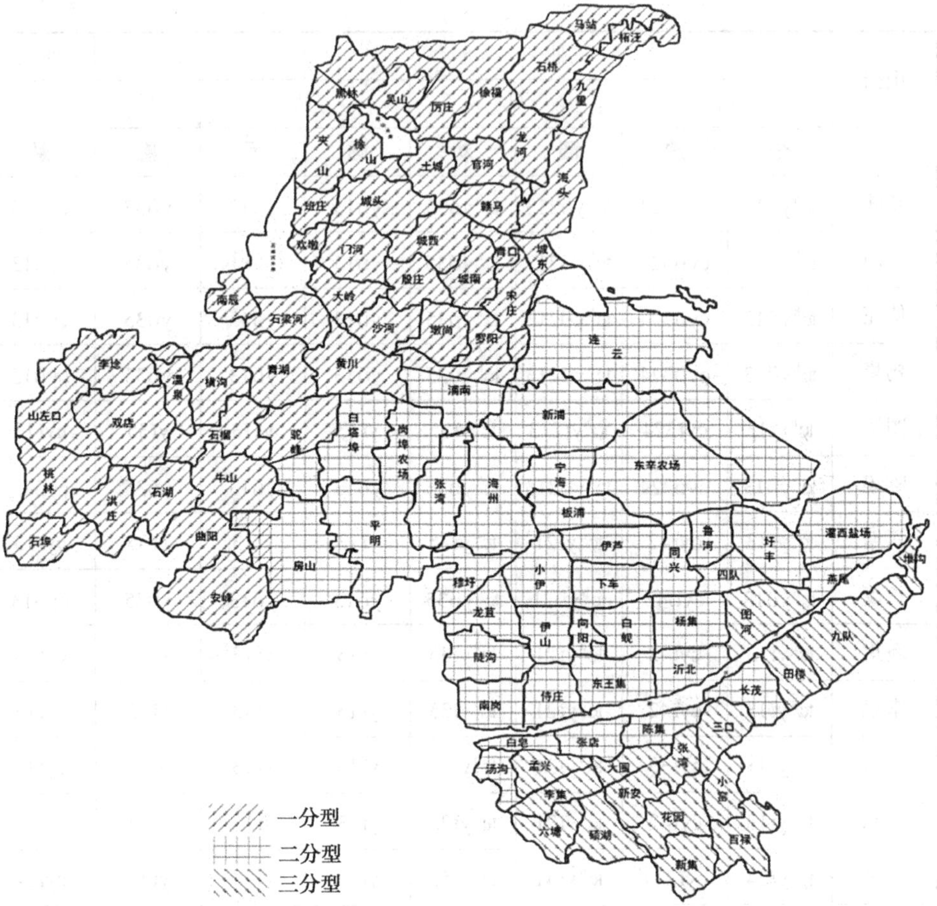

图 3-19　山摄合口韵主元音类型分布

(四)咸山两摄今读的地理分布与历史演变

咸山两摄今在普通话里主元音相同，开合等呼靠介音来区分。咸山阳声韵在连云港地区的读音可分为几种类型，分别与咸山摄历史演变的不同阶段相对应。咸山两摄历史发展的过程如下：

魏晋南北朝，山摄开合元韵属魂部 iɐn、iuɐn；寒韵属寒部一等 ɑn，删韵开合属寒部二等 eɑn，合口桓韵属寒部一等 uɑn；山韵开合属仙部二等 eæn，仙韵开合属仙部三等 iæn、iuæn，先韵开合属仙部四等 iæn、iuæn。开口咸韵属覃部二等

ɐɑm，开口覃韵属覃部一等 ɑm；开口严韵属严部三等 iɐn，开合梵凡韵属严部三等 iɐm、iuɐm。

隋至中唐，山摄一等开合寒韵 ɑn、uɑn，二等开合删韵 an、uan，三等开合元韵 ɐn、uɐn、iɐn、iuɐn，四等开合仙韵 æn、iuæn、iæn。咸摄一等覃韵 ɑm，二等咸韵 am，三等开合严韵 ɐm、iuɐm，开口三四等盐韵 iæm、iæm。

晚唐五代，山摄开合一等寒桓 ɑn，开合二等删山 an，三四等开合元仙 æn。咸摄一等覃谈 ɑm，二等咸衔 am，三四等严盐 æm。

宋代，《广韵》韵母系统里，咸山两摄阳声韵情况见表 3-29：

表 3-29

开一	合一	开二	合二
寒 an 覃 ɒm 谈 am	桓 uɑn	删 an 山 æn 衔 am 咸 ɐm	删 wan 山 wæn
开三	合三	开四	合四
元 ïɐn 仙 ïɛn 严 ïɐm 盐 ïɛm	元 ïwɐn 仙 ïwɛn 凡 ïwɐm	先 ien 添 iem	先 iwen

元代时，寒山 an，先天 æn，桓韵 ɔn；监咸 am，廉纤 æm。

明清时期，桓韵转入寒山韵。咸深摄阳声韵韵尾 m 并入 n 韵尾。咸山两摄不论开合洪细主元音均为 a。

由上可知，咸山两摄在各个历史阶段主要依靠主元音 a、ɑ、ɒ、æ、ɐ、ɛ、e 来区分韵母等呼，后来各个小韵经历了主元音变化、小韵合并等方面的语音变化，语音系统逐渐简化。唐中期之前，咸、山两摄的各等韵的主元音截然区分，分别为 ɑ、a、ɐ、æ、e。晚唐，咸、山两摄三四等韵主元音合并，但一二等韵主元音不同。元代，咸山两摄各小韵进一步合并，一二等韵主元音相同，区别于三四等，洪细音的主元音不同；而山摄开合口桓韵区别于寒山韵的主元音。明清时期，咸山两摄的主元音全面合流了。

连云港各地方言咸、山两摄开口阳声韵的今读，有北部主元音相同型和中南部主元音区分型两种。从咸、山两摄阳声韵的历时演变以及现时的语音表现和地理分布来判断，北部合并型所代表的是16世纪之后的语音阶段；南部区分型，代表11世纪至16世纪之间的语音历史时期，是滞古的语音特点，而阳声韵完全鼻化以及主元音高化a-ɛ-e-ɪ则是代表晚于北部型的语音发展阶段。

岩田礼(1995)认为“微观的方言地图，如果调查点稠密，就仿佛使人亲眼观察到它的变化过程。无怪有人把方言地图比作‘语言学实验室’(W. Graaataers 1958：79)”。依主元音是否区分以及区分程度，连云港方言山摄合口阳声韵的今读，分为三种类型：北部中原官话为一分型，主元音均为a，仅以介音来区分等呼；中部的东海曲阳、张湾等乡镇和新浦、海州、灌云等地，桓韵和山删韵主元音区分，桓韵为o或ʊ，山删韵为a；南部三分型，合口一等、二等、三四等主元音有异。从山摄合口韵的演变历史、今读类型和地理分布的情况综合判断，一分型的北部地区基本对应山摄在明清以后的历史阶段，二分型对应元代的时期，而三分型则是宋代以前的山摄历史时期。连云港境内山摄合口韵由南向北的三种分布类型，反映的正是山摄从古至今的演变历史。

二、宕江摄

(一)唐阳江韵的今读差异

宕江两摄阳声韵，普通话里为aŋ、iaŋ、uaŋ；连云港地区，唐阳江韵的开口一、二等以及合口韵今各地基本读aŋ和uaŋ，差异不大，但开口三、四等韵今有类型和分布的差异。

唐阳江韵开口三、四等韵，今有iaŋ、iã、iẽ、iɪ̃这几个音读形式，可大致分为后鼻音-ŋ韵尾和鼻化韵两大类型，iã型视作这两个类型间的过渡类型。这三种类型的地理分布情况见图3-20。

iaŋ型，广泛地分布于赣榆至灌云圩丰、四队、侍庄间的大片地区，是连云港地区开口三四等唐阳江韵最主要的一种音读类型。

iɪ̃/iẽ型，集中分布在连云港南部的灌南县境内。这一类型地区，宕摄开口三等泥来母、精组、见晓影组字和江摄开口二等见晓组字今并入咸山摄，同为鼻化韵。

iã型，分布在灌云东南部的图河、杨集、沂北地区。地理分布上，iã型正好

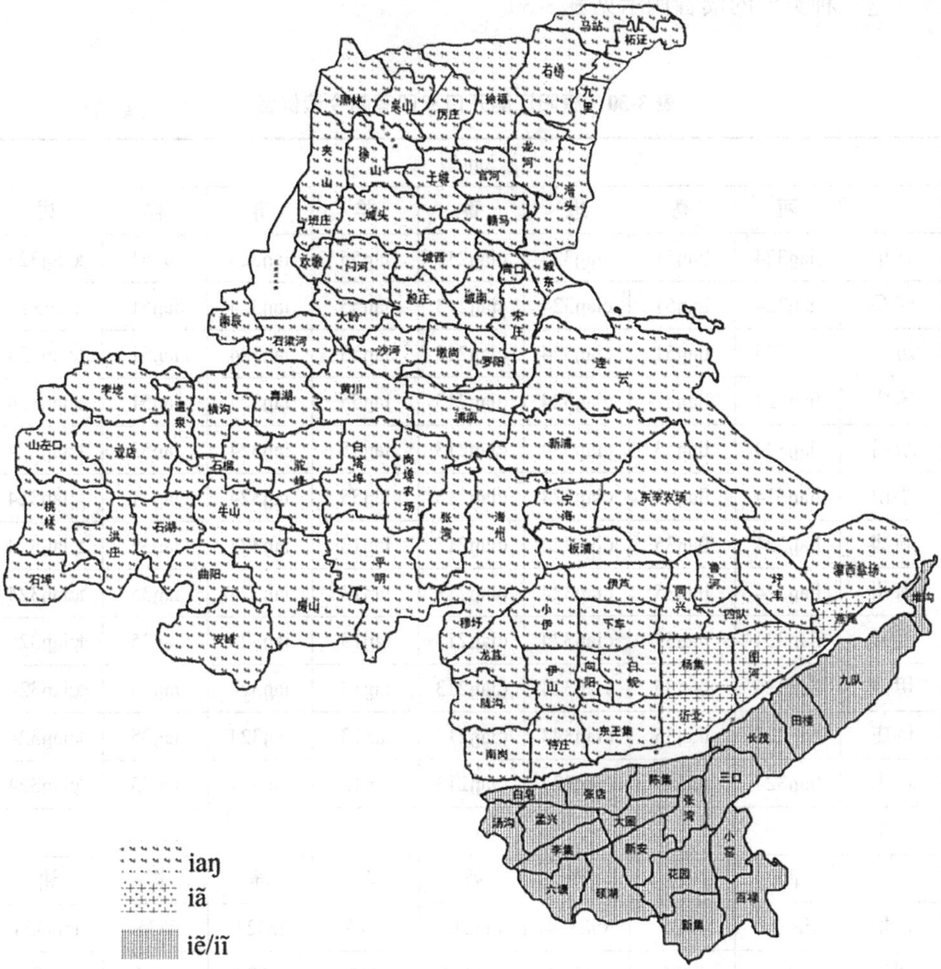

图 3-20 宕江摄今读类型分布

处于 iaŋ 型和 iĩ/iẽ 型地区中间；语音表现上，这一类型的唐阳江韵的主元音与 iaŋ 型相同，而鼻化形式却同于 iĩ/iẽ 型，因而，iã 型是一种过渡的音读类型。

宕、江两摄开口三、四等韵的今读分布，从北向南的明显特点是：阳声韵尾渐渐消失，后鼻音韵弱化为鼻化韵；主元音开口逐渐降低 a—e—ɪ；音节长度明显缩小 iaŋ—iã/iẽ/iĩ。灌云东南部的杨集、沂北、图河、燕尾几个乡镇形成了一条狭长的地带，这一条状地带，宕、江摄开口三、四等韵读为 iã，兼有南北的语音特点。

这三种类型的读音例示见表 3-30。

表 3-30 唐阳江韵开口三四等韵今读例音

iaŋ 型								
	两	**亮**	**想**	**香**	**羊**	**养**	**样**	**讲**
九里	liaŋ324	liaŋ51	ɕiaŋ324	ɕiaŋ213	iaŋ55	iaŋ324	iaŋ51	tɕiaŋ324
赣马	liaŋ324	liaŋ51	ɕiaŋ324	ɕiaŋ213	iaŋ55	iaŋ324	iaŋ51	ciaŋ324
厉庄	liaŋ324	liaŋ51	ɕiaŋ324	ɕiaŋ213	iaŋ55	iaŋ324	iaŋ51	tɕiaŋ324
班庄	liaŋ324	liaŋ51	ɕiaŋ324	ɕiaŋ213	iaŋ55	iaŋ324	iaŋ51	tɕiaŋ324
墩尚	liaŋ324	liaŋ53	ɕiaŋ324	ɕiaŋ213	iaŋ35	iaŋ324	iaŋ53	tɕiaŋ324
牛山	liaŋ324	liaŋ41	ɕiaŋ324	ɕiaŋ213	iaŋ55	iaŋ324	iaŋ41	tɕiaŋ324
新浦	liaŋ324	liaŋ35	ɕiaŋ324	ɕiaŋ213	iaŋ13	iaŋ324	iaŋ35	tɕiaŋ324
海州	liaŋ324	liaŋ35	ɕiaŋ324	ɕiaŋ213	iaŋ13	iaŋ324	iaŋ35	tɕiaŋ324
连云	liaŋ324	liaŋ35	ɕiaŋ324	ɕiaŋ213	iaŋ13	iaŋ324	iaŋ35	tɕiaŋ324
伊山	liaŋ324	liaŋ35	ɕiaŋ324	ɕiaŋ213	iaŋ13	iaŋ324	iaŋ35	tɕiaŋ324
侍庄	liaŋ324	liaŋ35	ɕiaŋ324	ɕiaŋ213	iaŋ13	iaŋ324	iaŋ35	tɕiaŋ324
圩丰	liaŋ324	liaŋ35	ɕiaŋ324	ɕiaŋ213	iaŋ13	iaŋ324	iaŋ35	tɕiaŋ324
iã 型								
	两	**亮**	**想**	**香**	**羊**	**养**	**样**	**讲**
杨集	liã324	liã35	ɕiã324	ɕiã213	iã13	iã324	iã35	tɕiã324
图河	liã324	liã35	ɕiã324	ɕiã213	iã13	iã324	iã35	tɕiã324
iẽ/iĩ型								
	两	**亮**	**想**	**香**	**羊**	**养**	**样**	**讲**
陈集	liẽ324	liẽ35	ɕiẽ324	ɕiẽ213	iẽ13	iẽ324	iẽ35	tɕiẽ324
三口	liĩ33	liĩ35	ɕiĩ33	ɕiĩ21	iĩ13	iĩ33	iĩ35	tɕiĩ33
九队	niẽ42	niẽ35	ɕiẽ42	ɕiẽ21	iẽ13	iẽ42	iẽ35	tɕiẽ42 kã42
六塘	liẽ42	liẽ35	ɕiẽ42	ɕiẽ21	iẽ13	iẽ42	iẽ35	tɕiẽ42 kã42

续表

iẽ/iĩ型								
	两	**亮**	**想**	**香**	**羊**	**养**	**样**	**讲**
长茂	niĩ42	niĩ35	ɕiĩ42	ɕiĩ21	iĩ13	iĩ42	iĩ35	tɕiĩ42 tɕiã42
李集	liẽ42	liẽ35	ɕiẽ42	ɕiẽ21	iẽ13	iẽ42	iẽ35	tɕiẽ42 kã42
新集	liẽ42	liẽ35	ɕiẽ42	ɕiẽ21	iẽ13	iẽ42	iẽ35	tɕiẽ42

宕、江两摄中古时期已经合并，主元音舌位偏低且为后鼻音韵，这一时期的语音面貌在 iaŋ 型地区以及大多数官话地区较好地保存着。iã/iẽ/iĩ型地区，虽然宕江两摄读音依然合为一类，但开口三四等韵鼻化，从而与咸山两摄开口三、四等韵混合。宕江鼻化的情况也见于南邻的地区，见表 3-31。

表 3-31

宿迁	宕江摄不论等呼和开合全部并入咸山摄为鼻化韵
响水盐城	宕江开口三、四等韵鼻化，同咸山摄
盐都盐城	宕江演化更彻底，鼻音完全脱落为阴声韵
射阳盐城	宕江演化更彻底，鼻音完全脱落为阴声韵

说明：宿迁、盐都、射阳材料引自《江苏省志 · 方言志》(鲍明炜等，1998)。

语音系统中的各种异读形式都是语言历史形态的体现，这些音读形式的地理分布能反映语言的演变。从“讲”在各地的读音，可大致推断出它的演变路径。

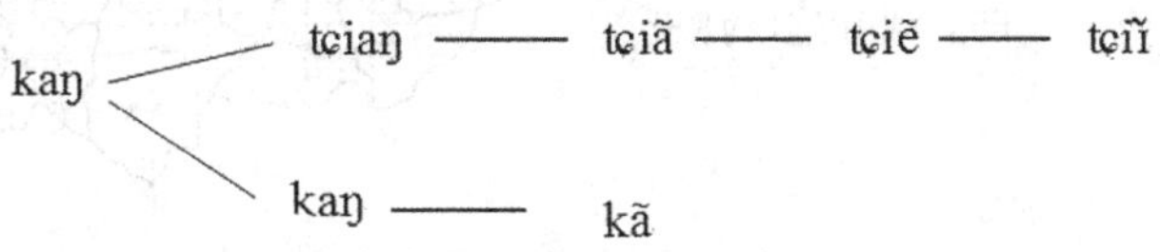

(二)咸山、宕江摄鼻化韵的类型与分布

咸山、宕江四摄阳声韵鼻音表现各不相同，存在地理分布的差异。在连云港中南部地区，咸山两摄不分等呼基本均已鼻化，而在北部地区读音已经弱化。宕江两摄阳声韵在中北部地区后鼻音韵尾-ŋ保留完整，但在南部地区，开口三四等韵存在鼻化且并入咸山摄的语音现象。这四个韵摄均存在鼻化的现象，将其分为两种类型讨论：仅咸山鼻化和咸山宕江均鼻化，具体分布见图 3-21。

图 3-21　咸山宕江摄鼻化韵今读类型分布

连云港北部赣榆至南部的新浦、灌云，仅咸山两摄为鼻化韵，其他阳声韵保留完整的鼻音韵尾；灌云南部和灌南，宕江摄开口三、四等韵并入咸山摄，同为鼻化韵。以部分点“竿、间、讲”三字为例说明如表 3-32。

表 3-32

	赣马	李埝	张湾	新浦	朝阳	伊山	杨集	陈集	六塘
竿	kã^{n}	kã	kã	kã	kã	kã	kã	kã	kã
间	tɕiã^{n}	tɕiã	tɕiɛ̃	tɕiɛ̃	tɕiɛ̃	tɕiɛ̃$_{文}$ kã$_{白}$	tɕiẽ$_{文}$ kã$_{白}$	tɕiĭ$_{文}$ kã$_{白}$	tɕiĭ$_{文}$ kã$_{白}$
讲	tɕiaŋ	tɕiaŋ	tɕiaŋ	tɕiaŋ	tɕiaŋ	tɕiaŋ	tɕiã tɕiɛ̃	tɕiĭ/tɕiẽ$_{文}$ kã$_{白}$	tɕiĭ/tɕiẽ$_{文}$ kã$_{白}$

由表 3-32 可知，灌南地区鼻化韵的特点是不论等呼，主元音高化的音变势力较强，开口二等咸、谈、山、删韵今读入三四等盐、严、添、仙、先韵，开口一等覃、谈、寒韵也不例外；宕摄开口三等阳韵见系字、江摄开口三等江韵见系字元音普遍高化为 iẽ 或 iĭ，高于开口一、二等韵以及合口韵 iaŋ/uaŋ 的元音。

咸山、宕江鼻化韵地理分布的差异，反映了语言演变的顺序，体现出方言分布类型间的过渡性和方言演变的渐进性。

三、深臻、曾梗摄

（一）深臻、曾梗摄分混的今读类型和分布

各地深臻、曾梗摄鼻音韵尾的具体形式不同，有的地区深臻、曾梗摄分别为前后鼻音韵，有的地区混同为一种鼻音形式。《江苏省和上海市方言概况》提出“第一区二十八点都只有一个鼻音韵尾，北京的 ən 和 əŋ、in 和 iŋ 都不分。这点跟第二区、第三区的相同”。

连云港地区，深臻、曾梗摄有几种今读形式：in、ən、uən，iŋ、əŋ、uŋ，鼻韵尾都保留，鼻化情况未见。部分地区分读前、后鼻音韵两种，部分地区混同为

前鼻音 in、ən 或者后鼻音 iŋ、əŋ。因而，连云港地区，深臻、曾梗摄今有三种类型：-n/-ŋ 型、-n 型、-ŋ 型。这三种音读类型的地理分布情况见图 3-22。

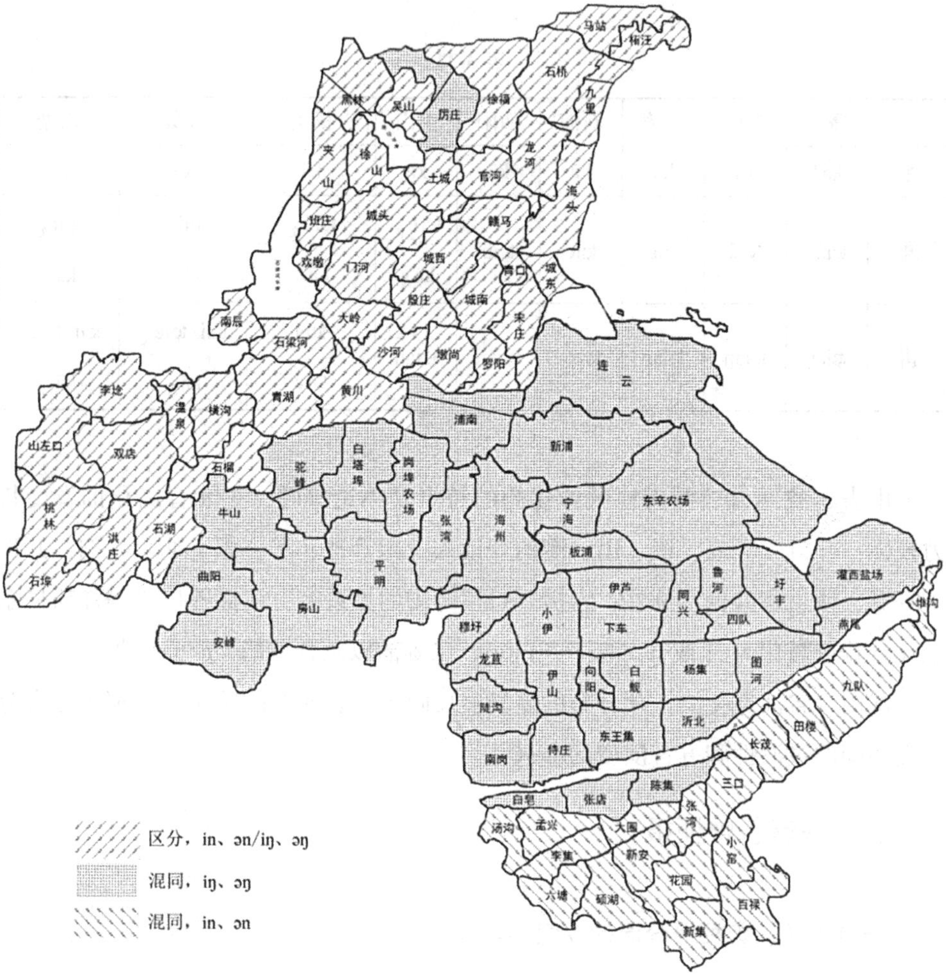

图 3-22　深臻曾梗摄今读类型分布

由图 3-22 可以看出，深臻、曾梗四摄，赣榆厉庄深臻并入曾梗今读后鼻音，而周边的其他赣榆乡镇完全区分，北邻的临沂莒南、郯城、日照等地也区分前、后鼻音韵；而混同的地区主要是江淮官话区，北部混同的主要形式是后鼻音韵 iŋ、əŋ、uəŋ，而南端灌南混同为前鼻音韵 in、ən、uən，南邻的响水、涟水等地，深臻曾梗四摄也混同为前鼻音韵，见表 3-33。

表 3-33

涟水	成 tsʰən、生 sən、静 tɕin、坑 kʰən
响水	星 ɕin、听 tʰin、能 nən、剩 ʂən

读音情况见表 3-34。

表 3-34　深臻曾梗摄今读例音

-n/-ŋ 型								
	宾	兵	民	明	身	升	亲	青
马站	pin213	piŋ213	min55	miŋ55	ʃiən213	ʃiəŋ213	tθʰiən213	tθʰiəŋ213
赣马	pin213	piŋ213	min55	miŋ55	ʃiən213	ʃiəŋ213	tθʰiən213	tθʰiəŋ213
青口	pin213	piŋ213	min55	miŋ55	ʃin213	ʃiŋ213	tsʰin213	tsʰiŋ213
浦南北	pin213	piŋ213	min35	miŋ35	ʂəŋ213	ʂəŋ213	tɕʰin213	tɕʰiŋ213
-ŋ 型								
	宾	兵	民	明	身	升	亲	青
厉庄	piŋ213	piŋ213	miŋ55	miŋ55	ʂəŋ213	ʂəŋ213	tθʰiŋ213	tθʰiŋ213
牛山	piŋ213	piŋ213	miŋ55	miŋ55	ʂəŋ213	ʂəŋ213	tɕʰiŋ213	tɕʰiŋ213
驼峰北	piŋ213	piŋ213	miŋ13	miŋ13	ʂəŋ213	ʂəŋ213	tɕʰiŋ213	tɕʰiŋ213
白塔	piŋ213	piŋ213	miŋ13	miŋ13	ʂəŋ213	ʂəŋ213	tɕʰiŋ213	tɕʰiŋ213
浦南南	piŋ213	piŋ213	miŋ13	miŋ13	ʂəŋ213	ʂəŋ213	tɕʰiŋ213	tɕʰiŋ213
新浦	piŋ213	piŋ213	miŋ13	miŋ13	ʂəŋ213	ʂəŋ213	tɕʰiŋ213	tɕʰiŋ213
海州	piŋ213	piŋ213	miŋ13	miŋ13	ʂəŋ213	ʂəŋ213	tɕʰiŋ213	tɕʰiŋ213
伊山	piŋ213	piŋ213	miŋ13	miŋ13	ʂəŋ213	ʂəŋ213	tɕʰiŋ213	tɕʰiŋ213
侍庄	piŋ213	piŋ213	miŋ13	miŋ13	ʂəŋ213	ʂəŋ213	tɕʰiŋ213	tɕʰiŋ213
杨集	piŋ213	piŋ213	miŋ13	miŋ13	ʂəŋ213	ʂəŋ213	tɕʰiŋ213	tɕʰiŋ213
图河	piŋ213	piŋ213	miŋ13	miŋ13	ʂəŋ213	ʂəŋ213	tɕʰiŋ213	tɕʰiŋ213

续表

-ŋ 型								
	宾	**兵**	**民**	**明**	**身**	**升**	**亲**	**青**
陈集	piŋ213	piŋ213	miŋ13	miŋ13	ʂəŋ213	ʂəŋ213	tɕʰiŋ213	tɕʰiŋ213
-n 型								
	宾	**兵**	**民**	**明**	**身**	**升**	**亲**	**青**
三口	pin21	pin21	min13	min13	sən21	sən21	tɕʰin21	tɕʰin21
九队	pin21	pin21	min13	min13	sən21	sən21	tɕʰin21	tɕʰin21
堆沟	pin21	pin21	min13	min13	sən21	sən21	tɕʰin21	tɕʰin21
六塘	pin21	pin21	min13	min13	sən21	sən21	tɕʰin21	tɕʰin21
长茂	pin21	pin21	min13	min13	ʂən21	ʂən21	tɕʰin21	tɕʰin21
李集	pin21	pin21	min13	min13	sən21	sən21	tɕʰin21	tɕʰin21
新集	pin21	pin21	min13	min13	sən21	sən21	tɕʰin21	tɕʰin21
响水	pin41	pin41	min24	min24	sən41	sən41	tɕʰin41	tɕʰin41
涟水	pin31	pin31	min35	min35	sən31	sən31	tɕʰin31	tɕʰin31

(二)臻摄合口一等端系今读分布

臻摄合口一等端系字，今全境均为开口韵，介音 u 丢失；臻摄合口三等谆韵泥来母字今也同于魂韵端系，读开口韵。王洪君(1999)指出 t 与 u 发音时，喉部一紧一松，是两个相互排斥的音，介音 u 会使声母与主元音 ə 之间的衔接不够自然，不符合音节组合和谐的规则，因而容易脱落。

虽然连云港境内臻摄合口一等端系以及合口三等泥来母字今均为开口韵，但鼻音韵尾的具体形式不同，北部为前鼻音-n，中部为后鼻音-ŋ，南部为前鼻音-n，具体分布可见图 3-22。连云港周围地区，这两类臻摄字的韵尾表现见表 3-35。

表 3-35

北	日照	开口，鼻化
	莒南	合口，鼻化

续表

西	郯城	合口，鼻化
南	响水	开口，前鼻音
	涟水	开口，前鼻音

臻摄合口一等端系以及合口三等泥来母字，连云港北部赣榆(除厉庄)，与北邻的日照地区同为开口韵，异于莒南；西边的东海县，今为开口后鼻音韵，与西邻的郯城不同；中部东海、新浦、海州、连云和灌云一大片地区以及赣榆厉庄，臻摄合口一等端系以及合口三等泥来母字，受深臻曾梗摄今混读后鼻音韵的影响，都为开口后鼻音韵，与周围的开口前鼻音韵均不同，这一种方言现象的成因尚难合理解释。南部的灌南县，臻摄合口一等端系以及合口三等泥来母字为开口前鼻音韵，与南邻的响水、涟水今读类型相同。

臻摄合口一等端系以及合口三等泥来母字，韵母今读的几种类型，例示见表3-36。

表3-36 臻摄合口一等端系今读例音

	饨馄~	村	孙	顿	嫩	寸
日照	tẽ21	tθʰẽ213	θẽ213	tẽ21	lẽ21	tθʰẽ21
莒南	tuẽ21	tθʰuẽ213	suẽ213	tuẽ21	luẽ21	tθʰuẽ21
郯城	tuə̃41	tsʰuə̃213	suə̃213	tuə̃41	luə̃41	tsʰuə̃41
九里	tən51	tθʰən213	θən213	tən51	nən51	tθʰən51
官河	tən51	tsʰən213	sən213	tən51	nən51	tsʰən51
厉庄	təŋ51	tθʰəŋ213	θəŋ213	təŋ51	nəŋ51	tθʰəŋ51
牛山	təŋ41	tʂʰəŋ213	ʂəŋ213	təŋ41	ləŋ41	tʂʰəŋ41
驼峰北	təŋ35	tsʰəŋ213	səŋ213	təŋ35	nəŋ35	tsʰəŋ35
安峰	təŋ35	tsʰəŋ213	səŋ213	təŋ35	nəŋ35	tsʰəŋ35
新浦	təŋ35	tʂʰəŋ213	ʂəŋ213	təŋ35	ləŋ35	tʂʰəŋ35

续表

	饨馄~	村	孙	顿	嫩	寸
海州	təŋ35	tʂʰəŋ213	ʂəŋ213	təŋ35	ləŋ35	tʂʰəŋ35
圩丰	təŋ35	tʂʰəŋ213	ʂəŋ213	təŋ35	ləŋ35	tʂʰəŋ35
杨集	təŋ35	tʂʰəŋ213	ʂəŋ213	təŋ35	ləŋ35	tʂʰəŋ35
陈集	təŋ35	tʂʰəŋ213	ʂəŋ213	təŋ35	ləŋ35	tʂʰəŋ35
新集	tən35	tsʰən21	sən21	tən35	nən35	tsʰən35
六塘	tən35	tsʰən21	sən21	tən35	nən35	tsʰən35
九队	tən35	tsʰən21	sən21	tən35	nən35	tsʰən35
响水	tən55	tsʰən41	sən41	tən55	nən55	tsʰən55
涟水	tən55	tsʰən31	sən31	tən55	nən55	tsʰən55

（三）“硬”今读类型和分布

硬，古为梗摄开口二等庚韵疑母字。硬，今有多种音读形式：iŋ、ən、əŋ、iəŋ，这些语音形式在各地的分布情况并不相同。

iŋ，分布最为广泛，新浦、海州、连云境内以及赣榆、东海和灌云的部分地区均有这一语音形式，中原官话和江淮官话的部分地区均有这种音读形式。

iəŋ，主要分布在中原官话地区的赣榆西部以及东海北部地区，不见于江淮官话地区。

ən 和 əŋ 两个语音形式，主要分布在部分江淮官话地区，鼻音韵尾的形式主要是与当地深臻曾梗摄的混合情况相对应。ən 所分布的灌南地区，深臻曾梗摄今合读前鼻音 in、ən；而 əŋ 所分布的地区，深臻曾梗摄全部合读后鼻音 iŋ、əŋ。

几种类型的分布情况，具体见图 3-23。

“硬”的几种音读形式，ən、əŋ 和 iəŋ 仅在口语音中存在。这几种音读形式是二等庚韵在历史演变过程中几个阶段的读音，见表 3-37。

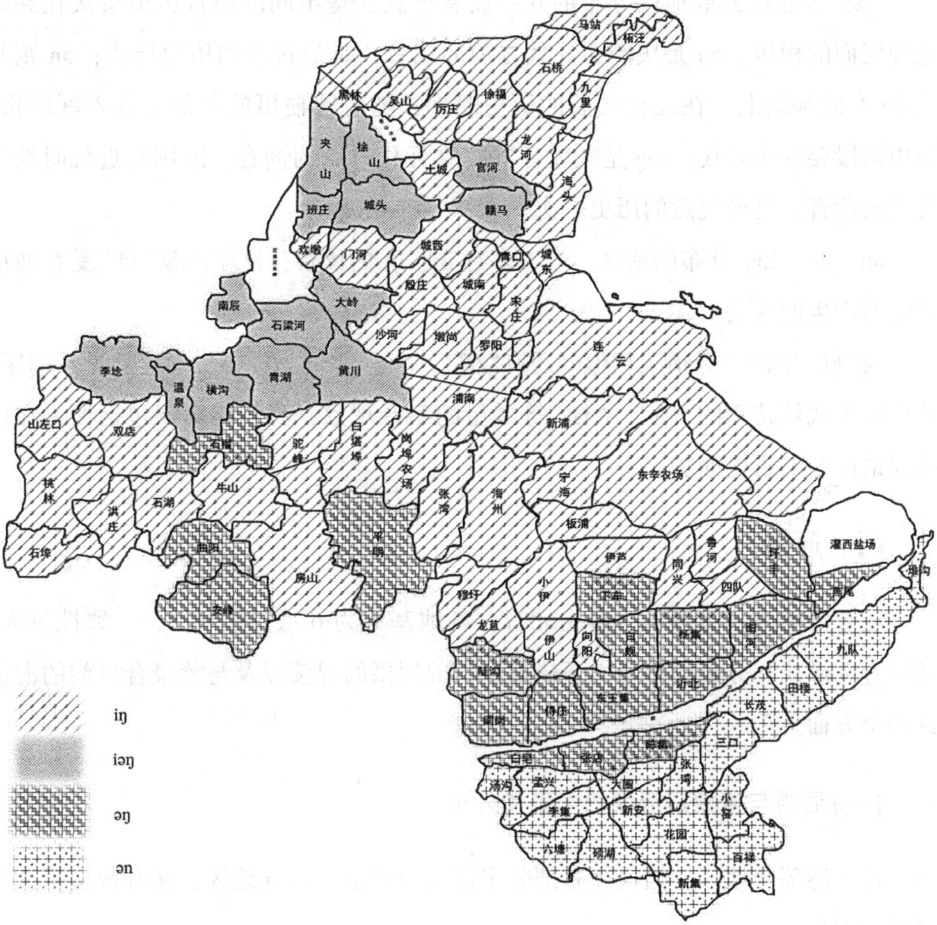

图 3-23　“硬”今读类型分布情况

表 3-37

宋代	庚韵 ɐŋ，未分化
元代	庚音喉牙音与清青韵合为 iəŋ 韵
	庚韵其他字 əŋ 韵
明清	读为 iᵊŋ 韵
近代	庚韵见系 iŋ，后央元音 ə 消失

"硬"今在连云港地区分布的几种读音形式，是不同的语音历史层次在共时地理层面的积压。əŋ 是庚韵在元代之前的读音，是最古老的历史层次；ən 则是在 əŋ 音的基础上，在元代之后的历史时期，随着曾梗摄的其他字并入深臻摄，历史阶段要晚于元代；iəŋ 是喉牙音"硬"在元代时期的读音；iŋ 则是近代时期演变成的读音，是最晚近的历史层次。

ən、əŋ、iəŋ 分布的地区，今大多有 in、iŋ 的读音，这应该是"硬"受普通话影响而产生的音读形式。

与"硬"字的读音情况相似的还有"横"、"行"等同为梗摄二等庚韵见系的字。从今读形式较特殊的"硬"、"横"等零星的字音现象，我们能窥探包括梗摄在内的汉语语音的历史面貌。

四、通摄

连云港境内，通摄各小韵主元音，各地基本为 o 或其变体 ɔ，一致性较大；通摄音读形式和分布的差异主要体现在与曾梗摄的混读以及与臻摄合口韵的混读这两个方面。

（一）通摄与曾梗摄混读的类型和分布

连云港部分地区，通摄今有部分字读同曾梗摄；部分地区，又有曾梗摄读同通摄的现象。

连云港北部的少数乡镇，部分通摄字与曾梗摄字读音相同，如：东 = 灯 təŋ，公 = 耕 kəŋ，穷 = 晴 $tɕ^h$iəŋ，胸 = 星 ɕiəŋ，东方红 təŋ faŋ xəŋ。通摄与曾梗摄混读时的韵摄对应情况见表 3-38。

表 3-38

通摄	条件	曾梗摄	今读
合口一等冬韵	非组、泥来、庄组、见组	开口洪音	əŋ
合口三等东韵			
合口三等钟韵	非组、精组、见组		

续表

通摄	条件	曾梗摄	今读
合口三等东韵	知章组、日、喻	开口细音	iəŋ/iŋ
合口三等钟韵	知章组、日、晓匣、影喻		

通摄与曾梗摄混读的分布，见图 3-24。

图 3-24　通摄、曾梗摄混读分布

通摄混读曾梗摄的地区较少，分散在赣榆北部的几个乡镇，地理分布并没有连成一片。这一语音特征，不仅是在连云港境内呈散点式的分布，在其他地区都未见大片分布。在连云港北部的徐州、莒南、郯城、兰山、莒县，曾梗摄与通摄均区分；但在距离赣榆更远的山东诸城、安丘、胶南等地，又可发现这一语音现象的存在；在连云港境内的中南部地区以及南邻的大片地区，通摄与曾梗摄未见混同的情况。

另外，曾梗摄读同通摄的现象也较特殊，这一读音情况主要分布在连云港中部的新浦、海州、连云、灌云，曾摄开口一等登韵帮组字“崩朋”、梗摄开口二等庚、耕韵帮组字“彭膨猛孟棚萌迸”今读同通摄，为 oŋ 韵。读音例举见表 3-39。

表 3-39

新浦	崩	朋	彭	膨	猛	棚	萌
	poŋ213	p^hoŋ13	p^hoŋ13	p^hoŋ13	moŋ324	p^hoŋ13	moŋ13

通、曾、梗三摄历史上就曾有混合的情况。曾、梗、通三摄从上古至宋《切韵》时都是区分的；《中原音韵》时代，三摄合流，东钟韵包含《切韵》庚梗映、耕耿诤、登等曾梗摄的韵，分别读为合口 uŋ，撮口 iuŋ；清代，三摄合为中东韵，开齐合撮分别读为 əŋ、i^{ə}ŋ、u^{ə}ŋ、y^{ə}ŋ。

虽然今连云港北部曾梗通三摄混读的情况与语音的历史不完全相同，但曾梗通三摄分合的历史能说明三摄间的联系以及混读的可能。今普通话里也保留着三摄曾经混读的痕迹，如：梗摄合口二等晓匣母字“宏轰哄”读同通摄。

(二)臻摄合口与通摄的混读

连云港的一些地区，部分臻摄合口舒声字读同通摄，具体是：见系合口一等和合口三等谆韵、除非组声母外的合口文韵，例字见表 3-40。

臻摄合口混读通摄，主要存在三种音读类型：混读型、部分混读型和区分型。具体的分布见图 3-25。

表 3-40

音韵地位	例字	音
合口一等平声魂韵	昏、婚、魂、馄、浑、温、瘟	oŋ
合口一等上声混韵	滚、捆、混、稳	
合口一等去声恩韵	棍、困	
合口三等平声谆韵	荀、旬、循、巡、椿、春、唇、纯、醇	yŋ
合口三等平声文韵	文、纹、蚊、闻、君、军、群、裙、熏、勋、荤、云	

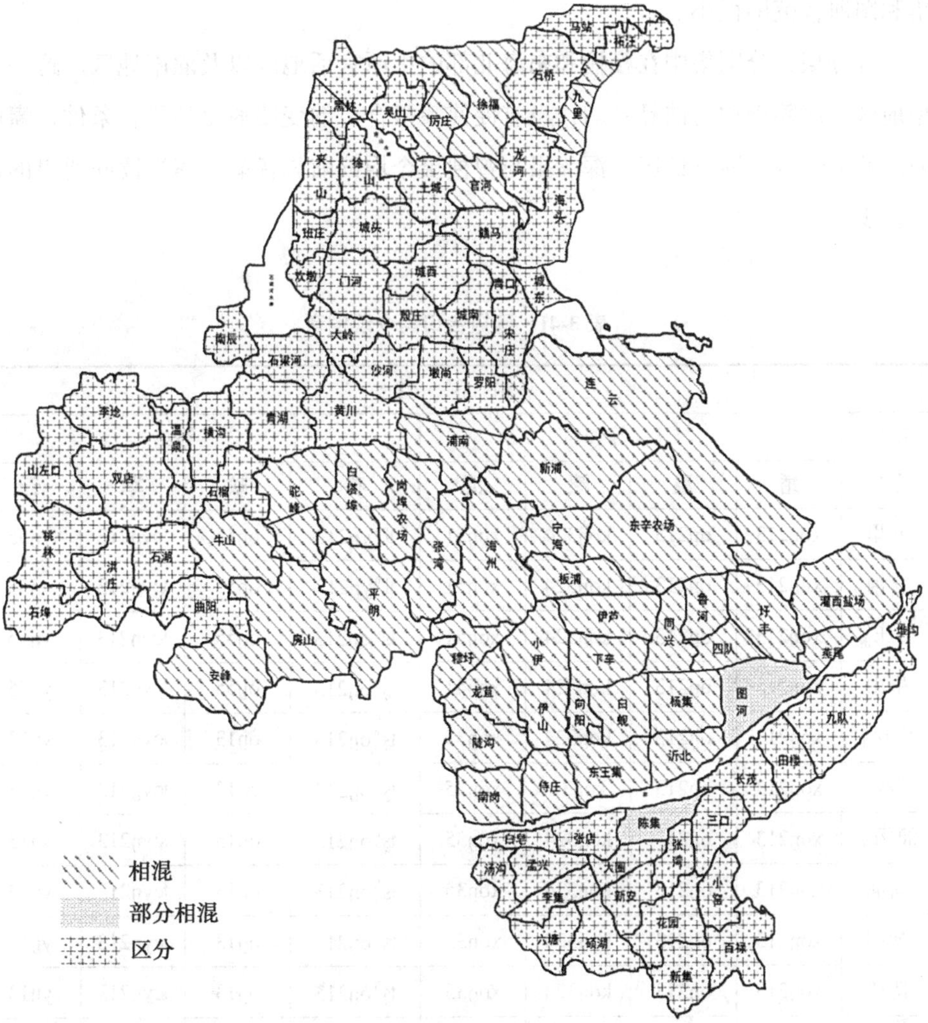

图 3-25　臻摄合口韵今读类型分布

混读型，主要分布在连云港中部的新浦、海州、连云和灌云以及赣榆北部的一小片地区。这一类型地区，深臻、曾梗摄开口韵混读后鼻音。语言变化具有系统性，所以，臻摄见系合口一、三等谆韵以及除非组外的其他文韵字，一同并入曾梗摄，于是有了 kuəŋ、tʂuəŋ、uəŋ 类的音节，音节介音和韵尾发音部位均偏后，央元音 ə 使得音节整体上不协调，发音较吃力，因而 uə 音会在其他音的带动下后移至 o 或者 ɔ 的音上，发音更自然。因而，臻摄合口韵读同通摄。

部分混读型，臻摄、通摄合口舒声仅部分字混读通摄。这一类型仅分布在陈集和图河，范围很小。

区分型，分别集中在赣榆和东海北部的中原官话地区以及灌南地区。这一类型地区，深臻摄均为前鼻音韵，没有促使臻摄合口韵变读通摄的语音条件。灌南南面的大部分江淮官话区，深臻摄与曾梗摄今均读前鼻音韵，臻摄读同通摄的情况较少。

表 3-41 臻摄合口韵今读例音

相混型								
臻摄	一等				三等			
合口	**婚**	**温**	**滚**	**混**	**春**	**蚊**	**军**	**云**
九里	xoŋ213	oŋ213	koŋ324	xoŋ51	ʧʰyŋ213	oŋ55	tɕyŋ213	yŋ55
官河	xoŋ213	oŋ213	koŋ324	xoŋ51	ʧʰyŋ213	oŋ55	tɕyŋ213	yŋ55
厉庄南	xoŋ213	oŋ213	koŋ324	xoŋ51	tʂʰoŋ213	oŋ55	tɕyŋ213	yŋ55
牛山	xoŋ213	oŋ213	koŋ324	xoŋ41	tʂʰoŋ213	oŋ55	tɕyŋ213	yŋ55
驼峰北	xoŋ213	oŋ213	koŋ324	xoŋ35	tʂʰoŋ213	oŋ13	tɕyŋ213	yŋ13
驼峰南	xoŋ213	oŋ213	koŋ31	xoŋ35	tʂʰoŋ213	oŋ13	tɕyŋ213	yŋ13
浦南南	xoŋ213	oŋ213	koŋ324	xoŋ35	tʂʰoŋ213	oŋ13	tɕyŋ213	yŋ13
新浦	xoŋ213	oŋ213	koŋ324	xoŋ35	tʂʰoŋ213	oŋ13	tɕyŋ213	yŋ13
朝阳	xoŋ213	oŋ213	koŋ324	xoŋ35	tʂʰoŋ213	oŋ13	tɕyŋ213	yŋ13
侍庄	xoŋ213	oŋ213	koŋ324	xoŋ35	tʂʰoŋ213	oŋ13	tɕyŋ213	yŋ13
杨集	xoŋ21	oŋ21	koŋ42	xoŋ35	tʂʰoŋ21	oŋ13	tɕyŋ21	yŋ13

续表

区分型								
臻摄合口	一等		三等					
	婚	温	滚	混	春	蚊	军	云
厉庄北	xuən213	uən213	kuən324	xuən51	$tʂ^h$uən213	uən55	tɕyn213	yn55
黑林东	xuən213	uən213	kuən324	xuən51	$tʂ^h$uən213	uən55	tɕyn213	yn55
黑林西	xuən213	uən213	kuən324	xuən51	$tʂ^h$uən213	uən55	tɕyn213	yn55
夹山	xuən213	uən213	kuən324	xuən51	$tʂ^h$uən213	uən55	tɕyn213	yn55
李埝	xuən213	uən213	kuən324	xuən53	$tʂ^h$uən213	uən35	tɕyn213	yn35
安峰	xuən213	uən213	kuən31	xuən35	$tʂ^h$uən213	uən13	tɕyn213	yn13
浦南北	xuən213	uən213	kuən324	xuən53	$tʂ^h$uən213	uən35	tɕyn213	yn35
长茂	xuən21	uən21	kuən42	xuən35	$tʂ^h$uən21	uən13	tɕyn21	yn13
六塘	xuən21	uən21	kuən42	xuən35	$tʂ^h$uən21	uən13	tɕyn21	yn13

(三)“农”读 nu 的分布

农，今连云港部分地区读 nu，主元音为 u。通摄这种特殊的读音情况见于东海北部和赣榆部分地区，分布见图 3-26。

由“农”分布图可知，nu 型，见于东海北部和赣榆的多个地区；noŋ/nuŋ 型，分布范围较大；nəŋ 型，仅见于赣榆石桥这一个点，这一地区通摄与曾梗摄同读 əŋ 韵，所以，“农”读 nəŋ。

“农”的 noŋ/nuŋ 和 nu 两个读音类型，看似没有关联，而且也分布在不同的地区，但其实是语音历史演变不同阶段的反映。“农”是通摄合口一等冬韵泥母字，冬韵的古音为 uŋ，而“农”读 nu，应该是原来的读音 nuŋ，省去鼻音韵尾后的音读形式。nu 音反映了冬韵古为 uŋ 的历史。

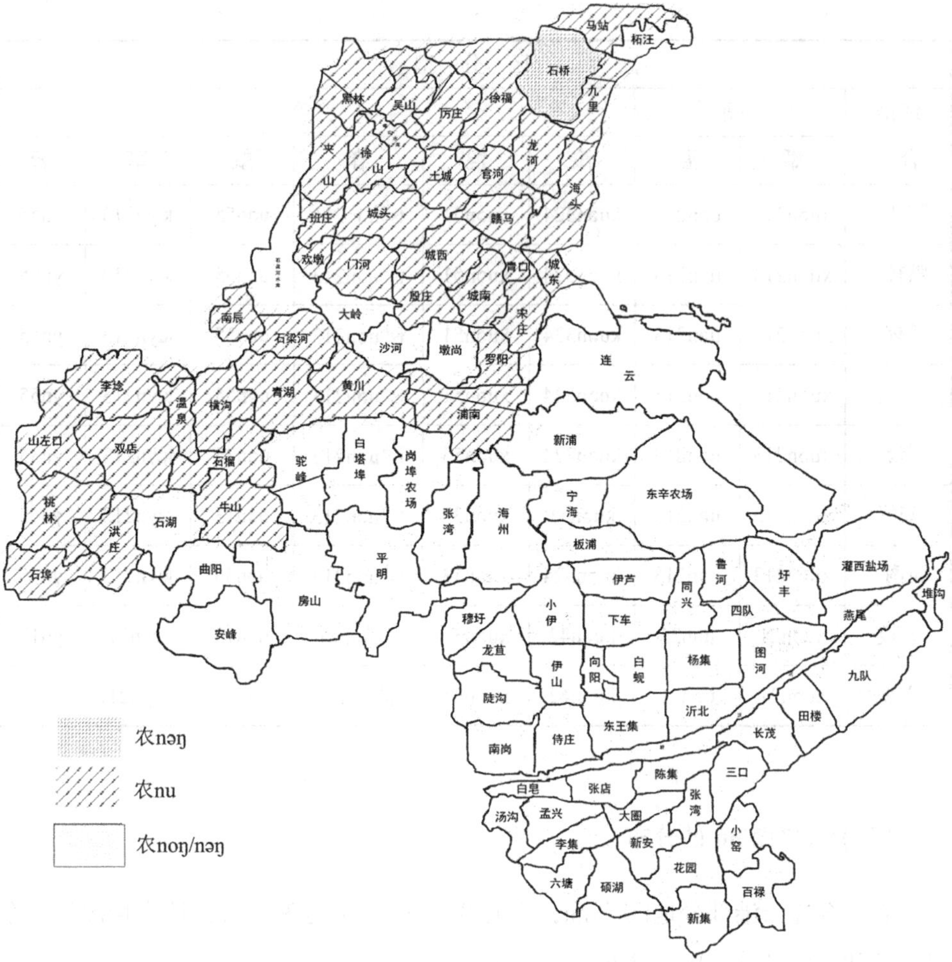

图 3-26　“农”今读分布

第三节　入 声 韵

入声韵是指古以塞音-p、-t、-k 为结尾的韵，分别与咸深、山臻、宕江曾梗通摄阳声韵的-m、-n、-ŋ 尾相对应。入声韵是促声韵，演变至今，有无入声调类、入声分化的具体程度、韵尾的表现、入声时长以及调值等语音特征，各地不尽相同。汉语方言入声韵分布的大致情况是：越往南，入声表现越复杂，与中古音的对应越整齐，调类数量越多，韵尾形式也越多。南方闽、粤等方言中，今入声塞音韵尾仍有留存，入声分阴阳，入声塞音韵尾可见各种形式的演变分合情况；吴语中入声塞音韵尾与阳声韵鼻音韵尾的对应已消失，多已演变成喉塞尾-ʔ，入声依声母清浊分阴阳；而江淮官话中，喉塞尾-ʔ弱化脱落的程度更大，多数地区入声不分阴阳，而且，入声时长变长，舒化趋势明显。

连云港境内南、北部分别为江淮官话和中原官话，入声消失和弱化是一个普遍的语音现象，表现出入声消失的临界状态。下面从入声韵有无、韵尾形式和入声时长等方面来考察入声韵的今读。

一、入声韵的今读和分布

有无入声韵，是区分中原官话和江淮官话最主要的标志，也是江淮官话区别于其他官话最主要的语音特征。

入声韵在连云港地区的分布情况见图3-27。

由图3-27可知入声韵的分布范围。赣榆县境内，没有入声韵存在；东海县境内，入声有无的分界线先由南向北再从西至东继而向东北方向延伸，西北部无入声，而东南部有入声；新浦、海州往南的地区均有入声存在。

保留入声韵的地区，入声韵的语音表现已完全不同于南方闽、粤等汉语方言地区，喉塞尾的保留情况极不稳定，大部分字舒化非常明显，入声韵仅保留独立的调值。

保留入声的地区，一个乡镇范围内可能存在不同，如浦南，浦南南部与新浦靠近，方言里保留入声，而浦南北部与赣榆靠近，入声消失，这是因为语言接触，受到邻近方言影响的结果。

保留入声的地区，入声都不分阴阳且合并为一个入声调类。北部新浦地区，入声舒化，时长变长，入声调值为4，不是非常高；南部地区入声听起来更短促，个别地区入声调值较高。

入声消失的地区，入声全部派入平、上、去三个调类，大致规律是：次浊入字，大部分同清入并入阴平，少数今读去声；全浊入并入阳平。举例如表3-42：

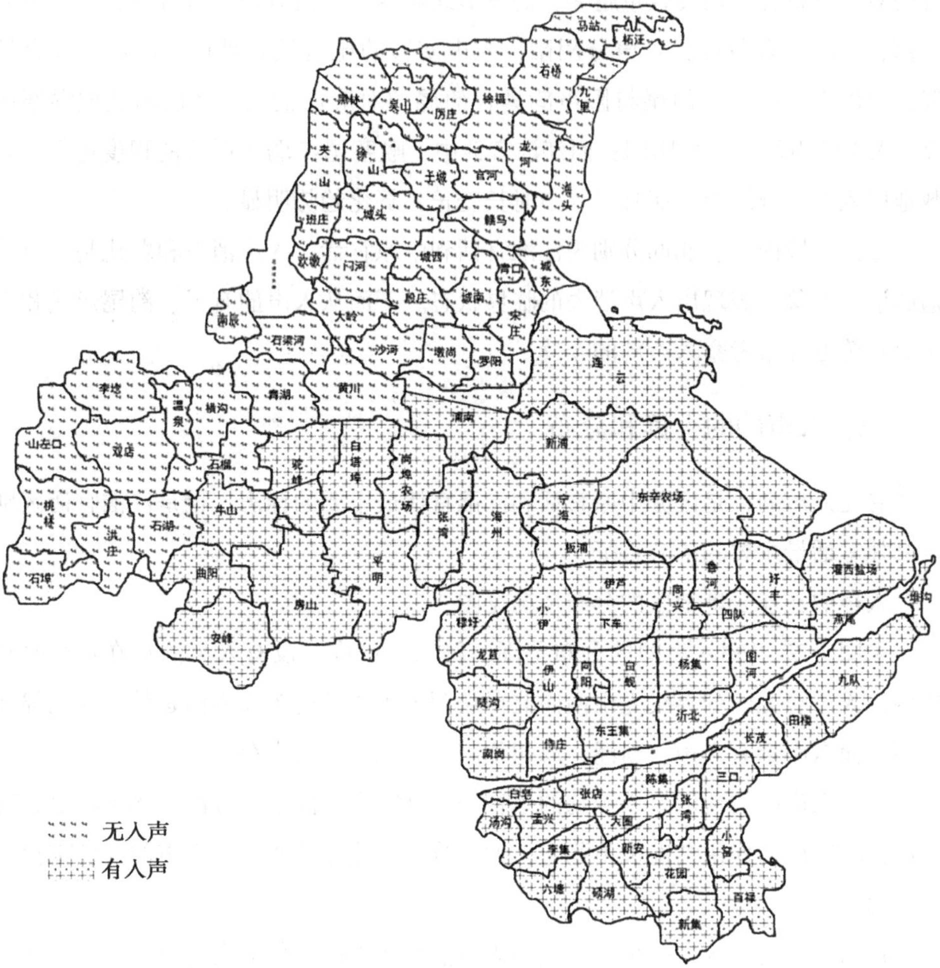

图 3-27　入声韵今读类型分布

表 3-42　中原官话区入声今读例音

	笔	一	割	七	麦	热	活	直
马站	pəi213	i213	kɑ213	tθʰi213	məi213	ie213	xə55	tʂʅ55
九里	pəi213	i213	kɑ213	tθʰi213	məi213	ie213	xə55	tʂʅ55
海头	pəi213	i213	kɑ213	tθʰi213	məi213	ie213	xə35	tʃi35
吴山	pəi213	i213	kɑ213	tθʰi213	məi213	ie213	xə55	tʃi55

续表

	笔	一	割	七	麦	热	活	直
徐福	pəi213	i213	kɑ213	tθʰi213	məi213	ie213	xə55	tsɿ55
厉庄	pəi213	i213	kɑ213	tθʰi213	məi213	ie213	xə55	tsɿ55 tʂʅ55
赣马	pəi213	i213	kɑ213	tθʰi213	məi213	ie213	xə55	tʃi55
青口	pei213	i213	kɑ213	tsʰi213	mei213	ie213	xə55	tʃi55
城头	pəi213	i213	kɑ213	tsʰɿ213	məi213	ie213	xə55	tʃi55
班庄	pəi213	i213	kɑ213	tsʰɿ213 tɕʰi213	məi213	ie213	xə55	tʂʅ55
门河	pəi213	i213	kɑ213	tsʰɿ213	məi213	ie213	xə55	tʃi55
浦南北	pi213	i213	kɑ213	tɕʰi213	mə213	ʐə213	xʊ35	tʂʅ35
石梁河	pi213 pəi213	i213	kɑ213 kə213	tsʰɿ213 tɕʰi213	məi213	iə213	xə35	tʂʅ35
青湖	pəi213	i213	kə213	tɕʰi213	məi35	ʐə35	xə35	tʂʅ35
双店	pəi213	i213	kə213	tɕʰi213	mə213	ʐə213	xə35	tʂʅ35
山左口	pəi213	i213	kə213	tɕʰi213	məi213	ʐə213	xə35	tʂʅ35
桃林	pəi213	i213	kə213	tɕʰi213	məi213	ʐə213	xə35	tʂʅ35
石湖	pəi213	i213	kə213	tɕʰi213	mə213	ʐə213	xə35	tʂʅ35
黄川	pəi213	i213	kɑ213	tɕʰi213	məi213	ie213	xə35	tʂʅ35

对所有入声进行调查发现，各韵摄入声今读，大致分成如下几类：咸山、深臻曾梗、宕江、通。下面分别对这几类入声韵的今读情况进行说明，见表3-43。

表3-43 咸山摄入声韵今读

咸 山			
新集	aʔ、iaʔ/iəʔ/iɪʔ、uaʔ、yəʔ、uoʔ	杨集	aʔ、iaʔ、uaʔ、əʔ、iəʔ、uəʔ、yəʔ
六塘	aʔ、iaʔ/iəʔ/、uaʔ、yəʔ、uoʔ	图河	aʔ、iaʔ、uaʔ、əʔ、iəʔ、uəʔ、yəʔ

续表

咸　山			
长茂	aʔ、iaʔ、uaʔ、iɪʔ、yɪʔ、ʊʔ	圩丰	aʔ、iaʔ、uaʔ、əʔ、ieʔ、uəl、yəl
堆沟	aʔ、iaʔ/iɪʔ、uaʔ、yɪʔ、uoʔ	侍庄	aʔ、iaʔ、uaʔ、əʔ、iəʔ、uəʔ、yəʔ
陈集	aʔ、əʔ、iaʔ/iəʔ、uaʔ、yəʔ、uoʔ	赣马	a、ia、ua、ie、ə、uo、yə
三口	aʔ、iaʔ/ieʔ、uaʔ、yeʔ、uoʔ	厉庄	a、ia、ua、ie、ə、uo、yə
李集	aʔ、iaʔ/iɪl、uaʔ、yɪl、uoʔ	石梁河	a、ia、ua、ie、ə、uo、yə
朝阳	aʔ、iaʔ、əʔ、iəʔ、uəʔ、yəʔ	李埝	a、ia、ua、ie、ə、uo、yə
新浦	aʔ、iaʔ、uaʔ、əʔ、iəʔ、uəʔ、yəʔ		

由表3-43可知，咸山两摄四等俱全，因而语音区别上也更细些。

灌南地区咸山入声韵，今读一致性大些，开口一等除见系外的韵母为aʔ，见系“渴喝合盒鸽”等为əʔ；开口二等韵见系“夹甲掐峡”多为iaʔ，帮非知疑组“鸭”aʔ，长茂二等为ɛʔ；开口三四等各地区有iəʔ/iɪʔ的差异，高化的iɪʔ韵各地基本都有；山摄合口一等“阔活磕拨泼脱夺”读uoʔ，与宕江通摄读音相同；咸摄合口一等和山摄合口二等，今读uaʔ；山摄合口三四等，新集、六塘、陈集和三口读yəʔ韵，长茂、堆沟、九队和李集等地主元音高化为yɪʔ韵。

新浦、海州、朝阳、连云、灌云地区，咸山两摄入声韵基本为aʔ、iaʔ、əʔ、iəʔ(ieʔ)、uəʔ、yəʔ，具体的音值各地有细微差别。开口一等除见系外的韵母为aʔ，见系“渴喝合盒鸽”等为əʔ；开口二等韵见系“夹甲掐峡”多为iaʔ，老派二等见系会读aʔ韵，如：“扎炸夹甲鸭”新浦、朝阳读iəʔ；开口三四等各地区有iəʔ/ieʔ的差异，咸山两摄开口细音未见高化的韵母iɪʔ；山摄合口一等“阔活磕拨泼脱夺”读uəʔ，与宕江摄读音相同；咸摄合口一等和山摄合口二等，今读uaʔ或uəʔ；山摄合口三四等各地基本都读yəʔ韵，未见高化的yɪʔ韵。

赣榆中原官话地区，咸山两摄入声韵基本为a、ia、ə、ie、uə、yə六个韵。开口一等基本为a韵，仅晓匣母字“豁活”韵母为ə；开口二等帮系和知系字韵母为a，见系字为ia韵；开口三四等各地基本为ie韵；山摄合口一等为uo韵；咸摄合口一等和山摄合口二等为ua韵；山摄合口三四等今多为yə韵。除开口一等“喝渴磕割”等见系字、“豁活”等晓匣母开口二等字外，其他字与普通话的读音基本相同。

通过比较可知(见表3-44)，深臻曾梗摄入声韵的今读，江淮官话区较一致。深臻曾摄开口一等、曾梗摄开口三等知系、梗摄开口二等读为 əʔ 韵；深臻开口三等、除知系外的曾梗摄开口三等、梗摄开口四等、梗摄合口三等为 iəʔ 或 iɪʔ 韵；臻曾摄合口一等帮系为 əʔ 韵；臻曾摄合口一等晓组和梗摄合口二等为 uəʔ 韵；臻摄合口三等来母及见组字为 yʔ 韵，"出术物"新浦、杨集、海州读 uəʔ 韵，图河、圩丰、侍庄、朝阳、李集、三口今读 ʊʔ/ʊl 韵，六塘、长茂、堆沟、九队、陈集、新集等地读 uoʔ 韵或 oʔ 韵。

入声消失的中原官话地区，古音的今读大致为：深摄开口三等 i 和 ʅ 韵；臻摄开口三等，"笔"各地均读 ei 韵外，其他字今读 i 和 ʅ 韵；臻摄合口一等为 u 韵，臻摄合口三等 y 韵，知庄章二分的赣榆部分地区为 ɥ 韵；曾摄开口一等"北墨得德肋贼克黑刻"，各地多为 ei，"墨"赣榆多地读为 mi 音，"德克刻"等字今也有 ə 韵音读，这应当是受普通话影响所形成的音；曾摄开口三等今多读 i 和 ʅ 韵；曾摄合口一三等多为 u 韵；梗摄开口二等"百柏伯白择宅窄客麦脉摘责拆册隔革"为 ei 韵；梗摄开口三四等、合口三等今为 i 和 ʅ 韵。

表 3-44　深臻摄入声韵今读

深臻曾梗			
新集	əʔ、uəʔ、iəʔ/iɪʔ、yʔ、oʔ	杨集	əʔ、uəʔ、iəʔ/iɪʔ、yʔ
六塘	əʔ、uəʔ、iəʔ/iɪʔ、yʔ、uoʔ	图河	əʔ、uəʔ、iɪʔ、yʔ、ʊʔ
长茂	əʔ、uəʔ、iɪʔ、yʔ、uoʔ	圩丰	əl、uəl、iɪl、yl、ʊl
堆沟	əʔ、uəʔ、iəʔ/iɪʔ、yʔ、uoʔ	侍庄	əʔ、uəʔ、iɪʔ、yʔ、ʊʔ
陈集	əʔ、uəʔ、iəʔ/iɪʔ、yʔ、uoʔ	赣马	i/ʅ、ei、u、ɥ/y
三口	əʔ、uəʔ、iəʔ/ iɪʔ、yʔ、ʊl	厉庄	i/ʅ、ei、u、ɥ/y
李集	əl、uəl、iəl/iɪl、yʔ、ʊl	石梁河	i/ʅ、ei、u、y
朝阳	əʔ、uəʔ、iəʔ/iɪʔ、yʔ、ʊʔ	李埝	i/ʅ、ei、u、y
新浦	əʔ、uəʔ、iəʔ/iɪʔ、yʔ		

宕江通三摄的音读与分合关系今存在地理分布的差异。首先是有无入声的地理差异；另外，宕江通三摄今读分合也存在地理差异，一种是宕江通三摄今合并，主元音相同，为 o 或 ʊ，这一类型主要集中在灌南地区；一种是宕江合并，主元音为 ə，通摄主元音为 ʊ、u 或 o，这一类型分布于除灌南外的江淮官话和中原官话地区，u 韵仅限于中原官话的通摄。需要说明的是圩丰点的发音人为 70 多岁的男性，宕江两摄读 oʔ、uoʔ、yoʔ，与灌南相同，通摄读 ʊl、yl，却与北部的新浦相同，这种音读情况说明，圩丰入声韵的今读受到南北部的共同影响，所以，表现出这种过渡的语音特征。(见表 3-45)

表 3-45　宕江通摄入声韵今读

宕江通		
新集	宕江通，oʔ、uoʔ、yoʔ	例外：药 iəʔ/yoʔ，角 kaʔ
六塘	宕江通，ɔʔ、uoʔ、yoʔ	例外：药 iəʔ，角 kaʔ/kəʔ
长茂	宕江通，oʔ、uoʔ、yoʔ	例外：药 iəʔ，落 luoʔ/luəʔ
堆沟	宕江通，oʔ、uoʔ、yoʔ	例外：药 iəʔ/iɪʔ，郭 kuaʔ，角 kaʔ
陈集	宕江通，oʔ、uoʔ、yoʔ	
三口	宕江通，ʊʔ/ʊl、yʊl	例外：角 kaʔ
李集	宕江通，ʊʔ/ʊl、yʊl	例外：药 iəl，角 kaʔ
朝阳	宕江 uəʔ、yəʔ；通 ʊʔ、yʔ	
新浦$_{老}$	宕江 uəʔ、yəʔ；通 ʊʔ、yʔ	
杨集	宕江 əʔ、uəʔ、yəʔ；通 ʊʔ、yʔ	
图河	宕江 əʔ、uəl、yəl；通 oʔ、yl	
圩丰	宕江 oʔ、uoʔ、yoʔ；通 ʊl、yl	说明：通摄入声尾为边音-l
侍庄	宕江 əʔ、uəʔ、yəʔ；通 ʊʔ、yʔ	
赣马	宕江 uə、yə；通 u、y	例外：角 ʨia/ʨyə
厉庄	宕江 uə、yə；通 u、y	例外：角 ʨia/ʨyə
石梁河	宕江 uə、yə；通 u、y	
李埝	宕江 uə、yə；通 u、y	

二、入声韵尾

(一)入声韵尾的类型和分布

入声韵尾的有无及音读形式是分析入声韵演变情况的重要依据。入声韵尾的变化往往会成为入声韵进一步变化的起始，入声韵尾的形式差异也是各方言小片区分的一个语音标准。入声韵尾在汉语方言中的分布，总体上反映了入声从古至今演变的各个阶段。

入声消失的地区，入声韵尾自然也消失了；在保留入声的地区，入声韵尾存在脱落-Ø、喉塞尾-ʔ 和边音-l 三种形式，在不同地区存在着叠置的情况。入声韵尾的类型和分布情况，见表 3-46 及图 3-28。

表 3-46

-Ø型	中原官话的地区
-Ø/-ʔ 型	保留入声的其他地区
-Ø/-ʔ/-l 型	灌云(圩丰、杨集、沂北、图河)、灌南(九队、五队、陈集、长茂、六塘、李集、三口、新集)

由图 3-28 可知，入声韵尾类型的地理分布，由北向南，保留的入声韵的语音特征增多，反映的入声韵音变的历史阶段也更久远。新浦地区，入声喉塞尾脱落的程度较大，王萍(2010)对入声喉塞尾的保留情况进行了统计，入声韵今保留的比例为单字 10%，词汇 12%，即使有喉塞尾保留，声学表现也大幅削弱，入声韵喉塞尾的弱化甚至消失使入声韵的音节结构不稳固，减少了许多入声韵舒化以及派入阴声韵的演变所受到的来自音节结构的限制，入声字多可见两读的现象，比如：热 ʐaʔ/ʐəʔ/ʐə，磕 $k^{h}aʔ/k^{h}əʔ/k^{h}uoʔ/k^{h}ə$，角 $kaʔ/k^{h}əʔ$/tɕiaʔ/tɕyəʔ/tɕia/tɕyə/tɕiɔ。

新浦南部的灌云、东部的连云以及西部的海州，不管是单字还是词语中的入声字，听感上都较新浦地区更短促，舒化的程度明显更低，喉塞尾-ʔ 保存的程度

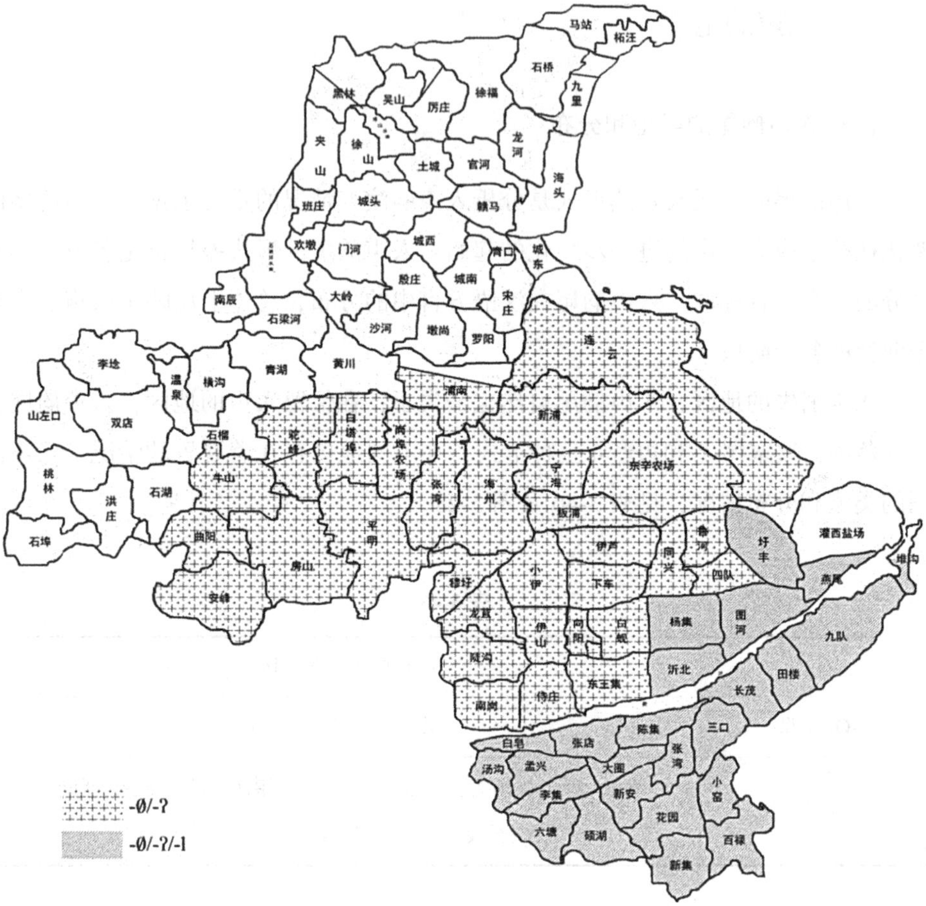

图 3-28　入声韵尾类型分布

也更大些。因为这些地区的外来人口比市区新浦少，人口的流动和接触频率也较低，入声保留的程度要大于新浦。

灌南地区入声韵尾有三种形式：边音-l、喉塞尾-ʔ 和入声韵尾消失的-ø。

韵尾零形式-ø，部分入声字在单念和话语环境中会舒化，脱落喉塞尾，这一部分字的数量很小，多是受普通话影响产生的读音形式，如：肉 zoʔ、zəu。

-l 尾和-ʔ 尾是这一地区入声韵尾存在的主要形式，在入声韵中呈互补分布。调查发现，边音韵尾-l 并非存在于所有韵摄中，在方言中的分布举例如表 3-47。

表 3-47 边音韵尾-l 例示

咸，合三	雪	ɕyəl4	曾，开三	力	liɪl4
山，合三	月	yəl4		食	səl4
深，开三	急	tɕiɪl4		国	kʊl4
	粒	liɪl4	梗，开口	白	pəl4
	拾	səl4		拍	p^{h}əl4
臻，开三	笔	piɪl4		尺	ts^{h}əl4
	蜜	miɪl4		核	xəl4
	日	zəl4		客	k^{h}əl4
臻，合一	突	t^{h}ʊl4	通，合口	绿	lʊl4
	骨	kʊl4		局	tɕyʊl4
曾，开三	逼	piɪl4			

由表 3-47 可知，-l 尾主要见于深、臻、曾、梗摄开口韵字，少数字见于咸、山、臻、通摄合口。边音-l 韵尾入声韵较一致的特点是，韵母的主元音较前、较高，一般为 i、ɪ 和 ə，也有后高元音 ʊ。

连云港入声，由南向北有三种韵尾形式：边音韵尾-l，喉塞尾-ʔ 和零形式-ø。边音韵尾-l 是塞音韵尾全部合并且弱化之后的一个入声阶段；而零形式-ø 则是入声消失过程的最后阶段。这三种形式在不同地方，是交错分布的，并不单独出现在某一个地区。南部主要是边音韵尾-l 和喉塞尾-ʔ 的形式，中部主要是喉塞尾-ʔ，部分入声字韵尾已经脱落，在北部，大部分字韵尾为零形式-ø，仅小部分字还保留喉塞尾-ʔ，如"粥"，新浦已变读 tʂəu213，而其他地方读tʂoʔ4。

入声韵尾在演变的过程中，由繁入简至消失。上古的三个塞音韵尾，与阳声韵整齐地对应，后来，各韵摄入声字逐渐合并为一类，后又整体弱化成喉塞尾，最后喉塞尾消失，入声舒化，入声渐渐派入其他三个声类中。

连云港境内，入声韵尾由北向南的类型分布，似乎再现了入声韵尾所经历的从合并至消失的演变过程。

（二）边音韵尾-l 的形成

边音韵尾-l 是介于塞音尾和喉塞尾之间的一种过渡形式。关于江淮官话入声韵边音韵尾-l 的形成原因，已有的研究认为是由塞音韵尾-t 弱化来的，在入声弱化和发音省力的作用下，-t 韵尾发音时弱化到同部位的边音-l，声带不需要太紧张用力。本书赞同郝红艳（2003）、吴波（2007）对此问题的看法“咸深山臻摄的-p、-t 尾，先合并成-t 尾，后宕江曾梗通部分-k 尾字也并入-t 尾，后入声弱化为边音-l 尾”。入声韵边音-l 尾是塞音韵尾弱化后的一种语音形式。

汉语方言中入声韵尾有多种形式，这能为入声韵历史演变研究提供生动的材料，方言中的差异表现能作为判断入声韵演变的依据。边音韵尾-l 今读存在年龄差异，灌南新集的两个发音人：一个 70 多岁，一个 40 多岁，70 多岁老人的语音中还有明显的边音韵尾，但 40 多岁中年人的口音中已基本没有边音韵尾了。在教育、人口流动等因素的影响下，语言接触增多，中青年人常年在外地学习或工作，他们的方言受到普通话和其他方言的影响更多；而老年人外出的经历并不多，方言保存得更好，所以，两个年龄段的人方言表现存在差异。

第四章　声调类型与分布

第一节　声 调 系 统

声调系统发展演变，较声母和韵母系统，更为规整，地区间的一致性也较强。因为汉语是一种声调型语言，声调有区别意义的作用，交际的顺利进行需要稳定的声调系统。另外，每一个调类所辖的字，数量较声类、韵摄更多，声调系统性的演变往往会带动声韵系统的相应调整，所以声调系统的演变过程所经历的时间更长。

连云港地区各方言点调类数量的差异在于是否有入声，这一地区主要是四类(阴平、阳平、上声、去声)和五类(阴平、阳平、上声、去声、入声)的区别。中古平、上、去三个调类今分合演变情况大致相同，古平声依声母清浊分阴阳，全浊上归去，这些音变规律各点基本相同。入声留存和演变情况不同，江淮官话区入声独立成类，不分阴阳；中原官话区入声全部派入平上去三个调类中，大致规律是“清入和次浊入归入阴平，全浊入归入阳平，少数次浊入归入去声”。

一、声调系统结构类型分布

各方言点声调系统归纳起来大致有三种类型，地理分布也有一定的规律，具体见表 4-1 及图 4-1。

各地具体调值存在一些差异，可能与所调查的发音人有关。

213/55(35)/324/51(53、41)型，主要分布在赣榆全境和东海北部地区，下文简称北部型。

表 4-1

<table>
<tr><td colspan="2" rowspan="4">中原官话</td><td>阴平 213</td><td rowspan="4">海头、石桥、墩尚、沙河、黄川阳平为 35，去声为 53，牛山去声为 41</td></tr>
<tr><td>阳平 55(35)</td></tr>
<tr><td>上声 324</td></tr>
<tr><td>去声 51(53、41)</td></tr>
<tr><td rowspan="10">江淮官话</td><td rowspan="5">类型Ⅰ</td><td>阴平 213</td><td rowspan="10">东海安峰上声为降调 31
驼峰北部和南部上声分别为 324 和 31
灌南、三口上声为 33。</td></tr>
<tr><td>阳平 13</td></tr>
<tr><td>上声 324(31)</td></tr>
<tr><td>去声 35</td></tr>
<tr><td>入声 4(34)</td></tr>
<tr><td rowspan="5">类型Ⅱ</td><td>阴平 21</td></tr>
<tr><td>阳平 13</td></tr>
<tr><td>上声 42(33)</td></tr>
<tr><td>去声 35</td></tr>
<tr><td>入声 4</td></tr>
</table>

阳平调，赣榆海头、石桥、墩尚、沙河以及东海黄川记为 35。35 和 55 调，在语流中区别意义的作用不太大。实际上，55 调也并非严格的高平调，听感上声调仍有细微的上升趋势，尤其是单念时声调轻微上升的听感要明显一些。受普通话的影响，中原官话各点阳平读为升调 35 的情况可能会越来越明显。

去声，有 51、53 和 41 三种调值情况，调型相同，所以将其归为一个去声类型。记为 51 这个高降调的地区，音长通常也更长些。51 调和 53 调的差别在于，51 调较 53 调的音长更长，而且动程也更明显些。

阴平调和阳平调的调值和调型，中原官话区各点基本一致。分别为低拐调 213 和中拐调 324。

213/13/324(31)/35/4(34)型和 21/13/42(33)/35/4 型，下文简称中部型和南部型。这两个声调系统结构类型主要分布在江淮官话地区。中部型和南部型在调类的构成和古音来源上相同，入声均独立，但阴平和阳平调值以及入声舒化的程度有差异。

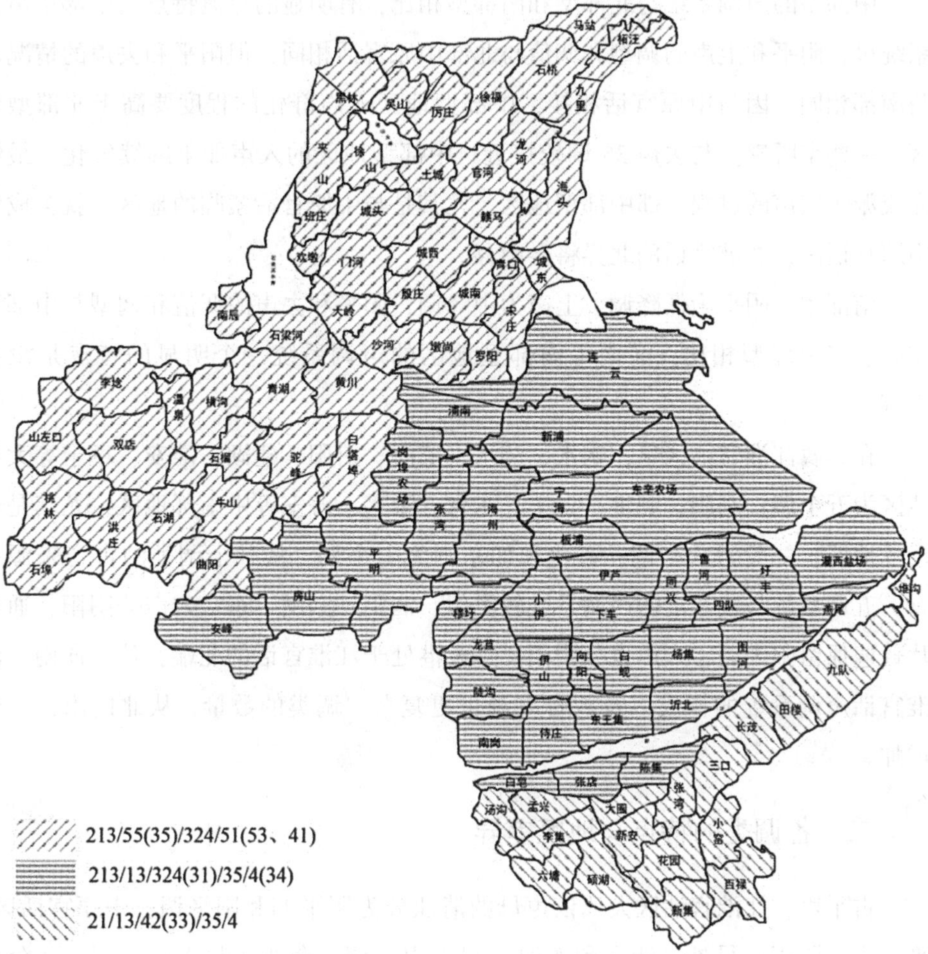

图 4-1　声调系统结构类型分布

上声，驼峰的南部和安峰，上声调为中降调，记为 31；其他点的上声，记为 324。在语流中，上声先降后升的声调走势，有的方言点较明显，有的方言点，上声调听起来像升调，拐调的特征不明显。

入声，除了在灌云、灌南地区的入声字，尤其是边音韵尾-l 的入声字听起来较短促外，其他地区入声调已普遍舒化。灌南地区的各方言点入声调多记作 4，而新浦、东海的入声调则记作 34，因为这一片地区入声舒化的程度非常高，听起来略有升势。

中部型的声调系统与北部型和南部型相比，有明显的过渡特点。中部型声调系统里，阴平和上声的调型和调值与北部中原官话相同，但阳平和去声的情况却与南部相同。因与中原官话相接，中部型地区入声舒化的程度要高于北部型地区。一些字听感上与去声 35 调较接近。中部型地区的入声如果继续舒化，最终完成派入三声的过程，那中部型地区，尤其是与中原官话紧临的地区，就会成为中原官话区，江淮官话的北界将会南移。

南部型，阴平为低降调，上声为中降调，阳平和去声的调值和调型与中部型相同。与中部型相比，灌南等南部型地区的声调系统一个明显的特点是没有拐调。

在苏属江淮官话区里，响水、涟水、滨海、射阳、建湖、淮安、阜宁等大片地区为五个调；泗阳、泗洪、大丰、东台、泰兴、海安等中南部地区，尤其是通泰片地区，一般为六个调；兴化和如东则为七个调。从各个调类的古音来源上看，五调系统与连云港的声调系统较类似，泗阳、泗洪、东台入声分阴阳，通泰片普遍保留阳去调，入声也分阴阳。连云港处于江淮官话的北端，从北向南，江淮官话声调系统的构成以及古音来源也更复杂；调类的数量，从北向南，逐渐增加。

二、各调类的特点与地区差异

古平声，江淮官话区大致依声母的清浊分为阴平调和阳平调；中原官话区，平声也分阴阳，另外，清入和次浊入归入阴声调，全浊入归入阳平调。平分阴阳，是连云港境内各地方言的共同特点。平声的今读情况，与周围地区相同。

阴平调，连云港中北部地区基本为低拐调，这一调型和调值与周边地区相同，如莒南、日照、郯城。调型和调值所示的是一个相对值，是在各方言调域范围内的阴声调分布与调值走势的判断，实际上各方言阴平调的绝对值会不同，如，新浦地区阴平的低拐调就较其他地区更低，尤其是拐点处的调值，听起来似声调断裂，声调语图上也可观察到这种调值中间拐点处并不是连续的，章婷、朱晓农(2012)对这种“嘎裂声”进行了分析，指出“阴平带嘎裂声”，“嘎裂声在长江以北的方言中较少见”。在赣榆、东海等地，阴平调虽然也是低拐调 213，但没有因声调过低而产生的嘎裂现象。灌南地区阴平为低降调 21，与其他地区调值和调型不同。不过，213 或者 21 都是偏低的调值，这个特点与江淮其他地区的阴平调情况相同。

阳平调，江淮官话区内部较一致，均为升调 13，阳平调值在调域中的分布位置总体较低，这也可能与阳平字声母古为浊音有关，受浊音声母的影响，调值一般较低。升调走势与周围的响水、涟水、宿迁、盐城等地相同。中原官话区阳平调值一般为高升调 35 或高平调 55。

上声，古清上和次浊上今归入上声，全浊上归去，全境皆然。上声的调值和调型，灌南为高降调 42，其他地区为拐调 324，但语流中上声听感上近似升调 34 或 35。灌南与西南部的沭阳上声调型相同，与南边的涟水和响水不同。灌南三口镇上声为 33，其他地区为 42，与灌云上声 324 不同。

去声，中原官话和江淮官话今读不同。中原官话为高降调 51，与普通话的调值和调型相似；江淮官话为中升调 35。

入声，新浦、海州等江淮官话中北部地区，入声舒化趋势明显，调值略升，不是短促的高调，多记作 34；灌南入声调，记作 4。

通过对连云港境内声调系统的结构、调值和调型的考察，可以发现，新浦、海州、连云、朝阳、灌云等江淮官话地区，入声独立成类，与入声已派入四声的中原官话区别开来；平声和上声的调值和调型与北部中原官话基本相同，虽然各地可能存在细微的音值差异，但并不影响总体的判断；而阳平和去声的调值和调型又与南部地区相同。因此，连云港中部地区的声调系统兼有南、北部声调系统的特点，具有过渡性。

北部中原官话的入声已全部派入三声中，与普通话里入声情况略有不同。清入，连云港中原官话里今读阴平，而普通话里的分派则无规律；次浊入，连云港中原官话里今分读阴平和去声，而普通话里，转入去声；全浊入的转化情况，连云港中原官话与普通话相同。

第二节　入声调今读表现

入声调，是上古音中就有的一个声调类别，是与入声韵相配的促声调类，与舒声调类相对立。入声调，时长较短，自成一类；依声母的清浊，分阴入和阳入。今汉语南部方言中仍保留上古音的声调系统特点。中古时期，入声已经派入三声，全部消失。在从上古至中古这么长的历史时期内，入声调的语音特征不断消减。

入声调的读音表现，与入声韵的演变相联系。塞音韵尾或喉塞尾保留的入声，因为喉部突然关闭，元音有突然结束的感觉，所以入声听起来短促，时长也短于其他调类；而当塞音韵尾和喉塞尾消失时，韵尾缺少塞音紧喉动作的制约，入声发音时声带较容易松动，从而容易舒化，时长变长，最后，入声调类仅靠调值来标志和限定。

连云港境内的江淮官话地区，入声舒化较明显，仅灌南和灌云东南部地区的入声听起来较短促，因为有边音韵尾，喉塞尾表现也较强。这一片地区，促声较明显的是单元音-ə、-o/-ʊ 韵的入声字。市区新浦声调系统中，入声时长已长于去声，入声与其他三个调类的舒促对立已基本消失。

入声的调值，依据韵尾和舒化的情况，大致有 3 种类型：江淮官话北部型，主要是东海南部的江淮官话地区和新浦区，这一类型地区因为靠近中原官话区，市区内部外来人口众多等原因，语言变化较快，入声喉塞尾大多消失，入声调值为 34，基本接近舒声；中部和南部型，大部分地区入声韵尾为边音-l，舒促又明显，所以可为短促的 4 调。

在入声喉塞尾消失、时长变长的演变之后，仅调值对入声调类的防守不足以阻挡北临的中原官话和普通话的强势影响，入声字已有部分并入平上去三个调类中。通过对新浦方言入声字的全面调查发现，入声字今多有入声和非入声两读，尤其是次浊声母入声字基本已经派入去声。入声字的变化多伴随着韵母的谐同音变。新浦方言入声舒化情况见表 4-2。

表 4-2 入声韵舒化情况例音

肉 ʐoʔ4/ʐəu35	六 loʔ4/liy35	蓄 ɕy35	拉 lɐʔ4/la34/la213
叶 iə34	页 iə34	折 tʂəʔ4/tʂə34	业 iə34
习 ɕiɪ34	辣 lɐ34	擦 tʂʰɐ34/tʂʰa213	割 kɐ34/kə213
瞎 ɕiɐ34	裂 liə34	热 ʐə34	脱 tʰuo213

续表

活 xuo34	雪 ɕyə34	说 ʂuo213	月 yə34
日 ʐə34	一 iɪ34	骨 kuo34	作 tʂʊ34
落 luo34	摸 mʊ213	错 tʂʰʊ35	脚 tɕyo34/tɕyə34
约 yo34/yə34	郭 kuo34	桌 tʂuo34	粥 tʂoʔ4~饭/tʂəu213喝~
黑 xə34	学 ɕyə34	力 liə34	席 ɕiə34/ɕiɪ13

由表 4-2 可知，入声字今舒化的较多，仅保留喉塞尾、短促的入声字今为少数，有的入声字已完全派入了阴平、阳平、上声、去声四个调类中。

第五章　方言地理分布的一致性与差异性

在一定的地域范围内，众多方言特征类型的地理分布，反映了方言间的远与近。本章在大量调查语料的基础上，对连云港地区语音系统各个特征的地理分布进行综合分析，将方言语音情况细分成若干特征项，并据此对连云港地区方言的内部区片划分进行考察。

方言的分布是连续的、渐变的，两个方言区间的界限不是截然分明的。交界地带的方言表现比较复杂，会兼有不同地区的方言特征，很难对其方言归属进行判断。对这些方言的过渡带和过渡点，本章也将进行微观分析。在这些"点"的基础上，更进一步了解方言分布"面"上的情况。

方言分区坚持以方言特征作为标准。根据方言发展的历史情况，学界已有一些方言分区的语言标准。"没有全浊声母"、"没有古塞音韵尾"是学界据以将连云港全境划入官话方言的主要标准。在官话方言里，全浊声母全部清化，只是演变的具体情况各区片方言不完全相同。依据"有无入声"，连云港境内又划分出中原官话(北方方言)和江淮官话。但是，方言特点和划分标准并不是等同的。詹伯慧(1993)提出："每个汉语方言都有一些显示本方言特色的语言现象，我们要进行方言分区，当然首先需要全面调查，掌握住方言中各式各样的特点，尔后选择出来作为分区、归类依据的，就只是其中最具典型性的一部分特点，而无需把一切特点都摆出来。"各小片方言中有区别于外部而对内又有较高一致性的方言特征，通常是由数个方言特征组成的方言特征群。结合连云港各项方言特征的类型和地理分布情况，在各个方言区分别选择一些具有代表性的方言特征项来考察中原官话区和江淮官话区内部方言小片的范围和差异情况。方言特征项在各个方言区的语音表现和分布可能会存在不同，因而它对于方言区片划分的意义也不同。在其他方言区亦非常普遍的语言特点，比如帮母今读、端母今读、全浊声母清化等，此处不再讨论。

不同点之间的方言有的是“近亲”，有的是“远戚”，方言特征的同与异以及分布范围的叠合说明在各个方言区内存在方言小片的差异。在语义学研究中，通过将语义分成若干义素并且运用义素分析法来区别不同的语义场和相互间的关系；在地理语言学研究中，也同样可以通过“语言特征属性表”展示各点方言的语音特征的差异以及语音特征的聚合情况，从而判断各点方言间的亲疏关系、各点方言差异的程度以及方言历史演变的不同方向，据此，进行方言区片的划分。

第一节　中原官话和江淮官话的分界

连云港境内两个方言区的分界地带，已有一些研究依据“有无入声”这一标准作出论断。

《江苏省和上海市方言概况》(1956)按“有无入声”的标准，将徐州一带的北方话区域定为江苏方言第四区，第四区有新沂、赣榆、宿迁；江淮官话定为江苏方言第一区，与连云港相邻的泗洪、泗阳、沭阳、连云港属于江苏方言第一区。当时东海未调查，将沭阳的北界视作江淮话的未定界。

《江苏省志·方言志》中较粗略地介绍了两个方言区的范围，灌南、连云港、东海(县城和东部)和灌云归入江淮方言区，而赣榆和东海(北部)归入北方方言区。书中没有详述江淮官话和北方话的具体分界，通过入声的有无说明江苏境内入声的存在情况，见图5-1。

鲍明炜、颜景常(1985)对江淮话和北方话的分界作了较细致的研究，认为“江淮话和北方话在苏皖两省北部分界。分界的标准是有无入声……”，“北部许多公社带有明显的过渡地带性质”，“沭阳北部、东海南部、泗洪大部，虽有入声这个调类，但都有几十个常用的原入声字变读其他调类”。“两个方言的分界

图 5-1

线，大致说来，是从西南到东北的一条斜线，东西两端都接近东西走向，中间一段接近南北走向。”此研究中北方话和江淮话的分界情况如图 5-2 所示。

由图 5-2 知，北方话与中原话的分界线，穿过东海牛山、石榴、驼峰、白塔、浦南，这几个乡镇内部，各乡镇有无入声的情况并不相同。

本次调查的中原官话和江淮官话分界情况与鲍明炜(1985)的研究基本相同。东海牛山、石榴、驼峰、白塔、浦南这几个乡镇的方言表现出明显的过渡特征，是中原官话与江淮官话的过渡地带。连云港境内中原官话与江淮官话的分界以及过渡地带，如图 5-3 所示。

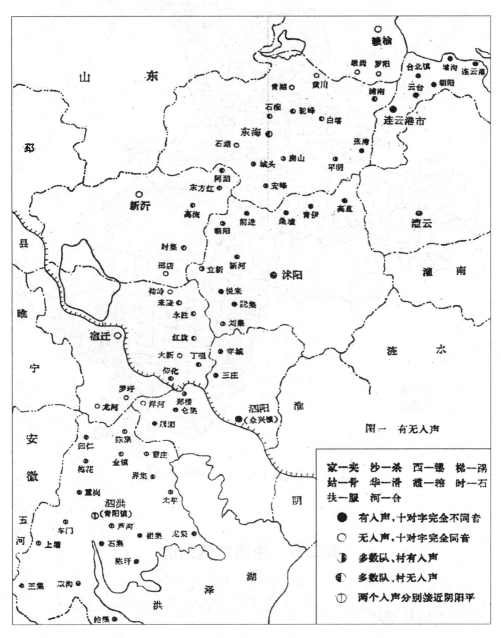

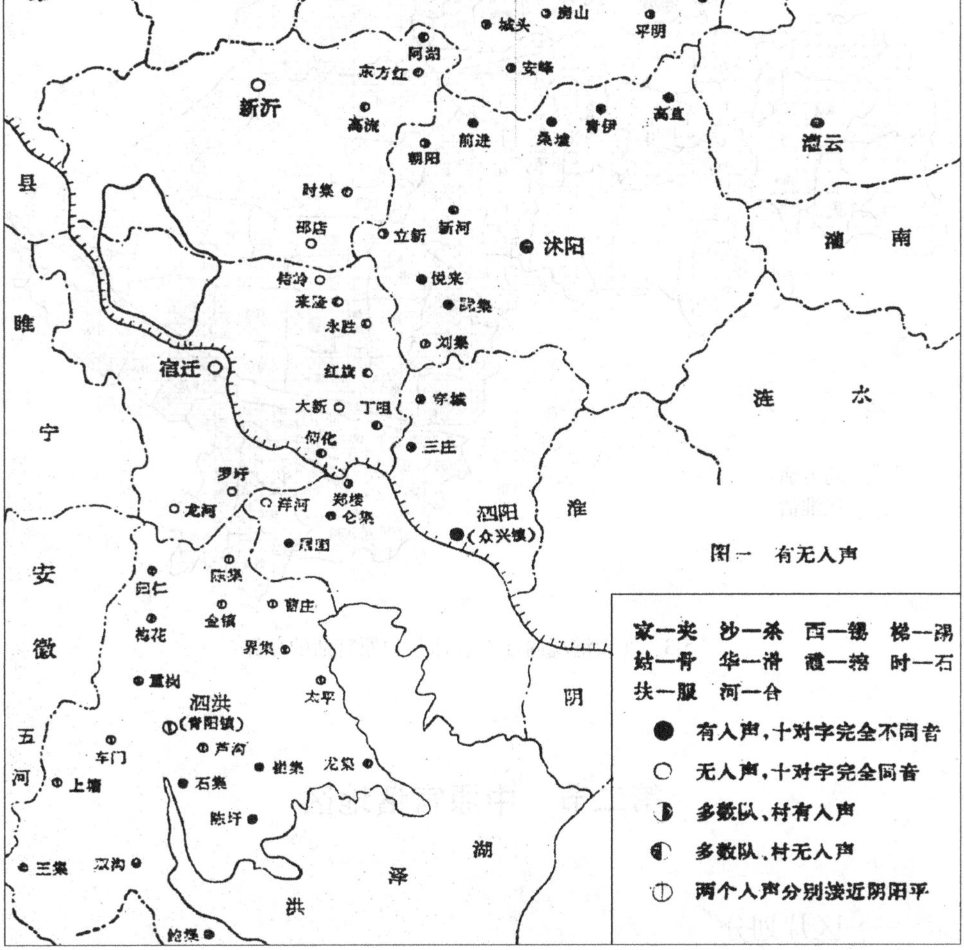
山　东
邳
县
睢
宁
安
徽
五
河
东海
连云港市
新沂
沭阳
宿迁
泗阳
(众兴镇)
泗洪
(青阳镇)
洪
泽
湖
淮
阴
图一　有无入声
家—夹　沙—杀　西—锡　梯—踢
姑—骨　华—滑　霞—辖　时—石
扶—服　河—合
有入声，十对字完全不同音
无入声，十对字完全同音
多数队、村有入声
多数队、村无入声
两个入声分别接近阴阳平

图 5-2

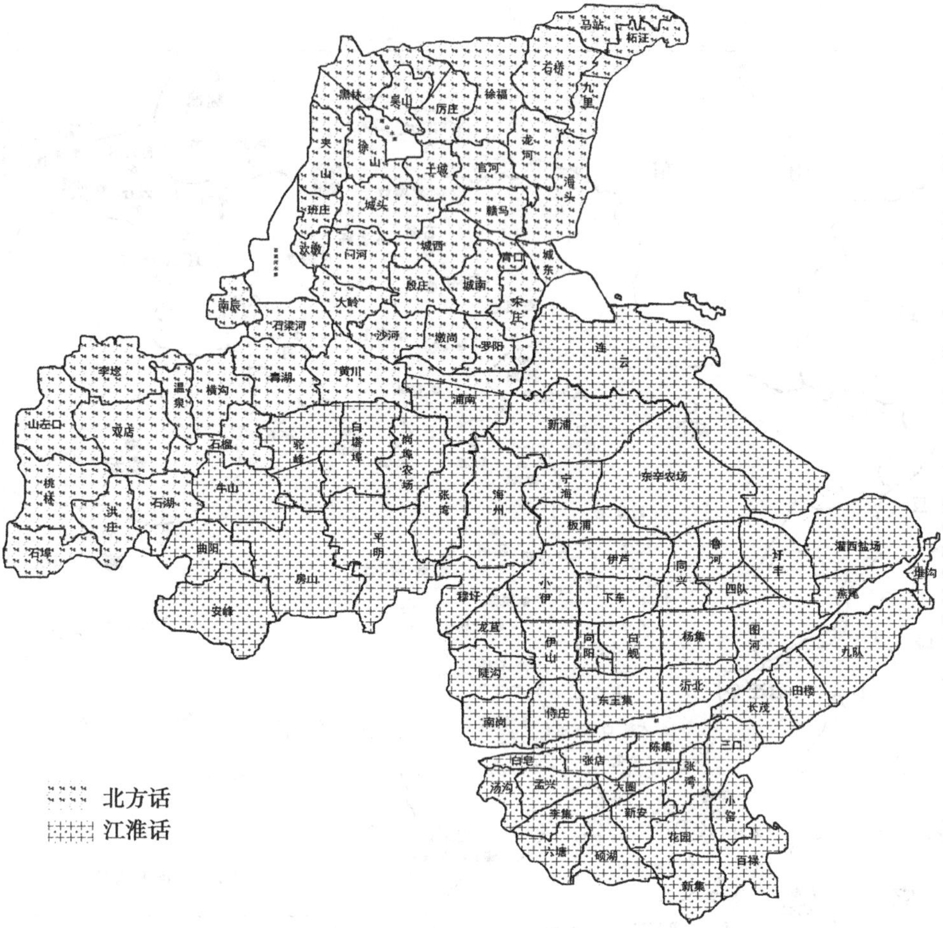

图 5-3　连云港境内江淮官话与中原官话的分界

第二节　中原官话地区

一、区片划分

连云港境内入声完全消失的地区，主要是赣榆和东海（青湖、石湖、温泉、横沟、石榴、洪庄、石埠、南辰、李埝、双店、山左口、桃林、石梁河、黄川、浦南北部)。这些地区均无入声，属于中原官话区。在这一片地区内，可以通过如下一些方言特征的属性来进一步判断区域内方言的一致性和差异性，划分方言小片，见表 5-1。

表 5-1　中原官话地区语言特征表

a. 微母今读 v	b. 泥娘、来母区分
c. 非、敷、奉母与晓匣母区分	d. 精组全为尖音
e. 精组与知庄章读音不同	f. 知庄章今读一类 tʂ
g. 邪母今读擦音	h. 见组细音已腭化
i. 疑母今读 ŋ	j. 止摄日母今读 ɭ
k. 非止摄日母今读 ø	l. 果摄一等见系开合口区分 ə-uə/uo
m. 效摄开口细音今为三元音韵 iau	n. 流摄开口细音今为三元音韵 iəu
o. 咸山开口细音与洪音主元音相同	p. 山摄桓山删韵主元音相同
q. 山摄合口主元音相同	r. 深臻曾梗摄区分前后鼻音
s. 臻摄合口并入通摄	t. 通摄开口并入曾梗摄
y. 宕江阳声韵细音保留后鼻音韵	

在表 5-2 中，各方言特征项，符合则标记为“+”，不符则标记为“-”，以右下标的形式具体说明类别。以这些符号的多少，来判断方言点之间的关系。表格中，将方言特征项的序号代入。如果还有更细致的类别，则以右下标的形式说明。

表 5-2　中原官话区各点语言属性表

	a.	b.	c.	d.	e.	f.	g.	h.	i.	j.
马站	+	+	+	$+_{\text{tθ}}$	+	$-_{\text{ʧ/tʂ/ts}}$	$+_{\text{θ}}$	$+_{\text{tɕ}}$	$-_{\text{ɣ}}$	+
柘汪	+	+	+	$+_{\text{tθ}}$	+	$-_{\text{ʧ/tʂ/ts}}$	$+_{\text{θ}}$	$+_{\text{tɕ}}$	$-_{\text{ɣ}}$	+
九里$_{北}$	+	+	+	$+_{\text{tθ}}$	+	$-_{\text{ʧ/tʂ/ts}}$	$+_{\text{θ}}$	$-_{\text{c}}$	$-_{\text{ɣ}}$	+
九里$_{南}$	+	+	+	$+_{\text{tθ}}$	+	$-_{\text{ʧ/tʂ}}$	$+_{\text{θ}}$	$+_{\text{tɕ}}$	$-_{\text{ɣ}}$	+

续表

	a.	b.	c.	d.	e.	f.	g.	h.	i.	j.
海头	+	+	+	$+_{\text{tθ}}$	+	$—_{\text{ʧ/tʂ}}$	$+_{\text{θ}}$	$+_{\text{tɕ}}$	$—_{\text{ɤ}}$	$—_{\text{ɚ}}$
龙河	+	+	+	$+_{\text{tθ}}$	+	$—_{\text{ʧ/tʂ}}$	$+_{\text{θ}}$	$+_{\text{tɕ}}$	$—_{\text{ɤ}}$	+
石桥	+	+	+	$+_{\text{tθ}}$	+	$—_{\text{ʧ/tʂ}}$	$+_{\text{θ}}$	$—_{\text{c}}$	$—_{\text{ɤ}}$	+
徐福	+	+	+	$+_{\text{tθ}}$	+	$—_{\text{ʧ/tʂ/ts}}$	$+_{\text{θ}}$	$+_{\text{tɕ}}$	$—_{\text{ɤ}}$	+
吴山	+	+	+	$+_{\text{tθ}}$	+	$—_{\text{ʧ/tʂ}}$	$+_{\text{θ}}$	$—_{\text{c}}$	$—_{\text{ɤ}}$	+
黑林$_{\text{东}}$	+	+	+	$+_{\text{tθ}}$	+	$—_{\text{ʧ/tʂ}}$	$+_{\text{θ}}$	$+_{\text{tɕ}}$	$—_{\text{ɤ}}$	+
黑林$_{\text{西}}$	+	+	+	$+_{\text{ts}}$	+	+	$+_{\text{s}}$	$+_{\text{tɕ}}$	$—_{\text{ɤ}}$	+
厉庄$_{\text{北}}$	+	+	+	$+_{\text{tθ}}$	+	$—_{\text{ʧ/tʂ/ts}}$	$+_{\text{θ}}$	$+_{\text{tɕ}}$	$—_{\text{ɤ}}$	+
厉庄$_{\text{南}}$	+	+	+	$+_{\text{tθ}}$	+	$—_{\text{ʧ/tʂ}}$	$+_{\text{θ}}$	$+_{\text{tɕ}}$	$—_{\text{ɤ}}$	+
官河	+	+	+	$+_{\text{tθ}}$	+	$—_{\text{ʧ/tʂ}}$	$+_{\text{θ}}$	$—_{\text{c}}$	$—_{\text{ɤ}}$	+
赣马	+	+	+	$+_{\text{tθ}}$	+	$—_{\text{ʧ/tʂ}}$	$+_{\text{θ}}$	$—_{\text{c}}$	$—_{\text{ɤ}}$	+
土城	+	+	+	$+_{\text{ts}}$	+	$—_{\text{ʧ/tʂ}}$	$+_{\text{s}}$	$+_{\text{tɕ}}$	$—_{\text{ɤ}}$	+
徐山$_{\text{北}}$	+	+	+	$+_{\text{ts}}$	+	+	$+_{\text{s}}$	$+_{\text{tɕ}}$	$—_{\text{ɤ}}$	+
徐山$_{\text{南}}$	+	+	+	$+_{\text{ts}}$	+	$—_{\text{ʧ/tʂ}}$	$+_{\text{s}}$	$+_{\text{tɕ}}$	$—_{\text{ɤ}}$	+
夹山$_{\text{北}}$	+	+	+	$+_{\text{ts}}$	+	+	$+_{\text{s}}$	$+_{\text{tɕ}}$	$—_{\text{ɤ}}$	$—_{\text{ɚ}}$
夹山$_{\text{南}}$	+	+	+	$+_{\text{ts}}$	+	+	$+_{\text{s}}$	$+_{\text{tɕ}}$	$—_{\text{ɤ}}$	$—_{\text{ɚ}}$
班庄	+	+	+	$+_{\text{ts}}$	+	+	$+_{\text{s}}$	$+_{\text{tɕ}}$	$—_{\text{ɤ}}$	+
门河	+	+	+	$+_{\text{ts}}$	+	$—_{\text{ʧ/tʂ}}$	$+_{\text{s}}$	$—_{\text{c}}$	$—_{\text{ɤ}}$	$—_{\text{ɚ}}$
欢墩	+	+	+	$+_{\text{ts}}$	+	+	$+_{\text{s}}$	$+_{\text{tɕ}}$	$—_{\text{ɤ}}$	$—_{\text{ɚ}}$
城头	+	+	+	$+_{\text{ts}}$	+	$—_{\text{ʧ/tʂ}}$	$+_{\text{s}}$	$+_{\text{tɕ}}$	$—_{\text{ɤ}}$	+
城西	+	+	+	$+_{\text{ts}}$	+	$—_{\text{ʧ/tʂ}}$	$+_{\text{s}}$	$—_{\text{c}}$	$—_{\text{ɤ}}$	$—_{\text{ɚ}}$
青口	+	+	+	$+_{\text{ts}}$	+	$—_{\text{ʧ/tʂ}}$	$+_{\text{s}}$	$+_{\text{tɕ}}$	$—_{\text{ø}}$	$—_{\text{ɚ}}$
城南	+	+	+	$+_{\text{ts}}$	+	$—_{\text{ʧ/tʂ}}$	$+_{\text{s}}$	$+_{\text{tɕ}}$	$—_{\text{ø}}$	$—_{\text{ɚ}}$
城东	+	+	+	$+_{\text{ts}}$	+	$—_{\text{ʧ/tʂ}}$	$+_{\text{s}}$	$+_{\text{tɕ}}$	$—_{\text{ø}}$	$—_{\text{ɚ}}$
宋庄$_{\text{北}}$	+	+	+	$+_{\text{ts}}$	+	$—_{\text{ʧ/tʂ}}$	$+_{\text{s}}$	$+_{\text{tɕ}}$	$—_{\text{ø}}$	$—_{\text{ɚ}}$
宋庄$_{\text{南}}$	+	+	+	$+_{\text{ts}}$	+	+	$+_{\text{s}}$	$+_{\text{tɕ}}$	$—_{\text{ø}}$	$—_{\text{ɚ}}$

续表

	a.	b.	c.	d.	e.	f.	g.	h.	i.	j.
沙河	+	+	+	+$_{\text{ʦ}}$	+	+	+$_{\text{s}}$	+$_{\text{ʨ}}$	—$_{\text{ø}}$	—$_{\text{ɚ}}$
大岭	+	+	+	+$_{\text{ʦ}}$	+	+	+$_{\text{s}}$	+$_{\text{ʨ}}$	—$_{\text{ø}}$	—$_{\text{ɚ}}$
殷庄	+	+	+	+$_{\text{ʦ}}$	+	+	+$_{\text{s}}$	+$_{\text{ʨ}}$	—$_{\text{ø}}$	—$_{\text{ɚ}}$
墩尚	+	+	+	+$_{\text{ʦ}}$	+	+	+$_{\text{s}}$	+$_{\text{ʨ}}$	—$_{\text{ø}}$	—$_{\text{ɚ}}$
罗阳	+$_{\text{v/ø}}$	+	+	+$_{\text{ʦ}}$	+	+	+$_{\text{s}}$	+$_{\text{ʨ}}$	—$_{\text{ø}}$	—$_{\text{ɚ}}$
浦南$_{北}$	—$_{\text{ø}}$	—$_{\text{l}}$	—$_{\text{x}}$	—$_{\text{ʦ}}$	+	+	—$_{\text{ɕ/ʨ}^{\text{h}}}$	+$_{\text{ʨ}}$	—$_{\text{ø}}$	—$_{\text{ɛ}}$
石梁河	+	+	+	+$_{\text{ʦ}}$	+	+	+$_{\text{s}}$	+$_{\text{ʨ}}$	—$_{\text{ø}}$	—$_{\text{ɚ}}$
南辰	+	+	+	+$_{\text{ʦ}}$	+	+	+$_{\text{s}}$	+$_{\text{ʨ}}$	—$_{\text{ø}}$	—$_{\text{ɚ}}$
黄川	+	+	+	+$_{\text{ʦ}}$	+	+	+$_{\text{s}}$	+$_{\text{ʨ}}$	—$_{\text{ø}}$	—$_{\text{ɛ/ɚ}}$
青湖	+$_{\text{v/ø}}$	+	+	+$_{\text{ʦ}}$	+	+	+$_{\text{s}}$	+$_{\text{ʨ}}$	—$_{\text{ø}}$	—$_{\text{ɚ}}$
石湖	—$_{\text{ø}}$	+	+	—$_{\text{ʦ}}$	+	+	+$_{\text{ɕ}}$	+$_{\text{ʨ}}$	—$_{\text{ø}}$	—$_{\text{ɭə/ɚ}}$
温泉	+	+	+	—$_{\text{ʦ}}$	+	+	+$_{\text{ɕ}}$	+$_{\text{ʨ}}$	—$_{\text{ø}}$	+
横沟	+	+	+	—$_{\text{ʦ}}$	+	+	+$_{\text{ɕ}}$	+$_{\text{ʨ}}$	—$_{\text{ø}}$	+
石榴	+	+	+	—$_{\text{ʦ}}$	+	+	+$_{\text{ɕ}}$	+$_{\text{ʨ}}$	—$_{\text{ø}}$	—$_{\text{ɚ}}$
李埝	+	+	+	—$_{\text{ʦ}}$	+	+	+$_{\text{ɕ}}$	+$_{\text{ʨ}}$	—$_{\text{ø}}$	+
双店	+	+	+	—$_{\text{ʦ}}$	+	+	+$_{\text{ɕ}}$	+$_{\text{ʨ}}$	—$_{\text{ø}}$	+
山左口	+	+	+	—$_{\text{ʦ}}$	+	+	+$_{\text{ɕ}}$	+$_{\text{ʨ}}$	—$_{\text{ø}}$	+
桃林	+	+	+	—$_{\text{ʦ}}$	+	+	+$_{\text{ɕ}}$	+$_{\text{ʨ}}$	—$_{\text{ø}}$	+
洪庄	+	+	+	—$_{\text{ʦ}}$	+	+	+$_{\text{ɕ}}$	+$_{\text{ʨ}}$	—$_{\text{ø}}$	+
石埠	+	+	+	—$_{\text{ʦ}}$	+	+	+$_{\text{ɕ}}$	+$_{\text{ʨ}}$	—$_{\text{ø}}$	+

	k.	l.	m.	n.	o.	p.	q.	r.	s.	t.	y.
马站	+	+	+	+	+$_{\text{a}}$	+$_{\text{a}}$	+$_{\text{a}}$	+	—	—	+
柘汪	+	+	+	+	+$_{\text{a}}$	+$_{\text{a}}$	+$_{\text{a}}$	+	—	—	+
九里$_{北}$	+	+	+	+	+$_{\text{a}}$	+$_{\text{a}}$	+$_{\text{a}}$	+	—	—	+
九里$_{南}$	+	+	+	+	+$_{\text{a}}$	+$_{\text{a}}$	+$_{\text{a}}$	+	+	—	+
海头	+	+	+	+	+$_{\text{a}}$	+$_{\text{a}}$	+$_{\text{a}}$	+	—	—	+
龙河	+	+	+	+	+$_{\text{a}}$	+$_{\text{a}}$	+$_{\text{a}}$	+	—	—	+

续表

	k.	l.	m.	n.	o.	p.	q.	r.	s.	t.	y.
石桥	+	+	+	+	$+_a$	$+_a$	$+_a$	+	—	+	+
徐福	+	+	+	+	$+_a$	$+_a$	$+_a$	+	+	—	+
吴山	+	+	+	+	$+_a$	$+_a$	$+_a$	+	—	+	+
黑林$_{东}$	+	+	+	+	$+_a$	$+_a$	$+_a$	+	—	+	+
黑林$_{西}$	+	+	+	+	$+_a$	$+_a$	$+_a$	+	—	+	+
厉庄$_{北}$	+	+	+	+	$+_a$	$+_a$	$+_a$	+	—	—	+
厉庄$_{南}$	+	+	+	+	$+_a$	$+_a$	$+_a$	—ɐe	+	—	+
官河	+	+	+	+	$+_a$	$+_a$	$+_a$	+	+	—	+
赣马	+	+	+	+	$+_a$	$+_a$	$+_a$	+	—	—	+
土城	+	+	+	+	$+_a$	$+_a$	$+_a$	+	—	—	+
徐山$_{北}$	+	+	+	+	$+_a$	$+_a$	$+_a$	+	—	—	+
徐山$_{南}$	+	+	+	+	$+_a$	$+_a$	$+_a$	+	—	—	+
夹山$_{北}$	+	+	+	+	$+_a$	$+_a$	$+_a$	+	—	—	+
夹山$_{南}$	+	+	+	+	$+_a$	$+_a$	$+_a$	+	—	—	+
班庄	+	+	+	+	$+_a$	$+_a$	$+_a$	+	—	+	+
门河	+	+	+	+	$+_a$	$+_a$	$+_a$	+	—	—	+
欢墩	+	+	+	+	$+_a$	$+_a$	$+_a$	+	—	—	+
城头	+	+	+	+	$+_a$	$+_a$	$+_a$	+	—	+	+
城西	+	+	+	+	$+_a$	$+_a$	$+_a$	+	—	—	+
青口	+	+	+	+	$+_a$	$+_a$	$+_a$	+	—	—	+
城南	+	+	+	+	$+_a$	$+_a$	$+_a$	+	—	—	+
城东	+	+	+	+	$+_a$	$+_a$	$+_a$	+	—	—	+
宋庄$_{北}$	+	+	+	+	$+_a$	$+_a$	$+_a$	+	—	—	+
宋庄$_{南}$	+	+	+	+	$+_a$	$+_a$	$+_a$	+	—	—	+
沙河	+	+	+	+	$+_a$	$+_a$	$+_a$	+	—	—	+
大岭	+	+	+	+	$+_a$	$+_a$	$+_a$	+	—	—	+
殷庄	+	+	+	+	$+_a$	$+_a$	$+_a$	+	—	—	+

续表

	k.	l.	m.	n.	o.	p.	q.	r.	s.	t.	y.
墩尚	+	+	+	+	+$_a$	+$_a$	+$_a$	+	—	—	+
罗阳	+	+	+	+	+$_a$	+$_a$	+$_a$	+	—	—	+
浦南$_{北}$	—$_{ʐ/ø}$	—	—	+	+$_a$	+$_a$	+$_a$	+	—	—	+
石梁河	+	+	+	+	+$_a$	+$_a$	+$_a$	+	—	—	+
南辰	—$_{ʐ/ø}$	+	+	+	+$_a$	+$_a$	+$_a$	+	—	—	+
黄川	+	+	+	+	+$_a$	+$_a$	+$_a$	+	—	—	+
青湖	—$_{ʐ/ø}$	+	+	+	+$_a$	+$_a$	+$_a$	+	—	—	+
石湖	—$_{ʐ/ø}$	+	+	+	+$_a$	+$_a$	+$_a$	+	—	—	+
温泉	—$_{ʐ/ø}$	+	+	+	+$_a$	+$_a$	+$_a$	+	—	—	+
横沟	—$_{ʐ/ø}$	+	+	+	+$_a$	+$_a$	+$_a$	+	—	—	+
石榴	—$_{ʐ/ø}$	+	+	+	+$_a$	+$_a$	+$_a$	+	—	—	+
李埝	—$_{ʐ}$	+	+	+	+$_a$	+$_a$	+$_a$	+	—	—	+
双店	—$_{ʐ}$	+	+	+	+$_a$	+$_a$	+$_a$	+	—	—	+
山左口	—$_{ʐ}$	+	+	+	+$_a$	+$_a$	+$_a$	+	—	—	+
桃林	—$_{ʐ}$	+	+	+	+$_a$	+$_a$	+$_a$	+	—	—	+
洪庄	—$_{ʐ}$	+	+	+	+$_a$	+$_a$	+$_a$	+	—	—	+
石埠	—$_{ʐ}$	+	+	+	+$_a$	+$_a$	+$_a$	+	—	—	+

由表 5-2 可以看出，有几个语音特点在中原官话区较普遍，如：微母今读 v，泥娘来母区分，非敷奉晓匣母区分，疑母合口今读 v，精组与知庄章组不同音、果摄开合口韵母区分、效摄和流摄在这一地区均未见复元音单音化的现象，均为 au、iau、əu、iəu，动程明显。因而，这些语音特征可以作为连云港境内中原官话地区方言的共同特点。

表 5-2 中的 d“精组音读”、f“知庄章今读”、g“邪母今读”、h“见且细音今

读”、i“疑母今读”、j“止摄日母读音”、k“非止摄日母读音”这几个语音特征具有明显的地域分布差异，各地方言之间既有共性，也有个性。我们主要通过这些语音特征的异同情况，进行区片划分。特征 j“通摄读入曾梗”仅石桥、黑林东、班庄、城头有此现象，范围较小，分片时不考虑，仅将其看作小片内方言点的个体差异。方言特征的地理分布重合的越多，说明地区内方言的一致性越大。根据这些方言特征的同与异，连云港境内的中原官话地区大致可以分成四个小片，具体情况见表 5-3 和图 5-4：

表 5-3

柘赣片	马站、柘汪、九里、海头、龙河、石桥、徐福、吴山、黑林东、厉庄北、厉庄南、官河、赣马
徐青片	土城、徐山南、门河、城头、城西、青口、城南、城东、宋庄北
罗石片	徐山北、黑林西、夹山北、夹山南、班庄、欢墩、宋庄南、沙河、大岭、殷庄、墩尚、罗阳、石梁河、南辰、黄川、青湖
石洪片	李埝、双店、山左口、桃林、洪庄、石埠、石湖(除东南角的廖塘、池庄两个村)、温泉、横沟、石榴

这四个中原官话小片各有一些特征体现其个性。

柘赣片，这一方言小片内部较一致且区别于其他方言小片的语音特征是：精组今读齿间音 tθ、$tθ^h$、θ；知庄章三组声母，二分为 tʂ、$tʂ^h$、ʂ和 ʧ、$ʧ^h$、ʃ 两组，但在柘汪、马站等少数几个乡镇，知庄章组三分；止摄日母字基本都为 ɭ。其中精组受北邻莒南、日照等地方言的影响，读 tθ、$tθ^h$、θ，这一特点也使柘赣片绝对区别于其他三个小片。

徐青片，基本处于赣榆中部，并将柘赣片和罗石片隔开。这一方言小片内较一致的语音特点有：非止摄日母今各点都为零声母，精组洪细音均为 $ʦ^h$、ʦ、s，知庄章声母二分为 ʧ、$ʧ^h$、ʃ 和 tʂ、$tʂ^h$、ʂ。徐青方言小片还有一些语音特征体现出兼有南、北方言的过渡性，如：见组细音有舌面中音 c、c^h、ç 和舌面音 tɕ、$tɕ^h$、ɕ 两种形式，止摄日母今读有 ɭ 和ø两种形式，疑母今读兼有北部的浊音声

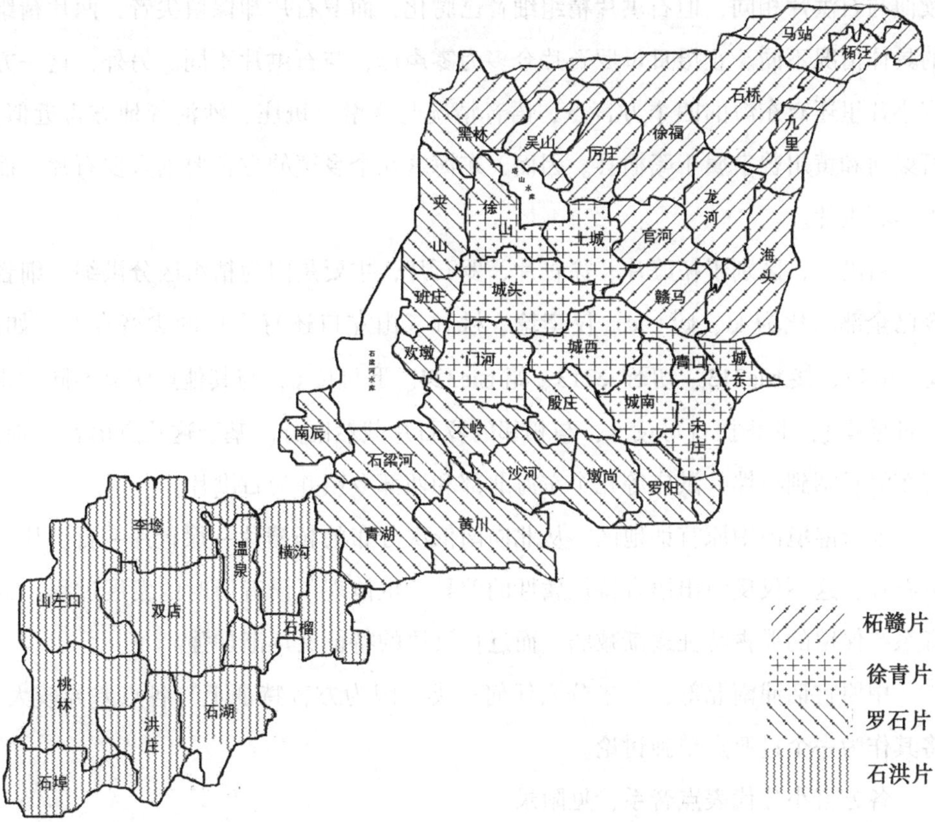

图 5-4　中原官话内部分区

母 ɣ 和零声母ø两种形式。这一方言小片内，语音特征的地理分布并不相同，这种语音现状也是在与北部柘赣片和南部罗石片的接触中形成的，并且受到南北方言小片不同程度的影响，方言势力在这一片正进行着此消彼长的交锋过程。随着方言竞争的推进，这一个方言小片的分布范围以及各方言特征的范围也会进一步改变。

罗石片，有较为明显的内部一致性而区别于其他方言小片的特点。非止摄日母除青湖、黄川外均为零声母，邪母今读 s，这两个语音特点区别于东海石洪片。受到周围方言的影响，青湖和黄川部分非止摄日母字读 ʐ。知庄章三组今合为一组，区别于赣榆柘赣片和徐青片，与石洪片相同。精组细音读为 ʦ、$ʦ^h$、s，音读似与石洪片相同，但石洪片精组细音已腭化，而罗石片却保留尖音，两片精组的具体情况不同。止摄日母罗石片今多为零声母，与石洪片不同。另外，这一方言小片里还有东海的四个方言点，语音情况与欢墩、班庄、沙河等地方言近似，石梁河和黄川曾隶属于赣榆县。因而，东海这几个乡镇的方言要划入罗石片，而不是石洪片。

石洪片，区别于柘赣片、徐青片、罗石片，主要是因为精组区分洪细，细音今已全部腭化为 tɕ、tɕʰ、ɕ。仅李埝、桃林、山左口还有零星的尖音存在，如：星 siŋ213、接 tsie213、切 tsʰie213、姐 tsie324。邪母读 ɕ，与其他点明显不同。止摄日母读 ɭ，非止摄日母读 ʐ，与相邻的罗石片截然区分。基于这几点语音差别，将东海石湖到石埠、洪庄等几个东海北部和西部乡镇并为石洪片。

连云港境内中原官话地区，从北向南依次分布的柘赣片—徐青片—石洪片—罗石片，这不仅反映出语音特征属性的差异，也体现了语音历时的发展过程，语音系统保留的滞古特征逐渐减弱，而近代汉语的特征又逐渐加强。

中原官话浦南北部，并未分入任何一类，因为方言特征上与各点差异较大，将其作为一个过渡点单独讨论。

各方言小片代表点音系，见附录。

二、方言点内部差异微观考察

上文依据各方言特征今读形式的一致性和差异性，将连云港境内的中原官话地区分成了四个方言小片。各方言小片内部的一致性大，片区内共同的方言特征较多。然而，即便是方言小片内部，仍有一些方言点的方言表现较特殊，方言系统兼收并蓄，过渡性表现较多，需要对其作进一步说明。

中原官话地区的黑林、厉庄等乡镇内部，受到语言接触或者山川、河流等自然地理因素的影响，方言差异较明显。这里将对这些方言点单独进行讨论，就各点具有差异性的语音表现进行说明。

（一）赣榆黑林方言的东西差异

黑林位于赣榆县西北角，与山东省临沭县和莒南县接壤。境内方言也因为受周边地区方言的影响存在类型和分布的差异，大致是以青口河，当地人称为黑林河为界，西边如汪子头村、界河子村方言更接近临沭方言，而东部如阎康邑、范良庄村方言更接近莒南县的语音特点。(见图 5-5)

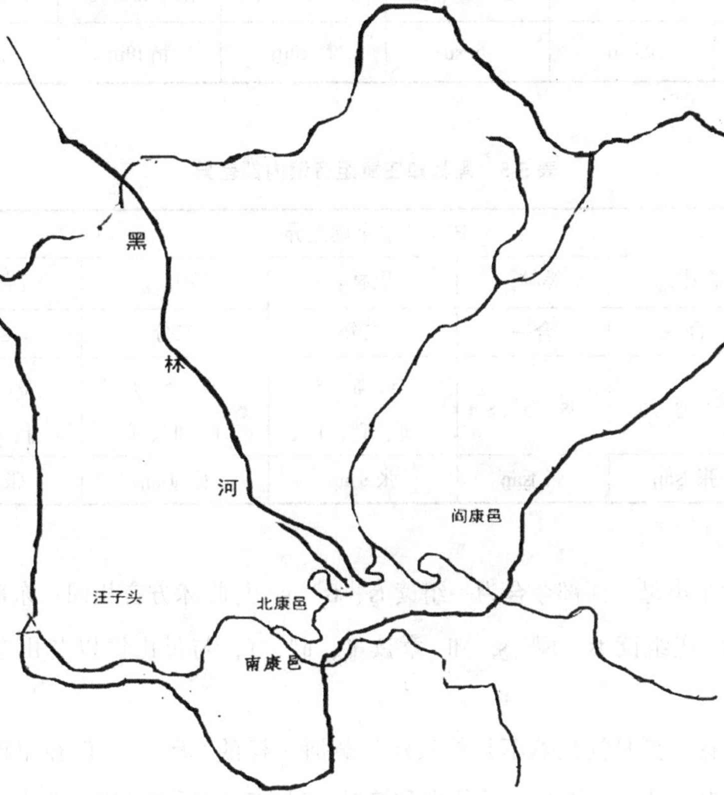

图 5-5 黑林镇地理分布

黑林东部与西部的语音差异主要存在于精组、知庄章组的今读上；声、韵、调的其他语音特征，黑林境内较为相似。

精组声母，黑林境内的差异以及与周围地区的异同情况，见表 5-4、表 5-5：

精组声母的读音形式，黑林西半部与临沭方言相同，东半部与东邻的吴山镇和北邻的莒南县相同。

表 5-4　黑林精组音读内部差异

精组今读差异					
地点	临沭$_{\text{临沂}}$	黑林$_{\text{西}}$	黑林$_{\text{东}}$	吴山$_{\text{赣榆}}$	莒南$_{\text{临沂}}$
今读	ʦ、ʦ^h、s	ʦ、ʦ^h、s	tθ、tθ^h、θ	tθ、tθ^h、θ	tθ、tθ^h、θ
例字	苏 su	苏 su	精 tθiŋ	精 tθiŋ	怎 tθẽ

表 5-5　黑林知庄章组音读内部差异

知庄章组今读差异					
地点	临沭$_{\text{临沂}}$	黑林$_{\text{西}}$	黑林$_{\text{东}}$	吴山$_{\text{赣榆}}$	莒南$_{\text{临沂}}$
区分	合一	合一	二分	二分	二分
今读	ʈʂ、ʈʂ^h、ʂ	ʈʂ、ʈʂ^h、ʂ	ʈʂ、ʈʂ^h、ʂ ʧ、ʧ^h、ʃ	ʈʂ、ʈʂ^h、ʂ ʧ、ʧ^h、ʃ	ʈʂ、ʈʂ^h、ʂ ʧ、ʧ^h、ʃ
例字	张 ʈʂaŋ	张 ʈʂaŋ	张 ʧiaŋ	张 ʧiaŋ	张 ʧiaŋ

知庄章组声母，西部今合为一组读 ʈʂ、ʈʂ^h、ʂ，与临沭方言相同；东部知庄章组二分，知$_{二}$庄组读 ʈʂ、ʈʂ^h、ʂ，知$_{三}$章读 ʧ、ʧ^h、ʃ，与吴山镇以及山东莒南县相同。

黑林地区，黑林河虽然不是像长江、黄河一样的“天堑”，但在早期交通不便的时期，却也影响了两岸人的往来和接触，对方言的影响就表现为方言类型及地理分布的差异。另外，从地名和当地人的讲述可知，黑林东南的阎康邑、北康邑和徐山北部的南康邑原本在陆地上连成一片，但黑林河向东南延伸至塔山水库，并将这三个村子分开，隔河相望，平时来往不便，仅是过年过节时，徐山南康邑的村民会北上来到黑林祭祖扫墓，语言接触减少在将来可能会渐渐改变南康邑的方言情况。

(二)赣榆厉庄方言的南北差异

厉庄是赣榆县中北部呈纵向分布的乡镇。东邻徐福镇，南与土城相接，西为吴山镇、北接山东省莒南县。境内有马山、九泉山、银山、二狼山等多座小山头和顾赤涧、万赤涧、小山子、尖岭等大小水库，这些小山和水库主要集中在厉庄镇的中部偏北地区。

厉庄境内方言有一些共同特点，如：精组不分洪细均为tθ、tθʰ、θ，见组细音腭化，止摄日母为ɭ，非止摄全为零声母ø。

厉庄境内方言存在南北差异，大致分界是中部密集分布的多个小山和水库连成的一片地区。

知庄章三组声母今北部地区分成三组，知$_{二}$庄为ʈʂ、ʈʂʰ、ʂ，遇摄知$_{三}$章为ʧ、ʧʰ、ʃ，非遇摄知$_{三}$章为ʦ、ʦʰ、s；而南部知庄章组分成两组，知$_{二}$庄为ʈʂ、ʈʂʰ、ʂ，遇摄知$_{三}$章为ʧ、ʧʰ、ʃ，非遇摄知$_{三}$章组混同知$_{二}$庄，也为ʈʂ、ʈʂʰ、ʂ。北部地区知庄章三分的情况与赣榆其他地区均不同，这当是受到莒南地区知庄章三分的影响，但三分的具体情况与莒南稍有不同，将读音的差异情况例示见表5-6：

表 5-6　厉庄知庄章组音读内部差异

	知$_{二}$庄				遇摄知$_{三}$章					
	抓	床	愁	抄	书	竖	猪	输	树	住
厉庄$_{北}$	ʈʂua	ʈʂʰuaŋ	ʈʂʰəu	ʈʂʰau	ʃʯ	ʃʯ	ʧʯ	ʃʯ	ʃʯ	ʧʯ
厉庄$_{南}$	ʈʂua	ʈʂʰuaŋ	ʈʂʰəu	ʈʂʰau	ʃʯ	ʃʯ	ʧʯ	ʃʯ	ʃʯ	ʧʯ
	非遇摄知$_{三}$章									
	尺	湿	直	手	蒸	镇	展	抽	赵	章
厉庄$_{北}$	ʦʰɿ	sɿ	ʦɿ	səu	ʦəŋ	ʦən	ʦan	ʦʰəu	ʦau	ʦaŋ
厉庄$_{南}$	ʈʂʰʅ/ʧʰi	ʂʅ	ʈʂʅ	ʂəu	ʈʂəŋ	ʈʂəŋ	ʈʂan	ʈʂʰəu	ʈʂau	ʈʂaŋ

厉庄南北部韵母也存在差异。臻摄合口舒声韵，北部仍读合口，南部读同通摄，见表5-7：

表 5-7　厉庄臻摄合口舒声韵音读内部差异

	裙	寻	准	滚	顺	云	军	困	春
厉庄$_{北}$	tɕ^{h}yn	θyn	tsuən	kuən	suən	yn	tɕyn	k^{h}uən	ts^{h}uən
厉庄$_{南}$	tɕ^{h}yŋ	θyŋ	tʂoŋ	koŋ	ʂoŋ	yŋ	tɕyŋ	k^{h}oŋ	tʂ^{h}oŋ

深臻曾梗四摄阳声韵，北部地区前后鼻音区分，但南部地区深臻摄读同曾梗摄，今为后鼻音韵，见表 5-8：

表 5-8　厉庄深臻曾梗摄音读内部差异

	林—灵	根—更	针—蒸	深—生	分—风	亲—清
厉庄$_{北}$	lin-liŋ	kən-kəŋ	tsən-tsəŋ	sən-səŋ	fən-fəŋ	tθ^{h}in-tθ^{h}iŋ
厉庄$_{南}$	liŋ-liŋ	kəŋ-kəŋ	tʃiŋ-tʂəŋ	ʂəŋ- ʂəŋ	fəŋ-fəŋ	tθ^{h}iŋ-tθ^{h}iŋ

方言特征上的差异主要是上面的三点，但实际上在这些系统的差异下，还有诸多细微差异，比如：北部和南部，“横”分别为 xəŋ、xoŋ，“饿”分别为 uə、və。厉庄北部与南部的差异还存在于词汇形式中，如：“玉米”北部说果子，南部说玉米，“外祖父、外祖母”北部说姥爷、姥娘，南部说舅姥的、舅奶奶，“舅妈”北部说妗子，南部说舅母。

厉庄北部与南部方言差异形成的主要原因应该是自然地理因素，因为连片的山水阻隔了人们的往来，在长期的隔断中，方言差异逐渐形成。

(三) 赣榆九里方言的南北差异

九里是赣榆东北沿海的一个乡镇，南北距离很长，北部为柘汪，南部为海头，西部主要与石桥相邻。九里与海头都沿海，这里的居民多以渔业为生，境内的韩口桥曾是当地主要的出海口。

九里境内韩口桥北部的新韩口与南部的大沙村就存在一些差异，最主要的差异在于知系和见系的今读。

知庄章三组区分，具体归并情况不同。北部韩口村，知庄章分成三组，知$_{二}$

庄为 tʂ、tʂ^{h}、ʂ，遇摄知$_{三}$章为 ʧ、ʧ^{h}、ʃ，非遇摄知$_{三}$章为 ʦ、ʦ^{h}、s，这一点与北部柘汪情况大致相同；南部大沙村，知$_{二}$庄组为 tʂ、tʂ^{h}、ʂ，遇摄知$_{三}$章为 ʧ、ʧ^{h}、ʃ，非遇摄知$_{三}$章组为 tʂ、tʂ^{h}、ʂ，这种音读情况与南部海头不同。九里北部知庄章组今读不同于南部，主要是因为受到了柘汪等地方言的影响。九里南部与海头知系今读情况不同的原因，可能是因为两地的发音人年龄存在差异，九里南部的发音人 30 多岁，而海头的发音人近 90 岁，年轻人的方言较老年人更容易变化。这两地的方言差异可能是方言演变的方向。赣榆九里知庄章组声母今读差异情况见表 5-9。

表 5-9　赣榆九里知庄章组声母今读差异

	知$_{二}$庄				遇摄知$_{三}$章					
	抓	床	愁	抄	书	竖	猪	输	树	住
柘汪	tʂua	tʂ^{h}uaŋ	tʂ^{h}əu	tʂ^{h}au	ʃʮ	ʃʮ	ʧʮ	ʃʮ	ʃʮ	ʧʮ
九里$_{北}$	tʂua	tʂ^{h}uaŋ	tʂ^{h}əu	tʂ^{h}au	ʃʮ	ʃʮ	ʧʮ	ʃʮ	ʃʮ	ʧʮ
九里$_{南}$	tʂua	tʂ^{h}uaŋ	tʂ^{h}əu	tʂ^{h}au	ʃʮ	ʃʮ	ʧʮ	ʃʮ	ʃʮ	ʧʮ
海头	tʂua	tʂ^{h}uaŋ	tʂ^{h}əu	tʂ^{h}au	ʃʮ	ʃʮ	ʧʮ	ʃʮ	ʃʮ	ʧʮ
	非遇摄知$_{三}$章									
	尺	湿	直	手	蒸	镇	展	抽	赵	章
柘汪	ʦ^{h}ɿ	sɿ	ʦɿ	səu	ʦəŋ	ʦən	ʦan	ʦ^{h}əu	ʦau	ʦaŋ
九里$_{北}$	ʦ^{h}ɿ	sɿ	ʦɿ	səu	ʦəŋ	ʦən	ʦan	ʦ^{h}əu	ʦau	ʦaŋ
九里$_{南}$	tʂ^{h}ʅ/ʧ^{h}i	ʂʅ	tʂʅ	ʂəu	tʂəŋ	tʂəŋ	tʂan	tʂ^{h}əu	tʂau	tʂaŋ
海头	ʧ^{h}i	ʃi	ʧi	ʃiəu	ʧiəŋ	ʧin	ʧiã^{n}	ʧ^{h}iəu	ʧiau	ʧiaŋ

见组细音字，北部主要为舌面后音 c、c^{h}、ç，小部分字声母腭化，而南部大沙见组细音字则全部腭化。

另外，部分单字音上也存在着南北差异，如“横”北部 xəŋ—南部 xəŋ/xoŋ。

(四) 赣榆宋庄方言的南北差异

宋庄是赣榆县城青口镇南部的一个镇，其北部、西部和南部分别为青口镇、城南镇和罗阳。宋庄处于徐青片和罗石片的连接带，境内方言分别体现这两个小片的方言特点，大致以南部范河为界，范河北部的大片地区属于徐青片，范河南部范口等几个村庄的方言情况与罗石片相同。

南北部的方言差异也大致就是徐青片和罗石片的差异。精组声母在南部保留尖音，但现在腭化的情况较多，北部精组细音的保留程度更高；知庄章三组的今读南北差异较大，南部范口村今混为一组，与罗石片相同，北部如西郑村、柳杭村等今仍按知$_{二}$庄、知$_{三}$章组分别读为 ʦ̺、ʦ̺ʰ、ʂ 和 ʧ、ʧʰ、ʃ。对宋庄北部年轻人的调查发现，知$_{三}$章组混读 ʦ̺、ʦ̺ʰ、ʂ 的程度非常高，他们很清楚知$_{三}$章组声母普通话里读 ʦ̺、ʦ̺ʰ、ʂ，也会根据场合选择性地使用 ʦ̺/ʧ 组声母。宋庄北部将来的语音面貌可能会像现在的南部一样。

方言存在内部差异的赣榆乡镇可能不只有上文讨论的这几个。赣榆西北部的夹山镇，境内被夹山、横山、徐山、独子山等一片山脉隔开，北部接驾庄等村庄的方言情况是否与南部地区有差异，还需要调查。本书仅讨论语音系统，如果将词汇和语法综合考虑的话，方言差异的情况、程度和原因将得到更多揭示。

（五）东海石梁河、黄川方言的特殊表现

石梁河、黄川两镇位于东海县东北，与赣榆相接，南为东海县白塔埠镇，西为南辰乡，北为石梁河水库。在东海境内，石梁河镇和黄川镇的方言显得很特殊，有许多不同于东海其他乡镇的方言特征。具体情况见表 5-10。

表 5-10　东海石梁河、黄川特殊的语音表现

语音特征	沙河镇$_{赣榆}$	石梁河、黄川	白塔埠镇$_{东海}$	东海其他乡镇
精组细音	ʦ、ʦʰ、s	ʦ、ʦʰ、s	ʨ、ʨʰ、ɕ	ʨ、ʨʰ、ɕ
止摄日母	ɚ	石梁河 ɚ 黄川 ɚ/ε	ε	ʅə$_{李埝}$/a/ε
非止摄日母	Ø	Ø	ʐ	ʐ
矮	ie	ie	ε	ie$_{李埝}$/ε
热	ie	ie	ʐə	ie$_{李埝}$/ʐə

续表

语音特征	沙河镇$_{赣榆}$	石梁河、黄川	白塔埠镇$_{东海}$	东海其他乡镇
墨	mi	mi	muə/mə	mə
国	ku	ku	kuə	ku$_{李埝}$/ kuə
客	$k^{h}ei$	$k^{h}ei$	$k^{h}ə$	$k^{h}ei_{李埝}$/ $k^{h}ə$

说明：注音右下角所标的“李埝”代指东海西北部的与李埝方言相似程度更大的李埝、桃林、山左口等一片地区。

相较于东海其他中原官话地区，石梁河、黄川的方言所表现出的特殊性不仅在于语音方面，词汇形式上也有诸多不同。这些特征多与赣榆东南部的方言更为相近。因此，本书将石梁河、黄川镇划入罗石片，而不与东海其他中原官话地区划入石洪片。石梁河和黄川与东海其他乡镇间并无山脉、水系的长期阻隔，为什么还会有这些差异，与其他乡镇分属不同的小片呢？这与石梁河与黄川的历史沿革有关。这两个乡镇自明清时就属于赣榆县，直到1940年东海县成立，石梁河和黄川两镇才划入东海县，距今也不过半个多世纪，所以当地方言、文化风俗等还多是与赣榆相近。

第三节　江淮官话地区

一、区片划分

连云港境内中南部地区属江淮官话，这一片还包括东海县石湖镇东南部的廖塘、池庄两村。根据江淮官话地区各点的语音表现，列出具有代表性的方言特征，将各点间的方言差异情况量化，详细考察内部区片的划分，具体见表5-11、表5-12。

表5-11　江淮官话区语言特征表

a. 微母今读 v	b. 泥娘、来母区分
c. 非、敷、奉母与晓匣母区分	d. 精组全为尖音

续表

e. 精组与知庄章读音不同	f. 知庄章今读一类 ʈʂ
g. 邪母今读擦音	h. 见组细音已腭化
i. 见系开口二等系统保留舌根声母	j. 疑母今读 ŋ
k. 止摄日母今读 ɭ	l. 非止摄日母今读ø
m. 果摄一等见系开合口区分 ə-uə/uo	n. 假摄开口韵主元音相同
o. 蟹止摄开口三四等韵母舌尖化	p. 效摄开口细音今为三元音韵 iau
q. 流摄开口细音今为三元音韵 iəu	r. 咸山开口细音与洪音主元音相同
s. 山摄桓山删韵主元音相同	t. 山摄合口三等主元音与二等相同
u. 深臻曾梗摄区分前后鼻音	v. 臻摄合口并入通摄
w. 通摄开口并入曾梗摄	x. 宕江阳声韵细音保留后鼻音韵

说明：i. 是指见系开口二等文白读系统保留得较完整。

表 5-12　江淮官话区各点方言属性表

	a.	b.	c.	d.	e.	f.	g.	h.	i.	j.	k.	l.
牛山	—$_{\text{v/ø}}$	+	+	—$_{\text{ts/tɕ}}$	+	+$_{\text{tʂ}}$	—$_{\text{tɕh/ɕ}}$	+$_{\text{tɕ}}$	—	—$_{\text{ø}}$	—$_{\text{a}}$	—$_{\text{ʐ/ø}}$
房山	—$_{\text{v/ø}}$	+	+	—$_{\text{ts/tɕ}}$	+	+$_{\text{tʂ}}$	+$_{\text{ɕ}}$	+$_{\text{tɕ}}$	—	—$_{\text{ø}}$	—$_{\text{a}}$	—$_{\text{ʐ/ø}}$
白塔	—$_{\text{v/ø}}$	+	+	—$_{\text{ts/tɕ}}$	+	+$_{\text{tʂ}}$	—$_{\text{tɕh}}$	+$_{\text{tɕ}}$	—	—$_{\text{ø}}$	—$_{\text{ɛ}}$	—$_{\text{ʐ}}$
浦南$_{\text{南}}$	—$_{\text{v/ø}}$	—$_{\text{ɿ}}$	—	—$_{\text{tʂ/tɕ}}$	—$_{\text{tʂ}}$	+$_{\text{tʂ}}$	—$_{\text{tɕh/ɕ}}$	+$_{\text{tɕ}}$	—	—$_{\text{ø}}$	—$_{\text{ɛ}}$	—$_{\text{ʐ/ø}}$
张湾	—$_{\text{v/ø}}$	—$_{\text{ɿ}}$	—	—$_{\text{tʂ/tɕ}}$	—$_{\text{tʂ}}$	+$_{\text{tʂ}}$	—$_{\text{tɕh/ɕ}}$	+$_{\text{tɕ}}$	—	—$_{\text{ø}}$	—$_{\text{ɛ}}$	—$_{\text{ʐ/ø}}$
驼峰$_{\text{北}}$	—$_{\text{v/ø}}$	+	+	—$_{\text{ts/tɕ}}$	+	+$_{\text{tʂ}}$	—$_{\text{tɕh/ɕ}}$	+$_{\text{tɕ}}$	—	—$_{\text{ø}}$	—$_{\text{ɛ}}$	—$_{\text{ʐ}}$
驼峰$_{\text{南}}$	—$_{\text{v/ø}}$	+$_{\text{部分}}$	+	—$_{\text{ts/tɕ}}$	+	+$_{\text{tʂ}}$	—$_{\text{tɕh/ɕ}}$	+$_{\text{tɕ}}$	—	—$_{\text{ø}}$	—$_{\text{a}}$	—$_{\text{ʐ}}$
安峰	—$_{\text{v/ø}}$	+	+	—$_{\text{ts/tɕ}}$	+	+$_{\text{tʂ}}$	—$_{\text{tɕh/ɕ}}$	+$_{\text{tɕ}}$	—	—$_{\text{ø}}$	—$_{\text{a}}$	—$_{\text{ʐ}}$
平明	—$_{\text{v/ø}}$	—$_{\text{ɿ}}$	—	—$_{\text{tʂ/tɕ}}$	—$_{\text{tʂ}}$	+$_{\text{tʂ}}$	—$_{\text{tɕh/ɕ}}$	+$_{\text{tɕ}}$	—	—$_{\text{ø}}$	—$_{\text{a}}$	—$_{\text{ʐ/ø}}$
曲阳	—$_{\text{v/ø}}$	+	+	—$_{\text{ts/tɕ}}$	+	+$_{\text{tʂ}}$	—$_{\text{tɕh/ɕ}}$	+$_{\text{tɕ}}$	—	—$_{\text{ø}}$	—$_{\text{a}}$	—$_{\text{ʐ/ø}}$
海州	—$_{\text{ø}}$	—$_{\text{ɿ}}$	—	—$_{\text{tʂ/tɕ}}$	—$_{\text{tʂ}}$	+$_{\text{tʂ}}$	—$_{\text{tɕh/ɕ}}$	+$_{\text{tɕ}}$	—	—$_{\text{ø}}$	—$_{\text{ɛ}}$	—$_{\text{ʐ}}$
宁海	—$_{\text{ø}}$	—$_{\text{ɿ}}$	—	—$_{\text{tʂ/tɕ}}$	—$_{\text{tʂ}}$	+$_{\text{tʂ}}$	—$_{\text{tɕh/ɕ}}$	+$_{\text{tɕ}}$	—	—$_{\text{ø}}$	—$_{\text{ɛ}}$	—$_{\text{ʐ}}$
板浦	—$_{\text{ø}}$	—$_{\text{ɿ}}$	—	—$_{\text{tʂ/tɕ}}$	—$_{\text{tʂ}}$	+$_{\text{tʂ}}$	—$_{\text{tɕh}}$	+$_{\text{tɕ}}$	—	—$_{\text{ø}}$	—$_{\text{ɛ}}$	—$_{\text{ʐ}}$
新浦	—$_{\text{ø}}$	—$_{\text{ɿ}}$	—	—$_{\text{tʂ/tɕ}}$	—$_{\text{tʂ}}$	+$_{\text{tʂ}}$	—$_{\text{tɕh}}$	+$_{\text{tɕ}}$	—	—$_{\text{ø}}$	—$_{\text{ɛ}}$	—$_{\text{ʐ}}$

续表

	a.	b.	c.	d.	e.	f.	g.	h.	i.	j.	k.	l.
朝阳	—ø	—l	—	—tʂ/tɕ	—tʂ	+tʂ	—tɕʰ	+tɕ	—	—ø	—ε/a	—ʐ
伊山	—ø	—l	—	—tʂ/tɕ	—tʂ	+tʂ	—tɕʰ	+tɕ	—	—ø	—ε	—ʐ/ø
四队	—ø	—l	—	—tʂ/tɕ	—tʂ	+tʂ	—tɕʰ	+tɕ	—	—ø	—ε	—ʐ/ø
龙苴	—ø	—l	—	—tʂ/tɕ	—tʂ	+tʂ	—tɕʰ	+tɕ	—	—ø	—ε	—ʐ/ø
同兴	—ø	—l	—	—tʂ/tɕ	—tʂ	+tʂ	—tɕʰ	+tɕ	—	—ø	—ε	—ʐ/ø
下车	—ø	—l	—	—tʂ/tɕ	—tʂ	+tʂ	—tɕʰ	+tɕ	—	—ø	—ε	—ʐ/ø
南岗	—ø	—l	—	—tʂ/tɕ	—tʂ	+tʂ	—tɕʰ	+tɕ	—	—ø	—ε	—ʐ/ø
白蚬	—ø	—l	—	—tʂ/tɕ	—tʂ	+tʂ	—tɕʰ	+tɕ	—	—ø	—ε	—ʐ/ø
鲁河	—ø	—l	—	—tʂ/tɕ	—tʂ	+tʂ	—tɕʰ	+tɕ	—	—ø	—ε	—ʐ/ø
侍庄	—ø	—l	—	—tʂ/tɕ	—tʂ	+tʂ	—tɕʰ	+tɕ	—	—ø	—ε	—ʐ/ø
穆圩	—ø	—l	—	—tʂ/tɕ	—tʂ	+tʂ	—tɕʰ	+tɕ	—	—ø	—ε	—ʐ/ø
陡沟	—ø	—l	—	—tʂ/tɕ	—tʂ	+tʂ	—tɕʰ	+tɕ	—	—ø	—ε	—ʐ/ø
王集	—ø	—l	—	—tʂ/tɕ	—tʂ	+tʂ	—tɕʰ	+tɕ	—	—ø	—ε	—ʐ/ø
杨集	—ø	—l	—	—tʂ/tɕ	—tʂ	+tʂ	—tɕʰ	+tɕ	—	—ø	—ε	—ʐ/ø
圩丰	—ø	—n/l	+	—tʂ/tɕ	—tʂ	+tʂ	—tɕʰ	+tɕ	—	—ø	—ε	—ʐ/ø
沂北	—ø	—n/l	—	—tʂ/tɕ	—tʂ	+tʂ	—tɕʰ	+tɕ	—	—ø	—a	—ʐ/ø
图河	—ø	—n/l	—	—tʂ/tɕ	—tʂ	+tʂ	—tɕʰ	+tɕ	—	—ø	—a	—ʐ/ø
燕尾	—ø	—n/l	—	—tʂ/tɕ	—tʂ	+tʂ	—tɕʰ	+tɕ	—	—ø	—a	—ʐ/ø
陈集	—ø	—l	—	—tʂ/tɕ	—tʂ	+tʂ	—tɕʰ/ç	+tɕ	—	+ŋ	—a	—z/l/ø
汤沟	—ø	—l	—	—tʂ/tɕ	—tʂ	+tʂ	—tɕʰ/ç	+tɕ	—	+ŋ	—a	—z/l/ø
李集	—ø	—l	—	—tʂ/tɕ	—tʂ	+tʂ	—tɕʰ/ç	+tɕ	—	+ŋ	—ε	—z/l/ø
新安	—ø	—n/l	+	—ts/tɕ	—ts	—ts	—tɕʰ/ç	+tɕ	+	+ŋ	—ε	—z/l/ø
新集	—ø	—n/l	+	—ts/tɕ	—ts	—ts	—tɕʰ/ç	+tɕ	+	+ŋ	—ε	—z/l/ø
硕湖	—ø	—n/l	—	—ts/tɕ	—ts	—ts	—tɕʰ/ç	+tɕ	+	+ŋ	—ε	—z/l/ø
大圈	—ø	—l	—	—ts/tɕ	—ts	—ts	—tɕʰ/ç	+tɕ	+	+ŋ	—ε	—z/l/ø
三口	—ø	—l	+	—ts/tɕ	—ts	—ts	—tɕʰ/ç	+tɕ	+	+ŋ	—ε	—z/l/ø
白皂	—ø	—l	—	—ts/tɕ	—ts	—ts	—tɕʰ/ç	+tɕ	+	+ŋ	—a	—z/l/ø

续表

	a.	b.	c.	d.	e.	f.	g.	h.	i.	j.	k.	l.
百禄	—$_{\text{ø}}$	—$_{\text{n/l}}$	+	—$_{\text{ts/tɕ}}$	—$_{\text{ts}}$	—$_{\text{ts}}$	—$_{\text{tɕ}^{\text{h}}\text{/ɕ}}$	+$_{\text{tɕ}}$	+	+$_{\text{ŋ}}$	—$_{\text{a}}$	—$_{\text{z/l/ø}}$
小窑	—$_{\text{ø}}$	—$_{\text{n/l}}$	+	—$_{\text{ts/tɕ}}$	—$_{\text{ts}}$	—$_{\text{ts}}$	—$_{\text{tɕ}^{\text{h}}\text{/ɕ}}$	+$_{\text{tɕ}}$	+	+$_{\text{ŋ}}$	—$_{\text{a}}$	—$_{\text{z/l/ø}}$
长茂	—$_{\text{ø}}$	—$_{\text{n/l}}$	+	—$_{\text{ts/tɕ}}$	—$_{\text{ts}}$	—$_{\text{ts}}$	—$_{\text{tɕ}^{\text{h}}\text{/ɕ}}$	+$_{\text{tɕ}}$	+	+$_{\text{ŋ}}$	—$_{\text{a}}$	—$_{\text{z/l/ø}}$
田楼	—$_{\text{ø}}$	—$_{\text{n/l}}$	+	—$_{\text{ts/tɕ}}$	—$_{\text{ts}}$	—$_{\text{ts}}$	—$_{\text{tɕ}^{\text{h}}\text{/ɕ}}$	+$_{\text{tɕ}}$	+	+$_{\text{ŋ}}$	—$_{\text{a}}$	—$_{\text{z/l/ø}}$
六塘	—$_{\text{ø}}$	—$_{\text{n/l}}$	+	—$_{\text{ts/tɕ}}$	—$_{\text{ts}}$	—$_{\text{ts}}$	—$_{\text{tɕ}^{\text{h}}\text{/ɕ}}$	+$_{\text{tɕ}}$	+	+$_{\text{ŋ}}$	—$_{\text{a}}$	—$_{\text{z/l/ø}}$
九队	—$_{\text{ø}}$	—$_{\text{n/l}}$	+	—$_{\text{ts/tɕ}}$	—$_{\text{ts}}$	—$_{\text{ts}}$	—$_{\text{tɕ}^{\text{h}}\text{/ɕ}}$	+$_{\text{tɕ}}$	+	+$_{\text{ŋ}}$	—$_{\text{a}}$	—$_{\text{z/l/ø}}$
堆沟	—$_{\text{ø}}$	—$_{\text{n/l}}$	+	—$_{\text{ts/tɕ}}$	—$_{\text{ts}}$	—$_{\text{ts}}$	—$_{\text{tɕ}^{\text{h}}\text{/ɕ}}$	+$_{\text{tɕ}}$	+	+$_{\text{ŋ}}$	—$_{\text{a}}$	—$_{\text{z/l/ø}}$
	m.	n.	o.	p.	q.	r.	s.	t.	u.	v.	w.	x.
牛山	+	+	—	—	+	+$_{\text{iã}}$	+$_{\text{ã}}$	+$_{\text{ã}}$	—$_{\text{ŋ}}$	+	—	+$_{\text{iaŋ}}$
房山	—	—$_{\text{ɪ}}$	—	—	+	+$_{\text{iã}}$	—$_{\text{o}}$	—$_{\text{o}}$	—$_{\text{ŋ}}$	+	—	+$_{\text{iaŋ}}$
白塔	—	—$_{\text{ɪ}}$	—	—	+	+$_{\text{iã}}$	—$_{\text{o}}$	—$_{\text{o}}$	—$_{\text{ŋ}}$	+	—	+$_{\text{iaŋ}}$
浦南$_{\text{南}}$	—	—$_{\text{ɪ}}$	—	—	+	+$_{\text{iã}}$	+$_{\text{ã}}$	+$_{\text{ã}}$	—$_{\text{ŋ}}$	+	—	+$_{\text{iaŋ}}$
张湾	—	—$_{\text{ɪ}}$	—	—	+	+$_{\text{iã}}$	—$_{\text{o}}$	—$_{\text{o}}$	—$_{\text{ŋ}}$	+	—	+$_{\text{iaŋ}}$
驼峰$_{\text{北}}$	—	—$_{\text{ɪ}}$	—	—	+	+$_{\text{iã}}$	+$_{\text{ã}}$	+$_{\text{ã}}$	—$_{\text{ŋ}}$	+	—	+$_{\text{iaŋ}}$
驼峰$_{\text{南}}$	—	—$_{\text{ɪ}}$	—	—	+	+$_{\text{iã}}$	+$_{\text{ã}}$	+$_{\text{ã}}$	—$_{\text{ŋ}}$	+	—	+$_{\text{iaŋ}}$
安峰	—	—$_{\text{ɪ}}$	—	—	+	+$_{\text{iã}}$	—$_{\text{o}}$	—$_{\text{o}}$	—$_{\text{ŋ}}$	+	—	+$_{\text{iaŋ}}$
平明	—	—$_{\text{ɪ}}$	—	—	+	+$_{\text{iã}}$	—$_{\text{o}}$	—$_{\text{o}}$	—$_{\text{ŋ}}$	+	—	+$_{\text{iaŋ}}$
曲阳	+	+	—	—	+	+$_{\text{iã}}$	—$_{\text{o}}$	—$_{\text{o}}$	—$_{\text{ŋ}}$	—	—	+$_{\text{iaŋ}}$
海州	—	—$_{\text{ɪ}}$	—	—	+	—$_{\text{iɛ̃}}$	—$_{\text{o}}$	—$_{\text{o}}$	—$_{\text{ŋ}}$	+	—	+$_{\text{iaŋ}}$
	m.	n.	o.	p.	q.	r.	s.	t.	u.	v.	w.	x.
宁海	—	—$_{\text{ɪ}}$	—	—	+	—$_{\text{iɛ̃}}$	—$_{\text{ʊ}}$	—$_{\text{ʊ}}$	—$_{\text{ŋ}}$	+	—	+$_{\text{iaŋ}}$
板浦	—	—$_{\text{ɪ}}$	—	—	+	—$_{\text{iɛ̃}}$	—$_{\text{ʊ}}$	—$_{\text{ʊ}}$	—$_{\text{ŋ}}$	+	—	+$_{\text{iaŋ}}$
新浦	—	—$_{\text{ɪ}}$	+	—	—$_{\text{iu}}$	—$_{\text{iɛ̃}}$	—$_{\text{ʊ}}$	—$_{\text{ʊ}}$	—$_{\text{ŋ}}$	+	—	+$_{\text{iaŋ}}$
朝阳	—	—$_{\text{ɪ}}$	—	—	+	—$_{\text{iɛ̃}}$	—$_{\text{ʊ}}$	—$_{\text{ʊ}}$	—$_{\text{ŋ}}$	+	—	+$_{\text{iaŋ}}$
伊山	—	—$_{\text{ɪ}}$	+	—	—$_{\text{iu}}$	—$_{\text{iɛ̃}}$	—$_{\text{ʊ}}$	—$_{\text{ʊ}}$	—$_{\text{ŋ}}$	+	—	+$_{\text{iaŋ}}$
四队	—	—$_{\text{ɪ}}$	+	—	—$_{\text{iu}}$	—$_{\text{iɛ̃}}$	—$_{\text{ʊ}}$	—$_{\text{ʊ}}$	—$_{\text{ŋ}}$	+	—	+$_{\text{iaŋ}}$
龙苴	—	—$_{\text{ɪ}}$	+	—	—$_{\text{iu}}$	—$_{\text{iɛ̃}}$	—$_{\text{ʊ}}$	—$_{\text{ʊ}}$	—$_{\text{ŋ}}$	+	—	+$_{\text{iaŋ}}$

续表

	m.	n.	o.	p.	q.	r.	s.	t.	u.	v.	w.	x.
同兴	—	—$_\text{ɪ}$	+	—	—$_\text{iu}$	—$_\text{iɛ̃}$	—$_\text{ʊ}$	—$_\text{ʊ}$	—$_\text{ŋ}$	+	—	+$_\text{iaŋ}$
下车	—	—$_\text{ɪ}$	+	—	—$_\text{iu}$	—$_\text{iɛ̃}$	—$_\text{ʊ}$	—$_\text{ʊ}$	—$_\text{ŋ}$	+	—	+$_\text{iaŋ}$
南岗	—	—$_\text{ɪ}$	+	—	—$_\text{iu}$	—$_\text{iɛ̃}$	—$_\text{ʊ}$	—$_\text{ʊ}$	—$_\text{ŋ}$	+	—	+$_\text{iaŋ}$
白蚬	—	—$_\text{ɪ}$	+	—	—$_\text{iu}$	—$_\text{iɛ̃}$	—$_\text{ʊ}$	—$_\text{ʊ}$	—$_\text{ŋ}$	+	—	+$_\text{iaŋ}$
鲁河	—	—$_\text{ɪ}$	+	—	—$_\text{iu}$	—$_\text{iɛ̃}$	—$_\text{ʊ}$	—$_\text{ʊ}$	—$_\text{ŋ}$	+	—	+$_\text{iaŋ}$
侍庄	—	—$_\text{ɪ}$	+	—	—$_\text{iu}$	—$_\text{iɛ̃}$	—$_\text{ʊ}$	—$_\text{ʊ}$	—$_\text{ŋ}$	+	—	+$_\text{iaŋ}$
穆圩	—	—$_\text{ɪ}$	+	—	—$_\text{iu}$	—$_\text{iɛ̃}$	—$_\text{ʊ}$	—$_\text{ʊ}$	—$_\text{ŋ}$	+	—	+$_\text{iaŋ}$
陡沟	—	—$_\text{ɪ}$	+	—	—$_\text{iu}$	—$_\text{iɛ̃}$	—$_\text{ʊ}$	—$_\text{ʊ}$	—$_\text{ŋ}$	+	—	+$_\text{iaŋ}$
王集	—	—$_\text{ɪ}$	+	—	—$_\text{iu}$	—$_\text{iɛ̃}$	—$_\text{ʊ}$	—$_\text{ʊ}$	—$_\text{ŋ}$	+	—	+$_\text{iaŋ}$
杨集	—	—$_\text{ɪ}$	+	—	—$_\text{iy}$	—$_\text{iɛ̃}$	—$_\text{ʊ}$	—$_\text{ʊ}$	—$_\text{ŋ}$	+$_\text{—}$	—	—$_\text{iã}$
圩丰	—	—$_\text{ɪ}$	+	—	—$_\text{iu}$	—$_\text{ĩ}$	—$_\text{ʊ}$	—$_\text{ɪ}$	—$_\text{ŋ}$	+	—	—$_\text{ĩ/iẽ}$
沂北	—	—$_\text{ɪ}$	+	—	—$_\text{iy}$	—$_\text{ĩ}$	—$_\text{ʊ}$	—$_\text{ɪ}$	—$_\text{ŋ}$	+	—	—$_\text{iã}$
图河	—	—$_\text{ɪ}$	+	—	—$_\text{iy}$	—$_\text{ĩ}$	—$_\text{ʊ}$	—$_\text{ɪ}$	—$_\text{ŋ}$	+$_\text{—}$	—	—$_\text{iã}$
燕尾	—	—$_\text{ɪ}$	+	—	—$_\text{iy}$	—$_\text{ĩ}$	—$_\text{ʊ}$	—$_\text{ɪ}$	—$_\text{ŋ}$	+$_\text{—}$	—	—$_\text{ĩ/iẽ}$
陈集	—	—$_\text{ɪ}$	+	—	—$_\text{iy}$	—$_\text{ĩ}$	—$_\text{ʊ}$	—$_\text{ʊ}$	—$_\text{ŋ}$	+$_\text{—}$	—	—$_\text{ĩ/iẽ}$
汤沟	—	—$_\text{ɪ}$	+	—	—$_\text{iy}$	—$_\text{ĩ}$	—$_\text{ʊ}$	—$_\text{ɪ}$	—$_\text{n}$	—	—	—$_\text{ĩ/iẽ}$
新安	—	—$_\text{ɪ}$	+	—	—$_\text{iy}$	—$_\text{ĩ}$	—$_\text{ʊ}$	—$_\text{ɪ}$	—$_\text{n}$	—	—	—$_\text{ĩ/iẽ}$
新集	—	—$_\text{ɪ}$	+	—	—$_\text{iy}$	—$_\text{ĩ}$	—$_\text{o}$	—$_\text{ɪ}$	—$_\text{n}$	—	—	—$_\text{ĩ/iẽ}$
李集	—	—$_\text{ɪ}$	+	—	—$_\text{iy}$	—$_\text{ĩ}$	—$_\text{ʊ}$	—$_\text{ɪ}$	—$_\text{n}$	—	—	—$_\text{ĩ/iẽ}$
大圈	—	—$_\text{ɪ}$	+	—	—$_\text{iy}$	—$_\text{ĩ}$	—$_\text{ʊ}$	—$_\text{ɪ}$	—$_\text{n}$	—	—	—$_\text{ĩ/iẽ}$
三口	—	—$_\text{ɪ}$	+	—	—$_\text{iy}$	—$_\text{ĩ}$	—$_\text{o}$	—$_\text{ɪ}$	—$_\text{n}$	—	—	—$_\text{ĩ/iẽ}$
白皂	—	—$_\text{ɪ}$	+	—	—$_\text{iy}$	—$_\text{ĩ}$	—$_\text{ʊ}$	—$_\text{ɪ}$	—$_\text{ŋ}$	—	—	—$_\text{ĩ/iẽ}$
百禄	—	—$_\text{ɪ}$	+	—	—$_\text{iy}$	—$_\text{ĩ}$	—$_\text{ʊ}$	—$_\text{ɪ}$	—$_\text{n}$	—	—	—$_\text{ĩ/iẽ}$
小窑	—	—$_\text{ɪ}$	+	—	—$_\text{iy}$	—$_\text{ĩ}$	—$_\text{ʊ}$	—$_\text{ɪ}$	—$_\text{n}$	—	—	—$_\text{ĩ/iẽ}$
长茂	—	—$_\text{ɪ}$	+	—	—$_\text{iy}$	—$_\text{ĩ}$	—$_\text{o}$	—$_\text{o}$	—$_\text{n}$	—	—	—$_\text{ĩ/iẽ}$
田楼	—	—$_\text{ɪ}$	+	—	—$_\text{iy}$	—$_\text{ĩ}$	—$_\text{ʊ}$	—$_\text{ɪ}$	—$_\text{n}$	—	—	—$_\text{ĩ/iẽ}$

续表

	m.	n.	o.	p.	q.	r.	s.	t.	u.	v.	w.	x.
六塘	—	$—_{\text{ɪ}}$	+	—	$—_{\text{iy}}$	$—_{\text{ɿ}}$	$—_{\text{o}}$	$—_{\text{ɪ}}$	$—_{\text{n}}$	—	—	$—_{\text{ɿ/iẽ}}$
九队	—	$—_{\text{ɪ}}$	+	—	$—_{\text{iy}}$	$—_{\text{ɿ}}$	$—_{\text{ʊ}}$	$—_{\text{ɪ}}$	$—_{\text{n}}$	—	—	$—_{\text{ɿ/iẽ}}$
堆沟	—	$—_{\text{ɪ}}$	+	—	$—_{\text{iy}}$	$—_{\text{ɿ}}$	$—_{\text{ʊ}}$	$—_{\text{ɪ}}$	$—_{\text{n}}$	—	—	$—_{\text{ɿ/iẽ}}$

说明：v. 里的标注符号“+_”表示部分字混读。

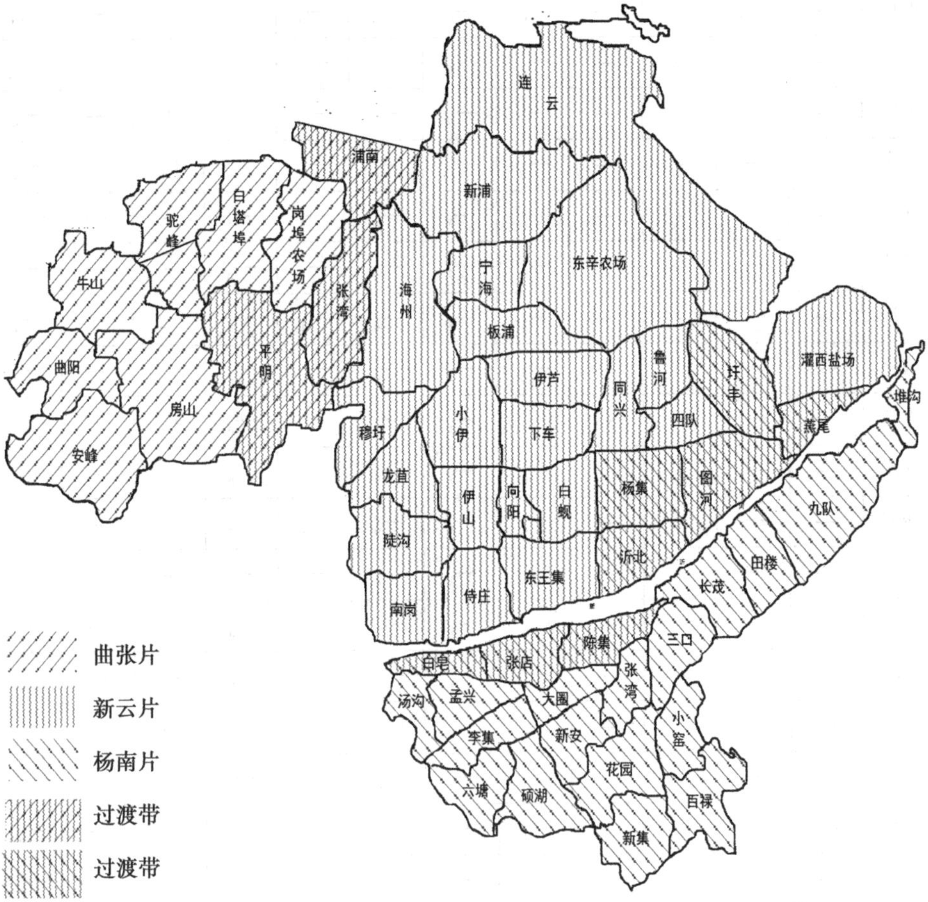

图 5-6　江淮官话内部分区

由表 5-12 可知，在江淮官话地区，一些语音特征各点基本一致：果摄一等见系开合口，除牛山、曲阳两点外，混同为 ʊ 或 o；假摄开口韵主元音，除牛山、曲阳两点外，依据等韵区分开来，细音韵多为 iɪ 或 ie，开口度低于一、二等韵；效摄复元音单音化，各点基本为 ɔ、iɔ；臻摄合口舒声韵混入通摄，仅个别点例外；山摄桓山删韵主元音除驼峰、浦南、牛山点均分开来；通摄没有读同曾梗摄的现象，江淮官话区各点无一例外。

上述几个区内一致性较大的语音特征，牛山、曲阳、驼峰、浦南四点方言的表现不同于其他江淮官话地区，反而更接近中原官话地区。这几个点临近中原官话地区，更容易受其影响而有一些相近的方言表现。

表 5-12 反映了方言特征在各个方言点的表现以及各点间关系的远近。根据表 5-12 中各个语音特征在方言点的分布和叠置情况，连云港境内的江淮官话地区可以分成三个方言小片：曲张片、新云片、杨南片，还有两个过渡带。各小片具体范围如下：

曲张片，主要是东海境内的江淮官话地区，这一个小片方言反映了中原官话和江淮官话交界地带方言的过渡性特征。方言的过渡性表现，具体见表 5-13：

表 5-13　江淮官话曲张片方言过渡性表现

方言区	曲张片方言特征
中原官话	泥娘来母区分
	非敷奉晓匣母区分
	精组洪细：ʦ、$ʦ^h$、s，ʨ、$ʨ^h$、ɕ
	精组与知庄章组读音分立
	蟹止摄开口三四等无舌尖化的音变现象
江淮官话	入声不分阴阳独立成类
	深臻曾梗四摄合为 əŋ，iŋ
	止摄日母今为零声母Ø
	臻摄合口舒声混同通摄，曲阳例外
	效摄复元音单音化

续表

方言区	曲张片方言特征
过渡地带	微母字今Ø/v 两读
	日母止摄今为 a/ε
	非止摄日母今为 ʐ/Ø两读或单读 ʐ 母
	山摄桓山删韵主元音相同，部分点区分

曲张片的平明、浦南$_{\text{南}}$、张湾三点，视作曲张和新云两个方言小片的过渡带。因地理位置临近新云片，与其相近的方言特征更多，比如：泥娘来母混读 l 母，非敷奉晓匣混读 x 母，精组与知庄章同读 tʂ、tʂ^{h}、ʂ声母。

新云片，位于连云港中部的江淮官话地区，这一个方言小片内部方言特征一致性较大。精组与知庄章组混读 tʂ、tʂ^{h}、ʂ，泥娘来母全部混读 l，这两个方言特征与周围的曲张片和杨南片两个方言小片截然区分。非止摄日母今基本只读 ʐ，深臻曾梗摄混读后鼻音 iŋ、əŋ，臻摄合口端系字混读通摄，山摄合口阳声韵主元音二分，这些语音特征与南部杨南片区别开来。咸山两摄开口阳声韵主元音二分，这个语音特征区别于北部的曲张片。

杨南片，位于连云港最南部，主要是除陈集、李集、张店、汤沟之外的灌南大部分地区。这个方言小片与北部曲张片和中部新云片的差异较为明显，语音特征今读类型的差异较大。泥娘来母多混读 n/l；非敷奉晓匣母区分；精组与知庄章组均读 ts、ts^{h}、s；非止摄日母今有 z、ʐ、l、Ø几个音读形式，多读 z 和 l，有部分也读 ʐ 和零声母Ø，如：软 zʊ̃、人 zən/lən、扔 lən、肉 zəu/ʐəu、容 zoŋ/ioŋ、热 iɪʔ4、日 zəʔ/ʐəʔ；日母止摄字今读零声母的 a；流摄细音韵主元音较新云片元音位置更前、更高，今为 iy 韵；咸山摄开口细音韵主元音也更高，为 e 或 ɪ；山摄合口三四等韵主元音为 ɪ，不同于一二等韵；臻摄合口舒声不混入通摄，仍读合口韵；宕江摄开口细音韵，均鼻化为 iĩ韵，并入咸山摄。除了这些内部较一致的语音特征外，杨南片还有一个明显的语音特点，即见系开口二等今 k/tɕ 两组声母的文白读系统保留较完整，这一类字语音形成“双轨”系统，如：蟹 xɑ、鞋 xɑ、家 kɑ、角 koʔ，假摄与蟹摄今韵母主元音多为 a 或 ɑ，如：买 ma、蟹 xɑ、鞋 xɑ、鸭 ŋa、来 la。这些语音特点基本仅为杨南片所有，与其他两个小片的差异较明显。这些方言特征也多存在于南部的响水和涟水方言中。

灌云杨集、圩丰、沂北、图河、燕尾和灌南陈集连成一条带状地区，这一地区的语音表现兼有两个小片的特点，与任何一个小片都不完全相同，所以视作两个小片的过渡地带。这一带状地区语音特征的过渡性见表 5-14：

表 5-14　江淮官话新云片与杨南片过渡带语言表现

方言小片	过渡带的语言特征
新云片	泥娘来母混读 l
	非敷奉晓匣母混读 x
	精组与知庄章组混读 tʂ、tʂ^{h}、ʂ
	深臻曾梗今混读后鼻音 iŋ、əŋ
杨南片	山摄合口韵主元音三分
	见系开口二等韵声母分 k/tɕ 两套
新云片、杨南片	宕江摄开口细音韵 iã
	臻摄合口阳声韵，图河、燕尾、陈集三地混同与区分均有

由表 5-14 能看出，新云片和杨南片交界地带的方言，表现出一个方言小片的语言特征消减而另一个方言小片语言特征增强的特点。

江淮官话地区各方言小片的代表点音系，详见附录。

二、方言点内部差异微观考察

上文已将江淮官话地区分成三个小片，如实反映了这一片江淮官话地区内部的方言差异情况。但一些方言点，因为各种原因，境内方言存在差异，方言表现不同，需作进一步说明。

(一) 浦南镇方言的南北差异

浦南镇原属东海县，2008 年划入新浦区。浦南是市区到赣榆、山东的主要途经地。其北部为赣榆县墩尚镇，西部为东海黄川，南部为东海岗埠农场和张湾乡，东部即接连云港市区和海州区。

浦南镇北部和南部分属中原官话和江淮官话。浦南作为南北交流的联结，方言表现出兼南蓄北的过渡特征。境内方言南北不同，北部临近赣榆的一些村庄，以浦北村为代表，方言与赣榆相近；而浦南村、潘圩村、官庄村等南部村庄，方言更接近新浦和海州。浦南镇方言南北差异情况，具体见表 5-15：

表 5-15　灌南镇方言南北差异

类别	浦南$_{北}$	浦南$_{南}$
泥娘来母	区分	混合
邪母平声字声母	ɕ/s	$tɕ^h$/ɕ
精组与知庄章组	区分	混合
微母	v	Ø
非敷奉母、晓匣母	区分	混合
非止摄日母	Ø/ʐ	ʐ
果摄一等见系开合口	区分	相同
咸山摄阳声韵主元音	相同	区分
山摄桓山删韵主元音	相同	区分
臻摄合口与通摄	区分	相同
调类	四个	五个
割	ka213	kə$\underline{34}$
麦	mei213	mə$\underline{34}$
白	pei35	pə$\underline{34}$
	同赣榆	同新浦
精组洪细	区分	区分
	同新浦	

由表 5-15 可知，浦南南部和北部方言，差异较明显，声韵调系统中都有一些方言特征分别与南、北邻近的地区相同，浦南北部与北部赣榆的墩尚、罗阳语音更相近，而浦南南部则与南部的张湾、新浦、海州地区相近。浦南的北部与南

部在很多方言特征上相区别，但境内也有一些相同的方言表现，精组声母全境均区分洪细音，分为 ʦ、ʦʰ、s 和 ʨ、ʨʰ、ɕ 两套，止摄日母今全境均为零声母。

浦南境内南北部方言的差异，应该是在与周围地区长期的接触过程中形成的。

(二)东海驼峰、牛山方言的过渡表现

1. 驼峰乡

驼峰乡位于东海县中部地区，北为青湖镇，东为白塔埠镇，南为平明乡和房山乡，西为东海县牛山镇和石榴乡。

驼峰北部的青湖、石梁河和黄川以及西部的石榴乡均属中原官话地区，而东部和南部则是江淮官话地区，驼峰处于中原官话和江淮官话的交界地区。驼峰方言有入声，归入江淮官话。

驼峰有一些境内较一致的语音特征，如：精、见组细音均腭化，果摄见系开合口韵主元音相同，咸山摄开口洪细音主元音分别为 a 和 ɛ，山摄桓山删韵主元音区分为 ʊ 和 a，深臻曾梗摄今混读后鼻音 əŋ，这些特征与江淮官话新云小片表现相同。

驼峰境内，一些方言特征南北不同，受到周围不同方言区的影响。微母字大多读 v 声母，也有部分读零声母，驼峰境内各点虽然入声独立成类，但舒化的程度非常高，时长听感上很难与舒声调类区别开来，入声的喉塞尾今已基本消失。受青湖和石榴的影响，驼峰北部，中原官话的方言特征多于南部，北部精组字全部为 ts、ʦʰ、s，与知庄章组 ʈʂ、ʈʂʰ、ʂ 完全对立，没有混同，但南部如南榴村，有部分精组字与知庄章组同读 ʈʂ、ʈʂʰ、ʂ。疑母开口，北部为 ɤ，南部为零声母ø。泥娘来母字，北部完全区分，但南部 n 和 l 小部分混同。另外，止摄日母今均为零声母，但南北形式不同，北部为 ɛ，南部为 a。

正是在与周围方言的接触中，驼峰方言的地理差异渐渐形成，表现出过渡地带方言特征混杂的特点。

2. 牛山镇

牛山镇是东海县城，东部是驼峰，南边是曲阳，西边为石湖，北部为温泉和石榴。牛山镇的南、西、北三面均是中原官话，仅东边为江淮官话，也是处于两个方言区的交界地带，而且受中原官话影响的程度会更大。

对牛山方言语音特征属性的分析可看出，这个方言点表现出更多中原官话的方言特征属性。微母部分字读 v；泥娘来母完全区分，分别为 n 和 l；非敷奉、晓匣母分别为 f 和 x；精组为 ʦ、ʦ^h、s，与知庄章组声母 tʂ、tʂ^h、ʂ不同；果摄见系开合口韵母不同；假摄开口韵主元音相同，均为 a；山摄开口洪细音主元音不区分；山摄桓山删韵主元音不区分。

牛山方言也有一些方言特征与江淮官话地区的方言相同，如：入声独立成类，深臻摄与曾梗摄同读后鼻音韵，臻摄合口读同通摄。

牛山方言兼有中原官话和江淮官话的语音特征，这是中原官话与江淮官话在这一地带接触、竞争的结果。牛山周围三面是中原官话，仅东南部与江淮官话地区相接，因而，方言中也更多地表现出中原官话的特征。

(三)灌云杨集和图河以及灌南陈集方言的过渡表现

1. 杨集

杨集处于灌云南部，东、南、西、北分别为沂北、白蚬、王集三个乡镇。杨集面积虽不大，但其方言表现却不能忽视，它与灌云东南角的图河、沂北连接成的一小片地区，成为两个方言小片间的过渡带。

杨集方言，有少数方言特征表现出杨南片的方言属性，虽然不多，但这是两个方言小片交界地带，方言特征过渡的开始，从杨集到图河，杨南片的方言特征逐渐增加。

杨集，臻摄合口舒声仅部分混入通摄，如：馄饨 xuən təŋ、春天 tʂ^{h}uən t^{h}iẽ/tʂ^{h}oŋ t^{h}iẽ、魂 xuən、群 tɕ^{h}yŋ；宕江摄开口细音韵已鼻化，与北部地区的后鼻音韵明显不同，但与南部灌南地区开口度较小的 e/ɪ 不同，如：讲 tɕiã、乡 ɕiã、两 liã、凉月$_{月亮}$liã yəl4、洋灰$_{水泥}$iã xui、娘$_{叔母}$liã；见晓组声母二等字，文白两读的情况较多，如：角 koʔ4/tɕyə、家里 ka li、鞋 xa/ɕiɛ、刚 tɕiã/kaŋ、解 kɛ/tɕiɪ、街 kɛ/tɕiɛ、蟹 xiɛ/ɕiɪ、间 kã/tɕiẽ、巷 xaŋ、喊 ɕiẽ/xã、下 xa。

杨集方言语音的其他特征基本与北部新云片相同，如精组与知庄章同读 tʂ、tʂ^h、ʂ，泥娘来母为 l，深臻曾梗摄开口韵今均为后鼻音。

2. 图河

与杨集相比，图河方言语音中体现出更多杨南片方言典型的语音特征。泥娘来母字，杨集与北部新云片的表现相同，全部为 l，而图河部分字混读，与灌南地区的情况大致相同，如：年 liĩ/niĩ、ləu、lɿ。

精组，读舌尖前音 ts、tsʰ、s，如：输 sʊ、送 soŋ、湿 səʔ、说 suəʔ、锁 sʊ。

山摄合口三四等主元音不同于一二等，如：圆 yĩ、选 ɕyĩ、泉 tɕʰyĩ、全 tɕʰyĩ。宕江摄开口细音韵，不仅鼻化，且主元音开口度也更小，与南部相同，如：样 iẽ、讲 tɕiẽ、想 ɕiẽ。

入声，有边音-l 的韵尾形式，与灌南地区相同，如：药 yəl、骨 kuəl、笔 piɪl，杨集方言则无这种语音现象。

臻摄合口韵，少部分字混同通摄，这一语音特征与杨集相同。所调查的臻摄合口字，“军、裙、云”三字韵母混同通摄，为 oŋ、yŋ，“温、困、顺、混、魂、滚、蚊”等字读 uən 韵，不与通摄相混。

深臻曾梗摄开口韵，今图河混读后鼻音，与杨集、新云片方言相同，如：近 tɕiŋ，门 məŋ，村 tʂʰəŋ，区别于南部的前鼻音的形式。

杨集与图河连成的这一片过渡带内的各个方言点，都兼有新云片和杨南片的语音特点，但从杨集到图河，地理上越往南，语音体现出越多的杨南片方言的语音特点。

3. 灌南陈集

灌云杨集至图河一带的方言特征是南部的方言特征从东部北上越过沂河，在北地留下的痕迹；然而，灌南陈集方言也让人看到了新云片方言从西部南下越过沂河，在南地打上的烙印。

陈集是灌南西北部的一个镇，隔沂河与灌云王集和杨集相望，陈集镇东、南、西部分别为三口、张湾、大圈和张店，东、西都有数座桥与北岸的灌云连接。

陈集方言体现出杨南片方言的典型特征。陈集方言入声字有边音韵尾，如：国 kol、药 yol、百 pol、绿 lol、突 tʰol、骨 kol；宕江摄开口细音韵不仅鼻化，而且主元音开口度较小，如：讲 tɕiẽ、想 ɕiẽ。

北部新云片的典型特征，陈集方言中也能见到不少。深臻曾梗摄开口韵今读后鼻音，如：村 tʂʰəŋ、针 tʂəŋ；山摄合口三四等韵主元音同桓韵，如：圆 yõ、

选 ɕyõ、泉 tɕʰyõ；泥娘来母混读 l，如：年 liĩ、牛 ləu、泥 lʅ；非敷奉母混读晓匣母，如：饭 xuã、肥 xui。

陈集方言，精组可读 ts、tsʰ、s 和 tʂ、tʂʰ、ʂ 两组声母，体现了过渡方言的特点，如：手 səu、碎 sei、诗 sɿ、孙 ʂəŋ、顺 ʂuən。

陈集、杨集与图河一带在方言特征上的过渡性表现，说明了交界地带的语言接触、方言特征传播并非单向的，各个语音特征在传播速度和影响程度上存在差异。如图 5-7：

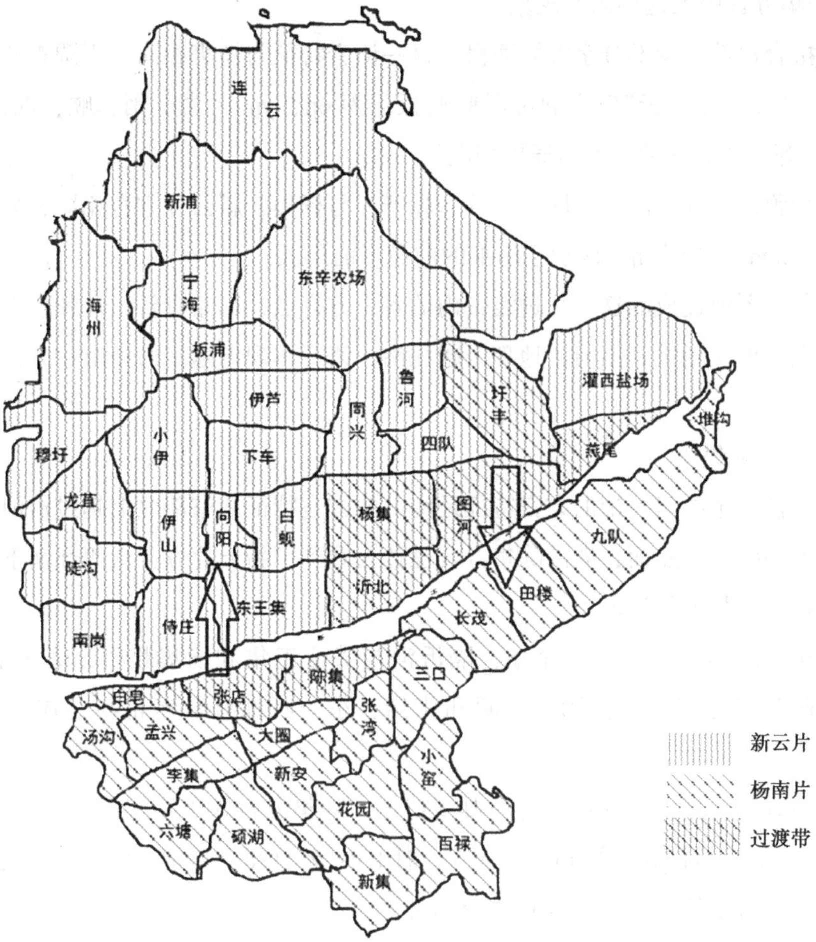

图 5-7　新云片与杨南片语言接触示意图

对这些方言点语言差异的微观分析表明，一个方言区和方言小片总是存在内部较一致并且区别于外部的方言特征，但在各个方言内部以及方言交界地带，方言的表现总是更为复杂，即使是一个乡镇内部，也会存在差异。这些方言点分布于连云港各处，它们在方言发展演变过程中，受方言内部和外部诸多因素的影响，吸收了异质成分，改变着自己的结构。从方言点内部差异以及与周围地区方言的联系中，我们可以看出连云港方言从北至南，方言特征在一点点地交替置换过程中最终形成了北部与南部方言的殊异。

第六章　方言地理分布的差异表现及演化原因

前文已经研究了连云港境内各项语音特征的类型和分布、内部的分区以及方言的共时地理分布与历时演变的关系。本章首先分析方言的共时差异表现，推测方言地理分布的发展演变情况，进而探寻连云港方言地理分布形成和发展的原因。

第一节　方言地理分布演化的共时差异表现

语言地理分布能体现时、空两个纬度的演变信息。汉语地理分布的今貌，是在自然、人文等因素的作用下，经过长期演变形成的；现在，各地方言都在以更快的速度变化着。通过方言特征的地理分布，我们看到了方言所经历过的演变历史；而通过共时的方言差异，我们又能推断方言地理分布变化的方向。

为了解方言地理分布在今后的演变情况，本节首先通过方言特征分布情况分析这些共时差异所体现出的方言分布的变化趋势。接着，运用社会语言学变异和变化的理论与方法，从个体和社会两个角度对连云港方言变异的共时表现进行分析。对于语言变异，拉波夫将其定义为“对同一件事物存在不同的说法”(祝畹瑾，1985)，认为“是语言运用上的变化和差异，是通过使用各种不同的语言上的变体表现出来”。陈松岑(1999)认为“是某个语言项目，在实际使用着的话语中的状况”。综合起来，语言变异指的是语言在实际使用中的各种变化和差异。语言变异有共时和历时两个层面。通过年龄、职业、性别等社会因素能得到显像时间上的语言差异，得到进行中的语言变化，并从中寻找语言变化的方向。变异研究能得到共时和历时两个维度的语言信息。在语言变异理论的指导下，本节先选择了单个方言点进行个案研究，对当地不同年龄段发音人的方言差异进行了比较和说明；之后，在南北两个方言差异较大的点进行了随机抽样，对语言差异的显著性进行统计分析，以此获知语言共时差异的表现。从语言的共时差异，推测语言地理分布的变化方向，了解影响语言地理分布变化的因素。

一、方言分布的共时差异表现

地理语言学认为现在在地理上零星分布的语言形式，在历史上可能曾广泛地分布着。见组细音今读 c、cʰ、ç 的类型，今仅存在于连云港北部少数几个乡镇中，地理上没有连接成片。语言发展的历史说明这种类型曾经广泛地分布于汉语各方言区，但后来分布范围渐渐缩小；而在现时的地理分布上，见组细音腭化的 tɕ、tɕʰ、ɕ 类型分布范围最广泛，并将 c、cʰ、ç 型分布的地区完全包围住，将其分布地区挤压成一片狭长的地带。两种音读类型地理分布范围的对比，说明见组细音读 c、cʰ、ç 的分布范围会进一步减小。

知庄章组几种今读类型的地理分布区域也较明显，范围最小的是三分型 ts/ʧ/tʂ，仅存在于连云港北部靠近山东的一小片地区；二分型 ʧ/tʂ 的分布范围稍大，但也仅分布在赣榆县中北部地区，而且，在一些地区，ʧ 组声母字已有部分混入 tʂ 组声母中，ʧ 组声母在语言系统内部以及地理上的分布都在减小；一分型 tʂ 分布于连云港的大部分地区。语言类型分布范围的大小，是语言接触和竞争的结果在地理上的表现，是语言力量对比的反映。随着语言接触的深入和普通话影响的增大，一分型将会以更快的速度占据现在二分型和三分型的地区。

止摄日母读 ɭ，入声的边音-l 韵尾，见系开口二等读舌根音声母，这些语音特征的音读类型都曾是语音演变过程中的重要阶段，而今，这些音读类型的地理分布范围已经很小，而且，分布范围可能会进一步缩小甚至消失。

在现时的地理分布中，一些语音类型的地理分布范围大致相当，如精组细音尖音 ts、tsʰ、s/tθ、tθʰ、θ 和腭化音 tɕ、tɕʰ、ɕ，微母读 v 母和零声母ø，精知庄章组合并为舌尖后音声母 tʂ、tʂʰ、ʂ 或 ts、tsʰ、s，这几个语音特征的今读类型在现时地理分布上都还各自占据着一片范围。在语言系统内部及外部诸多因素的共同作用下，语音各种类型的相互竞争仍会持续，方言语音的特征都会经历增长和消损的变化，方言的类型以及地理分布也会渐渐变化。

二、方言使用的个体差异表现

在黑林东部的阎康邑村，调查了一对母子。母亲文化程度低，小学未毕业，一直在农村劳作生活；儿子中专毕业后在市区一企业上班，节假日回家。两人方言差异的个体表现见表 6-1：

表 6-1　黑林方言个体差异

语音特征	母亲	儿子	同异
微母字	v	v/Ø	异
精组字	tθ	tθ	同
知庄章组字	tʂ/ts/ʧ	tʂ	异
非止摄日母字	Ø	Ø/ʐ	异
硬	əŋ	əŋ/iŋ	异
吃	$ʧ^{h}$i	$tʂ^{h}$ʅ	异

对他们母子俩的方言调查发现，黑林方言语音特征的个体差异表现得较明显。母亲的一些字音及词汇表述，儿子称自己从来不这样说。这位儿子能说出几点自己的口音与当地方言的差异，但他也表示自己因为长期在外学习、工作和生活，已经习惯使用普通话，所以很难改变现在的口音。

城西镇，是赣榆中部的一个镇，与青口镇接近。城西调查的是一位 76 岁的大爷(下称老男)，还有一位近四十岁的女性(下称中女)，两人的外出经历都较少。方言异同情况见表 6-2：

表 6-2　城西方言个体差异

语音特征	老男	中女	异同
微母	v	v	同
精组字	tθ/ts	ts	异

续表

语音特征	老男	中女	异同
知庄章组字	知$_{二}$庄 ʈʂ 知$_{三}$章 ʧ	知$_{三}$章 ʧ 组字部分 混同知$_{二}$庄 ʈʂ 组声母	异
止摄日母字	ɚ	ɚ	同
非止摄日母字	Ø	Ø	同
见组细音	c、c^{h}、ç	ʨ、ʨ^{h}、ɕ	异
书	ʃʮ	ʃʮ	同
知	ʧi	ʈʂʅ	异
城	ʧ^{h}iəŋ	ʈʂ^{h}əŋ	异
桥	c^{h}iau	ʨ^{h}iau	异

对中年、老年这两个年龄段的调查表明，与老派口音相比，中年的语音情况已经有明显不同。老年人认为年轻人的方言已经与他不太相同了，而中年女性则说“调都差不多”，可见，她对自己口音的变化并没有太多察觉。实际上，中年与老年知庄章组以及见组细音的今读已经是不同的类型了。

在灌云杨集，调查了两位男性发音人，一位是近三十岁的青年，为市里公务员，另一位是六十多岁的男性，在灌云务农，基本没有外出经历。老年男性平时接触的主要为周围乡民，其口音较完好地保存了灌云方言的方言特点；年轻男性，在学习和工作中基本使用普通话。通过两者对比可发现语音中的变化，具体异同见表 6-3：

表 6-3　杨集方言个体差异

语音特征	老年	青年	异同
精、知、庄、章	全部为 ʈʂ 组	多数为 ʈʂ 组，少部分为 ʦ 组	异
泥、娘、来母	l	l	同
非敷奉、晓匣母	混读 x	混读 x	同
咸山开口洪细主元音	区分	少部分不区分	异

续表

语音特征	老年	青年	异同
山摄合口一、二等	区分	少部分不区分	异
我	ŋ,	ŋ/ʊ	异
蟹止摄舌尖化	无	有	异

从以上几项语音特征的表现可以看出：青年有些语音特征与老派仍相同，但有一部分已经开始变化，音读类型已完全不同于老派了。年轻人觉得和老年人相比，一些发音已经不同，俗语也不会使用了，认为同龄人“也都这么说”。可见，方言形式的年龄差异较普遍。

在灌南长茂，调查了两位男性发音人，年轻的三十岁，在市区工作，年老的57岁，在家务农。这两位发音人的方言表现存在差异，例举见表6-4：

表6-4　长茂方言个体差异

语音特征	老年	青年	异同
精、知、庄、章	大多为ʦ组	ʦ组和ʈʂ组声母都有	异
泥、娘、来母	混读	混读	同
非敷奉、晓匣母	不混	不混	同
见系开口二等“街、家、鞋”	文白读两读	今多读ʨ、$ʨ^h$、ɕ	异
蟹摄开口一二等读同假摄的主元音a	相同	部分不同	异
咸山开口洪细主元音	区分	混分混同	异
山摄合口一、二等	区分	部分混同	异
我	ŋ	ŋ/ø	异
矮	a	ɛ	异
硬	ən	in	异
药	iəl4	iəʔ4/yəʔ4	异
耳	a	a	同

两位发音人的方言，较明显的差异是咸山两摄阳声韵主元音，老年人仍旧区分，而年轻人则已部分混同，另外，个别字的读音也已不同。对于这些方言差异表现，老年人觉得“没有什么，反正听得懂”，而年轻人认为这些方言差异自己平时也意识不到。

对几个地点方言年龄差异的分析，可以发现，不管归属哪一个方言区和方言小片，不管位于连云港哪一个地区，方言的年龄差异均存在，而且演变的方向都是向着普通话的方言特征靠近。

三、方言差异显著性统计分析

调查发现，方言差异并不仅仅只是个体表现，而是具有普遍性。方言的共时差异可以表现为方言的年龄差异，也可以表现为语言选择和语言态度的不同，这两个方面都能反映方言发展的方向，从这些共时差异中可以大致判断方言地理分布的未来面貌。

因而，选择了连云港南、北部两个差异较大的方言点进行社会方言层面的统计分析，了解方言表现和态度的差异在社会年龄层面的分布情况。

1. 方言表现差异

赣榆方言中一个较明显的普遍特点是精组声母保留尖音，方言点间的不同仅在于 tθ、$tθ^h$、θ 和 ʦ、$ʦ^h$、s 的音值差异。这一音读类型区别于连云港其他地区。为了解方言在与普通话以及周边方言的接触中所受到的影响和变异的程度，下文对精组细音的今读差异进行了社会统计分析。

在赣榆境内，使用问卷调查、访谈调查和观察调查等方法，调查了 3 个年龄段共 280 个人。对每一个人进行调查时，根据场合，从下列精组细音字中，灵活选择一至两个字进行调查，搜集读音样本(见表 6-5)。

表 6-5

姐	写	借	西	洗	细	小	笑	秋
酒	修	尖	接	心	煎	钱	先	想

这 280 个精组细音今读的样本，分类见表 6-6。

表 6-6　方言表现社会年龄层次差异

年龄	20~40	40~60	60~	合计
tθ、ʦ	23	68	85	176
ʨ	73	27	4	104
合计	96	95	89	280

表 6-6 中精组细音今读各类型的样本统计结果显示，精组细音仍读 tθ、ʦ 的数量随年龄的增加而增加，而细音腭化的情况主要集中在中青年的群体中，老年群体中精组细音腭化的情况很少。

对精组细音今读类型的数据进行统计分析，用卡方检验的统计方法对数据进一步分析，使用的公式①：$\chi^2 = \sum \frac{(f_0 - f_e)^2}{f_e}$。自由度为 $df = (r-1)(c-1) = 2$，显著性水平为 $p = 0.05$。用公式处理数据的结果为 106.86，根据卡方 χ^2 分布表可查得临界值为 5.991，统计值 106.86 远大于临界值，因而可以判断，赣榆精组细音今读的年龄差异是非常显著的。

2. 语言态度和选择差异

语言是交际工具，也是团体认同的符号，语言使用者对语言的态度和评价会影响其语言选择，进而影响语言变化的方向。普通话、方言和外语是人们现在学习、工作和生活中会使用到的语言，有各自的语言功能分布。对普通话、方言和外语的交际功能、语言使用者的态度和选择差异的调查，能从中推断语言变化的趋势。

在灌南县，对当地近两百人的语言态度进行了问卷调查，各种语言态度的占比情况见表 6-7、图 6-1。

---

① 风笑天：《现代社会调查方法》，华中科技大学出版社 2005 年版，第 193 页。

表 6-7 语言态度差异占比表

	普通话	方言	外语
好听	0.82	0.11	0.04
有地位	0.81	0.1	0.08
有用	0.81	0.06	0.11

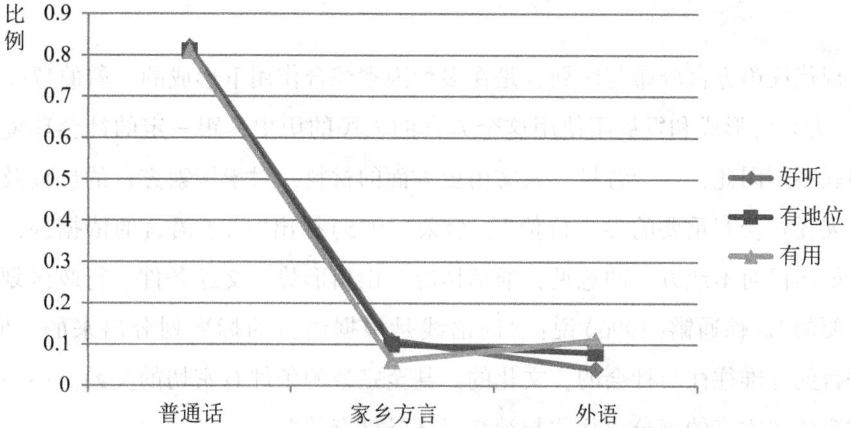

图 6-1 语言态度折线图

从表 6-7、图 6-1 的统计分析结果可以看出，在灌南地区，人们对普通话的认同度大幅地高于当地方言和外语；与外语相比，家乡方言的情感认同要高于外语，因而方言的“好听”和“有地位”两项上的比例要高于外语；但在“有用”这一语言价值的认同上要低于外语。人们对普通话和方言的态度和评价的差异会对语言选择和语言行为产生影响，人们在使用语言时，会很自然地根据场合选择“有用”的语言。

在当代，语言态度和行为较以前更为复杂，也较古代“宁卖祖宗田，不忘祖宗言”的语言情感有了很大变化，由以前的排斥抵抗到现在的主动接受和选择。社会发展和经济活动更加突出了语言的交际功能，与方言相比，普通话更能满足人们的交际需要。

语言态度的调查结果解释了语言差异表现的成因，语言态度会直接左右语言的选择，当语言选择成为社会的普遍倾向时，就会成为语言演变的趋势，从而加剧语言交际功能的分化程度，使方言的活力弱化，影响语言地理分布的呈现形式。

基于本节对语言差异表现的调查和研究，我们可以预测方言的特征会进一步减损，地理上的表现则是分布范围的缩小，中原官话的北界也将进一步南下，倾轧现在的江淮官话区域。

第二节 方言地理分布演化的影响因素

现代汉语方言分布与区划，是在多种因素综合作用下形成的。詹伯慧(2001)曾说“方言的形成和发展跟使用这个方言的人民的历史，跟一定的社会环境有密切的联系。因此，社会背景、人文历史方面的材料，对于探索方言的形成及其历史发展无疑会有重要的参考价值”。李荣(1985)提出“除了语言的依据外，其他标准如居民对本地方言的意见，通话情况、山川形势、交通条件、行政区划、都是重要的”。徐通锵(1996)说：“同语线是根据语言的标准划分出来的。但是，这语言的标准往往与社会的、文化的，甚至宗教的条件有密切的关系。……汉语的方言或次方言的划分也往往与社会经济条件有关”。

连云港地区的方言是这一地域的历史记忆，方言地理分布的形成和进一步演变，不仅要从方言系统的内部，还要从语言系统外部的自然环境及人文历史中去寻找原因，只有这样，我们才能更好地解读方言这一生动的“文本”。

一、山脉水系

瑞典著名语言学家 B. 马尔姆贝格(B. Malmberg)认为“连绵的高山和密林往往恰巧就是方言的分界线，而且多是泾渭分明的分界线，因为穿过高山或密林进行交往不是不可能，就是很困难”。现在的研究也多证实了自然地理在方言形成和演变过程中的作用。

在方言发展的早期，地理在方言分布形成中的作用非常大，决定着方言地理分布的形成和范围。尤其在我国历史早期，生产力低下，交通不便，山岳江河极大地制约着人口流动，直接影响人口分布，决定了方言文化的地域特性。我国自古地分南北，江淮居其中，江淮之间，气候物产、语言风土也居其中。扬雄《方言》记载显示，早在汉代江苏省境内偏西地区，西接淮河南北的地区是一个方言区。这个方言区居南北之中，受南北方言以及其他政治经济文化因素的影响，逐步发展演变成江淮方言区。地理位置的偏中使这一地区成为南北方言间的过渡，南北方言的特征在不同地域会有消损或增长。连云港境内分布着两大官话方言，北部是中原官话，南部为江淮官话，中间有一片地区为过渡地带，交界处的石洪小片的方言集中体现着中原官话特征的减弱和江淮官话特征的增强。

水系、山脉是方言接触中的天然边界，一江两岸，音词不通，一岳两侧，言语不同。汉语方言地理分布中，经常能看到这种情况。长江就曾在官话和吴语的界限中起着重要作用；武夷山是闽方言和赣语的分界线；南岭是客家方言、粤方言、湘方言和赣方言的交界过渡地带；江苏靖江南北部方言差异较大，因为南部原来是一片河，后因水位下降而成陆地，原河流南部吴语区的人迁居此地，所以南部吴语与北部官话明显不同。

连云港境内的方言根据方言特征的一致性和差异性，大致可分成七个小片，其中有三个主要集中在赣榆县境内，而往南的县区，内部方言小片的数量由 2 个到 1 个，甚至多个区县同属一个小片，如：连云港中部的海州、新浦、连云和灌云北部地区的方言一致性很大，同属于连云港方言中的新云小片。连云港境内从北到南，各县方言小片的数量渐少。这种方言间趋同和殊异的情况与自然地理有一定关系。连云港位于鲁中南丘陵与淮北平原的接合部，整个地势自西北向东南倾斜，西北山岭区，中南部为平原区，东部为沿海滩涂区，境内还交织着众多的河湖水库。西北部地区丘陵连绵，山湖众多，人群来往不便，语言接触的机会较少，方言差异性就大；中南部平原多，利于方言的一致和扩散。所以，连云港境内从北向南，差异性逐渐减少，一致性逐渐增大。

山脉和水系对方言分布有影响，上文曾以赣榆厉庄镇为例作了详细分析。厉庄中部 13 座山头和 9 个小型水库连成一片（见图 6-2），横断厉庄南北，因此，南、北部方言语音、词汇的差异很明显，北部的村民与相邻的山东地区的经济、婚姻等往来也更多。赣榆西北部的黑林镇，以境内黑林河为界存在东西的差异。因河流形成的方言差异情况，还见于赣榆宋庄镇。东海县石湖镇今为中原官话，但东南角的廖塘、池庄两个村庄，因水库的阻隔，方言上与东部江淮官话的曲阳乡更接近，因而划分方言小片时将其与曲阳合并考虑。连云港灌南方言，较灌云，江淮官话的方言特征进一步增强，两县间不同的语言特征较多，而这种差异

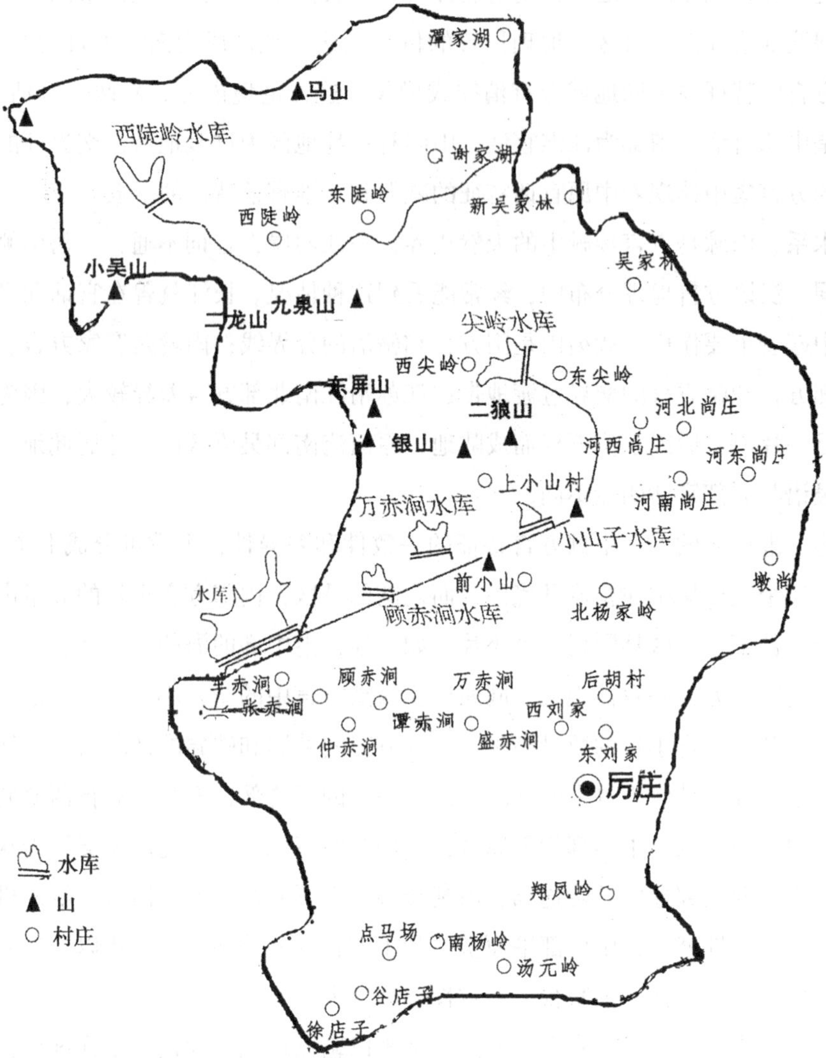

图 6-2 厉庄山脉水系图

大概以沂河为界，多项方言特征的类型分布在此区分。

地理相连的地方，如若没有山脉河流的阻碍，方言一致性往往更大。连云港灌南县，南部与响水、涟水相接。县内南部的长茂镇，与响水县仅一条灌河之隔，两地人往来较密切，经济活动很频繁，所以语音表现与响水县城相近。

然而现代，自然地理虽依然在影响方言分布，但基本不会阻碍方言演化的进程，空间对于方言演变的古今意义已不相同。交通运输的发展已加强了区域间的联系，港口、公路、铁路、机场等城市重要枢纽的建设使异地间的互动非常方便，自然地理对方言分布的作用会越来越小。山、水对人来说也早已不是天堑般的宇宙之隔，方言的"跨界"现象不仅常见，也在推动着方言地理分布旧貌新颜的迅速变换。刘丹青在《南京音档》中说"在江苏北部，近数十年中就有一些原属江淮话的方言演变为中原官话，南界向南推移，持续蚕食着吴语区"。这段论述说明自然地理已经很难再阻碍方言地理分布变化的进程了。

二、行政区划

自然地理为方言地理的形成提供区域环境，而人文地理是促发并决定方言生态发展的因素。汉语方言的分区与历史行政区域往往比较吻合，古时的历史行政地理以及近代政区的沿革对方言接触均会有影响。方言区片的划分，虽然不是以行政区域为依据，但确与行政地理有关联。游汝杰、周振鹤(1984)认为"由于古代州府等行政单位的强大向心力的影响，再加上交通不便，因此一州(府)之内的方言比较接近，而与其他州府接触较少，因而方言差异也会比较大，政权的界限对方言的影响则更大"。周振鹤、游汝杰(1997)指出"行政区划是在自然地理环境的背景上所划定的政治空间，因此在人为的政区与天然的地理环境之间就存在契合与否的问题"。就连云港方言分布的个案来说，行政隶属对方言分布产生了一定影响。

赣榆与市区和东海之间没有地理阻隔，但其方言在连云港境内显得较为特殊，多项方言特征的类型仅见于这一地区，而且方言特征对应的历史多在中古时期，并非近代形成的。赣榆从秦朝起置县，曾改称怀仁县，建置早于其他区县。在长期的封建集权的历史中，政区范围的稳定，对当地政治、经济、文化的吸引力就较集中，也为方言特征的形成和发展提供了更稳定的区域环境，因而其方言如今独树一帜。

政区对方言的影响往往会体现在行政与方言的不同归属上。东海东北角的石梁河、黄川两镇，明显区别于东海的其他乡镇，方言特征与赣榆南部相似，与赣榆南部的罗阳、墩尚、殷庄等乡镇一起划入连云港方言的罗石小片。这两个点行政与方言归属的差异，是因为这两个镇历史上就曾一直隶属于赣榆县，语言习惯和方言特征的共性一直保存至今。

东海县南北的方言分属中原官话和江淮官话，大致是以陇海铁路穿过的乡镇为界。一个县治范围内分属两个方言区，南北部的差异明显，这似乎与政区内部政治引力的历史规律相悖。境内方言差异的形成，主要是由于东海南北部因战乱的原因，南北往来几乎断绝，并且分属山东和华中地区，分治的状态一直到1953年才停止。这一段分治时期应该是东海方言今南北差异形成的时期。东海的方言情况也是从另一个方面说明了行政归属在方言一致性和差异性形成中的作用。图6-3为东海境内陇海铁路的地图，可与境内方言的分界进行比对。

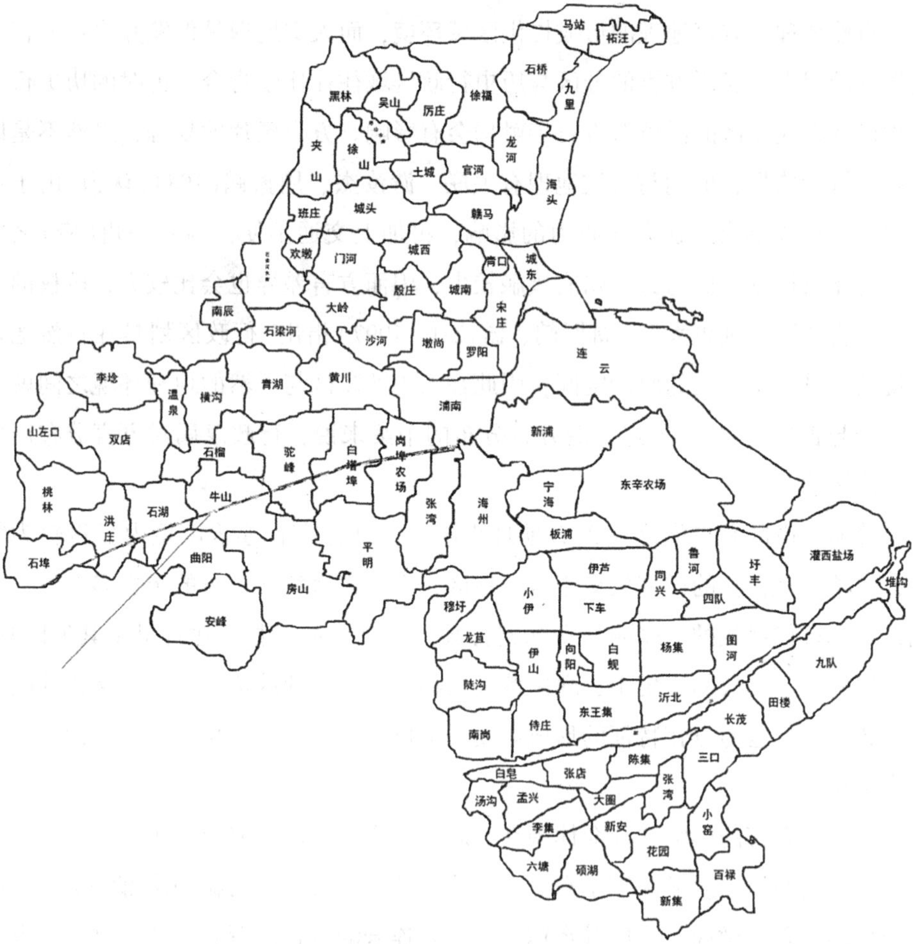

图6-3　东海境内陇海铁路地图

灌南地区方言与连云港其他江淮官话区不同，追溯其历史，我们发现，灌南县内部方言差异的形成，应该与其行政隶属的改变有关。明清时期，县境南北部分属海州和安东两个州管辖；1912 年，灌南南部地区属涟水县，北部地区属灌云县；1930 年，县境北部、西北部和南部分属灌云县、沭阳县和涟水县；1942—1948 年，归灌云管辖；1949 年后，隶属淮阴专区管辖；1957 年底，灌云县的汤沟、李集、张店、陈集、张湾、新北、三口、新安、二圩、祝华等 20 个乡镇以及涟水县的葛集、硕湖、复兴、西湖、响连、官庄、百禄、丈西、永留、清泉、花园、新平等 12 个乡，合计 31 个乡 1 个镇组建了灌南县。灌南县是原涟水县和灌云县分别析出的乡镇合并设置的，仍归淮阴管辖。灌南县直到 1996 年才并入连云港市。由灌南政区历史沿革可知，灌南西北部方言今与灌云方言表现相近，而灌南南部方言与涟水方言接近，这种方言差异应该是在长期的分治历史中形成的。

另外，近年来，连云港各区县间行政区划的调整力度较大(前文已介绍)，调整后，区域内人们接触的机会增加，方言类型间的相互影响会更深，方言演变的速度也会更快。

三、人口流动

人口迁移，也就是方言使用者的迁移，伴随着人口移动，语言接触、语言影响、语言变异和变化等情况也产生了。古代和现代，人口流动对语言接触和语言演变的影响都非常大。

1. 古代

在数千年历史中，方言类型的地理分布、方言区及内部各方言片、次小片、各点方言分布格局的形成，与历代数次大规模人口迁徙有关联。周振鹤(1988)说“中国历代移民活动对汉语方言的形成和地理分布起了极为关键的作用”。

连云港所处的江淮地区，春秋时，为吴国所有。扬雄在《方言》中多次提及江淮之间，说明当时这一片地区方言较接近，吴越并举，说明当时下江的广大地区形成一种大体相近的华夏语方言区。江淮官话北抵淮河，正处于灌南南面。江淮官话是由前身吴语后经中原官话的影响而形成的，但这种吴语的“母语”在后世却彻底改变了。历史上曾有几次大规模的人口迁徙。西晋永嘉丧乱是我国大规模人口流动的肇始，北方游牧民不断涌向中原农耕区，中原居民被迫迁居至长江中下游的江淮地区甚至华南地带，形成江淮沿江的中原方言带。宋代靖康之难，宋室南渡，迫使中原人口大规模流向南部不同地区，长江以南人口已占全国人口的2/3，大大超过北方人口，受中原官话影响最终与当地方言融合演变成浙东的临安宋音，江淮的明清官话、华北的燕代方言还有滞留中原演化的汴洛方言，将吴语的据地逼退到长江以南，并彻底改变了江淮地区的方言分布。唐代诗人张籍的《永嘉行》里记录了这种流民对语言格局的影响："北人避胡多在南，南人至今能晋语。"

自秦汉至宋元，自北向南的移民是历史的主流。元代起，因为当时北方因战乱、瘟疫、灾害等原因，人烟绝无，地荒尘绝，因而，南方人口大量输出。元末明初时，苏北东南沿海曾有北上的移民浪潮，今连云港、徐州一带就是这些移民的北界，据葛剑雄(1993)，灌南新安镇有一本乾隆四十四年的《新安镇志》，书中记到"来自苏州阊门的周姓，无锡常州的惠姓，以及刘、管、段、金诸姓来此，插草为标，占为民地………以后，人烟日繁，乃诣州请为民，州牧载为版图，是为里人"。此外，当时还有大批徽商来此经商并定居。今天，连云港灌南、灌云还多有人说自己的祖先来自南方，当地的人应该也是这些移民的后裔，这些移民将来源地的方言带入这一片地区，在与当地居民长期的接触中，语言演变成现在的面貌。

赣榆方言今具有一些胶辽官话的特点，与明初由东、南而来的移民有很大关系。明初山东登州、莱州、青州三府有大量移民迁出至辽东、山东西部、河北东南部、河南东部，还有安徽和江苏北部。胶东移民跨海散插到辽东，也有一部分从陆地或者过海来到赣榆并在此定居。在走访调查时，当地人多说自己的家谱中记载祖先曾来自山东莒县、青州乐安、枣和等地。但可惜的是，目前很少有可查证的文献资料。

2. 现代

现代人口移动方式和结果与古代并不相同，古代的移民多是为了求生，被迫无奈才背井离乡，而现代的人口流动早已成为正常的社会生活方式。

经济活动的频繁、教育的发展推动了人口流动并为其提供了更多的场所，经商、务工、学习交流、旅游等引起的人口流动在全国非常普遍。城市化进程带来人口流动和迁移的高速进行。连云港地区也不例外，当地技术、劳力输出的人很多，现在回乡创业的人也不少，可是乡音经过与外地方言或普通话长期的接触，大多会有变化，有人甚至因此感到骄傲。这是在现实的社会环境中产生的一种较普遍的方言心理。

上文中对黑林、城西、长茂还有杨集的调查就说明了，年轻人因为长期在外生活、学习和工作，他们的方言已经与长居当地的老人有了很大变化。

现在的人口流动，虽然不似古代移民那样会对一个地方的方言产生颠覆性的影响，但是却会增加方言间的接触和影响，在交流中渐渐改变着方言的使用，推动着方言的演变。

四、其他人文因素

1. 语言政策

历史上也曾有过官定的语言政策。清朝时，雍正为了加强统治、巩固边防，下令广东、福建两省推行官话，作为科举、为官的前提，并设立正音书院，可是这一政策收效甚微。因为语言具有社会性和工具性，这决定了语言政策的推行如果仅仅依附于政治而没有影响到社会交际，就很难有太大的影响力和效果，所以，中国历史上各朝代的雅言、正音多局限在知识分子和官宦之中，并没有推广开来。各地实际的口音差异非常大，以至于四境之内言语不通。

新中国成立后，普通话成为一项基本国策并长期得到推广，这一语言政策推行的力度、范围和时间都超过已往。推普政策推行的效果，就是普通话对各地方言的全面侵入。各方言的特征都有不同程度的弱化，并向着普通话逐渐演变。在连云港市区，从各区县以及外市迁入的人口多，普通话的使用率更高；而在乡镇，虽然方言使用程度高于市区，但会说普通话的人越来越多。“推普”政策实施的这几十年，连云港地区普通话的接受程度和使用范围更大了；但同时，当地方言的特征也在弱化。以语音方面为例，江淮官话地区的入声，现在普遍的一个现象就是喉塞尾的脱落，入声舒化，时长变长，除大部分入声字仍独立成类外，入声的其他语音特征同中原官话的差异不大。赣榆方言里精组声母保留尖音，但现在的调查结果说明，精组细音已经有了腭化的现象。

2. 教育

语言政策推行的效果，是需要通过教育来实现的。教育对方言的影响首先是直接改变了语言学习环境，增加了语言选择。在各个阶段以及各种形式的教育中，现在基本都用普通话进行教学了。各地的儿童及青少年，因为接受教育的原因，基本不会说地道的方言或者说的仅是带着地方腔的普通话，并且，他们基本认识不到方言和地域文化、中国历史文化间的关系，也甚少接受这些教育。

教育对语言的影响，已经反映在语言的共时差异上。中老年的文化教育程度普遍低于中青年群体，普通话掌握的情况总体上不如年轻人，在方言特征的保留上高于年轻人。这种差异现状能够反映出在未来的几十年里，方言的使用和保存将以更快的速度、更大的程度减少，方言特征也会以更快的速度消损。多样性的语言生态环境也会被破坏得更加严重，文化资源的损失也将更多，并且很难弥补。

教育、经济等活动逐渐影响了人们对方言的态度、感情和选择。多项社会语言学的调查研究均证实，在现代社会，人们使用普通话的态度更加积极，因为普通话的掌握与否和掌握程度会影响人们在教育、工作和社会活动中的机会，有些工作还直接要求普通话的水平，也就是说，普通话具有更多的经济和社会价值；而人们对方言的感情可能依然存在，但在语言选择中，人们仍会首先考虑实际的生存需要。

电视和网络等现代传播媒介，往往能够越过地理空间的障碍，瞬间覆盖各个地区。而这些媒介使用的语言大多是普通话，现代传媒在影响人们生活的同时，压缩着方言的话语空间，进一步降低着方言的再生能力，加速着地域方言与文化的消亡。

在语言内部与外部诸多因素的共同作用下，方言受到的影响会越来越大，方言的分布也会渐渐改变。

第七章 结　　语

一、结论

交界地带的方言往往具有多种复杂的语言表现，学界对此多有关注。连云港境内分布着江淮官话与中原官话，在这两种官话的交界地带，方言间的接触、影响和共变是必然现象。本书对连云港方言进行了整体考察，在调查了八十多个乡镇方言情况的基础上，参照现有研究，对连云港以及周边的日照、临沂、响水、涟水等地区方言语音的读音类型、地理分布、历史层次和共时差异等问题进行了横向和纵向的比较，得出的主要结论如下：

1. 语音类型和分布方面的结论

根据当地方言的语音实际，选择了二十余条语音特征作为研究的条目，将这些语音特征的各种读音形式归纳为不同的类型，通过方言地图和字音对照表说明了语音类型的特点、差异和地理分布情况。把看似杂乱的语音形式在方言地图上有序地排列出来，对语音类型进行比较。

从文中近四十幅方言地图可知，每一个语音特征的今读都有不同的类型，地理上的分布表现不同。这些语音类型的分布，是进行方言分区的重要依据；交界地带方言特征混杂，方言地图直观显示了有的地区的方言兼有周围地区的语音特征，或是同一个形式兼有周围不同地区的语音特征，这些语音的过渡表现清晰地反映出方言间的接触方式。

通过对语音分布的呈现，我们可以知道语音类型间的差异和联系、周围地区方言的影响以及交界地带方言的过渡性表现。

2. 语音历史层次方面的结论

在对类型差异和地理分布描述比较的基础上，寻找地理分布类型的历史形成轨迹。通过与历史各阶段语音系统的对照，并将其他方言的音读作为佐证材料，确定了其历史来源和不同的历史层次。

本书的分析发现语音特征各类型的时空对应关系非常明显，语音类型是语音各个发展阶段在现时地理层面上的投射。知庄章组的几种今读类型从北向南的地理分布恰好与知照系声母古今演变过程相对应；而果摄一等歌韵、山摄合口韵桓山删韵的分立、咸山摄开口韵主元音的分立、入声韵尾等语音特征的从南向北的分布与汉语的古今演变轨迹一致。语音古今的发展阶段在现实地理的投射存在不同的方向。也说明交界地带语音情况的复杂，每一个语音特征的时空联系方式都可能各不相同。

“礼失而求诸野”，对方言历史的分析可以发现，在现时的语音系统中，基本能发现每一个时代语音演变的痕迹，古今的层次都有所体现，只不过层次的厚薄不同。离得越远的语音历史层次较稀薄，仅保留在一小类甚至几个散字中，比如对“狗、口”，“尾”等的分析就说明了这种情况；离得较近的中古以及近古、近代的语音特征在现实语音中的分布范围也较大。近几十年发生的音变层次现在也已显现出来，比如舌尖化，有引起更多音类参与其中进一步发展的趋势。在这种综合比较中，将各个方言点和方言特征在方言历史中定位，显出不同的层次。

连云港方言语音系统是各个历史层次的现实积压。有的语音有系统性的文白两读，反映了不同历史层次的语音叠置。通过比较发现方言语音在历史发展过程中所处的地位和演变的方向。

3. 语音共时差异方面的结论

除了对语音的时空关系作静态的描述分析，本书还同时关注方言的动态发展。经过历代语音层次沉积而成的方言现时系统并没有停止演变，语音系统的内部调整以及方言特征的外部借入一直在进行。方言的变异和变化，就是方言特征的消损、增长和置换的过程。

不管是属于哪一个方言区的方言使用者，方言表现均存在年龄差异，新老派在当地方言特征的留存程度上明显不同，中青年人明显低于老年人。一些方言特征，新老派甚至完全是不同的类型。本书将精组声母以及方言态度作为两个变项分别进行了统计分析，发现年龄越大，选择方言中传统音读形式的比例就多，而年轻人改用新的更接近普通话的形式的比例更大。语言态度的统计分析结果不仅说明年轻人更倾向于接受和选择普通话和外语，对普通话和外语的评价也高于自己的方言；也反映了老派对语言的评价更多的是出于对母语的感情，而年轻人则更多地考虑语言经济价值的大小以及社会交际功能的强弱，更适应现在全球化发展的大趋势。

4. 语音演变的影响因素的结论

本书还从语言外部探寻了这些语音现象的自然地理和社会人文等方面的背景因素。从连云港实际的自然、历史、文化和社会背景出发探寻了其对方言差异的分布、使用和演变的影响。具体从当地的山脉水系、行政隶属的变革、人口迁移的历史、语言政策和教育传媒这几个因素解释了连云港方言的形成和变化。

二、余论

本书对连云港方言的研究基本揭示了方言的面貌、语音类型、差异、分布、历史层次和制约因素等问题。在横向和纵向、静态和动态的对比分析中，探索方言的时空变化以及形成原因，对这一个交界地带的方言语音面貌有了一个整体的研究。

限于时间、研究能力和材料积累等原因，本研究也存在以下几方面的不足：

一是有的方言点这次未及调查，材料有缺漏。

二是材料不够全面，语音虽然是方言差异最直观、最系统的体现，但词汇和语法所蕴含的关于方言的信息也不少，在研究中本应有体现；方言词汇和语法的变化也在进行，所以没有调查和研究，会是当地文化和方言研究的遗憾。

三是与周围方言的比较研究做得不够充分和深入，对方言特征、差异和共性的揭示较少。

这些不足将在以后的调查研究中逐渐改进完善。

附　录

一、中原官话区各方言小片代表点音系

对中原官话片区内的四个方言小片的音系作简要说明，各小片选择了一至两个方言点，柘赣片（柘汪、赣马），徐青片（城西、城头），罗石片（石梁河、夹山），石洪片（李埝）。单字音文读下标＝，白读下标＿。

柘赣片　柘汪

声母：25 个（含零声母）

p 包冰病	p^h 泡喷皮	m 猫门米泥	f 福分肺蜂饭
			v 尾忘问瓦袜
t 刀等定	t^h 梯汤同	n 牛难年尿	l 梨流兰脸
tθ 嘴走在井聚	tθ^h 凑村词泉钱请	θ 四伞小先袖详尿	
ʈʂ 追肘抓债	ʈʂ^h 超茶窗愁	ʂ 瘦双	ɭ 耳儿二
ʦ 知镇赵蒸招	ʦ^h 抽吃穿车城	s 深扇上	
ʧ 住猪注	ʧ^h 初出除	ʃ 树书输	
k 歌共敢	k^h 苦敲扛空	x 海火含盒	
ʨ 举寄句机讲	ʨ^h 旗去穷区	ɕ 血仙闲	ø饿王人软容日

韵母：共 39 个

	ɿ 字词思		ʮ 猪树住输

	i 泥寄急笛日	u 土突出哭初	y 句玉举
ə 活哥耳而二儿	iə 热接跌切蛇车	uə 饿果落郭墨国	yə 靴月药角
a 沙答法辣杀磕	ia 家鸭压	ua 花滑挖话	
ai 来排买败	iai 写街矮鞋蟹	uai 快坏踹	
au 毛包	iau 小腰尿		
	ei 飞笔色碎客尿嘴麦	uei 鬼追回	
əu 头走凑	iəu 九六流牛		
an 男难看满	ian 盐咸天	uan 关玩乱	yan 远圆选
aŋ 忙挡趟脏	iaŋ 两讲想	uaŋ 床望窗王	
ən 根笨恩门份	in 林亲针镇	uən 孙滚顺困	yn 云军准俊
əŋ 等坑朋生	iəŋ 蒸升争正声	uəŋ 横	
	iŋ 硬平星		
oŋ 通风冻	ioŋ 永用		

声调：4 个

阴平 213	阳平 55	上声 324	去声 51

说明：柘汪老派 tθ 组声母发音听似 t、t^h，舌尖发音部位较后。

咸山摄阳声韵，在口语中为鼻化韵，鼻音弱化。

柘赣片　赣马

声母：25 个(含零声母)

p 包冰病	p^h 泡喷皮	m 猫门米泥	f 福分肺蜂饭
			v 尾忘问瓦袜
t 刀等定	t^h 梯汤同	n 牛难年尿	l 梨流兰脸
tθ 嘴走在井聚	tθ^h 凑村词泉钱请	θ 四伞小先袖详尿	
tʂ 追肘抓债	tʂ^h 超茶窗愁	ʂ 瘦双	
ʧ 知镇住赵蒸招	ʧ^h 抽吃穿车城	ʃ 树书深扇上	

k 歌共敢	k^h 苦敲扛空	x 海火含盒	Ø 饿王人软容日二耳
c 举寄句机讲	c^h 旗去穷区	ç 血仙闲	

韵母：共 39 个

	ɿ 字词思		ʮ 猪树住输
	i 泥寄急笛日	u 土突出哭初	y 句玉举
ə 活哥	iə 热接跌切蛇车	uə 饿果落郭墨国	yə 靴月药角
ɚ 耳而二儿			
a 沙答法辣杀磕	ia 家鸭压	ua 花滑挖话	
ai 来排买败	iai 写街矮鞋蟹	uai 快坏踹	
au 毛包	iau 小腰尿		
	ei 飞笔色碎客尿嘴麦	uei 鬼追回	
əu 头走凑	iəu 九六流牛		
an 男难看满	ian 盐咸天	uan 关玩乱	yan 远圆选
aŋ 忙挡趟脏	iaŋ 两讲想	uaŋ 床望窗王	
ən 根笨恩门份	in 林亲针镇	uən 孙滚顺困	yn 云军准俊
əŋ 等坑朋生	iəŋ 蒸升争正声	uəŋ 横	
	iŋ 硬平星		
oŋ 通风冻	ioŋ 永用		

声调：4 个

阴平 213	阳平 55	上声 324	去声 51

说明：赣马老派 tθ 组声母发音部位有时会移至舌尖前，听似 ʦ、$ʦ^h$、s。
　　知$_{三}$章今读 ʧ、$ʧ^h$、ʃ，保留较完整。读同知$_{二}$庄组 ʈʂ、$ʈʂ^h$、ʂ 的较少见。

徐青片　城西

声母：25 个（含零声母）

p 包冰病	p^h 泡喷皮	m 猫门米泥	f 福分肺蜂饭

			v 尾忘问瓦碗
t 刀等定	t^h 梯汤同	n 牛难年尿	l 梨流兰脸
ts 嘴走在井聚	ts^h 次凑村词泉钱请	s 四伞小先袖详尿	
ʈʂ 追肘抓债	ʈʂ^h 超茶窗愁	ʂ 瘦双	
ʧ 知镇住赵蒸招	ʧ^h 抽吃穿车城	ʃ 树书深扇上	
k 歌共敢	k^h 苦敲扛空	x 海火含盒	ø饿王人软容日二耳
c 举寄句机讲	c^h 旗去穷区	ç 血仙闲	

韵母：共 39 个

	ɿ 字词思		ʮ 猪树住输
	i 泥寄急笛日	u 土突出哭初	y 句玉举
ə 活蛇车	iə 热接跌切蛇车	uə 饿果落郭墨国	yə 靴月药角
ɚ 耳而二儿			
a 沙答法辣杀磕	ia 家鸭	ua 花滑	
ai 来排买败	iai 写街矮鞋蟹	uai 快坏踹	
au 毛包	iau 小腰尿		
	ei 飞笔色碎客尿嘴	uei 鬼追回	
əu 头走凑	iəu 九六流牛		
an 男难看满	ian 盐咸天	uan 关玩乱	yan 远圆选
aŋ 忙挡趟脏	iaŋ 两讲想	uaŋ 床望窗王	
ən 根笨恩门份	in 林亲针镇	uən 孙滚顺困	yn 云军准俊
əŋ 等坑朋生	iəŋ 蒸升争正	uəŋ 横	
	iŋ 硬平星		
oŋ 通风	ioŋ 永用		

声调：4 个

阴平 213　　阳平 55　　上声 324　　去声 51

说明：城西方言新老派差异较大。

徐青片　城头

声母：27 个(含零声母)

p 包冰病	p^{h} 泡喷皮	m 猫门米泥	f 福分肺蜂肥饭
			v 尾忘问瓦碗
t 刀等定	t^{h} 梯汤同	n 牛难年尿	l 梨流兰脸
ts 嘴走在井聚	ts^{h} 次凑村词泉钱请	s 四伞小先寻详	
tʂ 追肘抓庄	tʂ^{h} 超茶愁床	ʂ 瘦双	ʐ 日
tʃ 知镇住赵蒸招	tʃ^{h} 抽吃穿车城愁	ʃ 树书深扇上	ɭ 耳儿二
tɕ 井经近结	tɕ^{h} 气欠裙权去	ɕ 闲血现	
k 歌共敢	k^{h} 苦敲扛空	x 海火含盒	ø饿王人软容日耳

韵母：共 37 个

ɿ 字词思			ɥ 猪树住输
	i 泥寄急笛日湿石	u 土突出哭	y 句玉举
ə 活哥儿二耳	iə 接跌切热	uə 饿果落郭墨国	yə 靴月药角
ɚ 耳			
a 沙答法辣杀磕	ia 家鸭	ua 花滑	
ai 来排买败	iai 写街矮鞋蟹	uai 快坏踹	
au 毛包	iau 小腰		
	ei 飞笔色碎客尿嘴	uei 鬼追回	
əu 头走凑	iəu 九六		
an 男难看满	ian 盐咸天	uan 关玩乱	yan 远圆选
aŋ 忙挡	iaŋ 两讲	uaŋ 床望窗	
ən 针根	in 林亲	uən 孙滚顺	yn 云军顺
əŋ 等坑通风农桶	iəŋ 永用穷	uəŋ 横	
	iŋ 硬平星		

声调：4 个

阴平 213	阳平 35	上声 324	去声 53

说明：个别庄组字读舌页音。

ʐ 母仅见于“日”这一个字的文读音中，日同时还有ø i213 这个白读音。

ɚ 韵仅见于“耳”文读。

罗石片　石梁河

声母：22 个(含零声母)

p 包冰病	p^h 泡喷皮	m 猫门米泥	f 福分肺蜂肥饭
			v 尾忘问瓦碗
t 刀等定	t^h 梯汤同	n 牛难年尿	l 梨流兰脸
ts 嘴走在井聚	ts^h 次凑村词泉钱请	s 四伞小先寻详	
tʂ 追知肘镇住抓	$tʂ^h$ 超抽茶窗车穿	ʂ 瘦双书深时树	ʐ 日
tɕ 井经近结	$tɕ^h$ 气欠裙权去	ɕ 闲血现	
k 歌共敢	k^h 苦敲扛空	x 海火含盒	ø饿王人软容日

韵母：共 39 个

ɿ 字词思	ʅ 指诗湿石		
	i 泥寄急笛日	u 土突出哭	y 句玉猪举
ə 磕热活	iə 接跌切	uə 饿果落郭墨国	yə 靴月药角
ɚ 耳而二儿			
ɛ 来矮	iɛ 写街	uɛ 快坏踹	
a 沙答法辣杀	ia 家鸭	ua 花滑	
au 毛包	iau 小腰		
	ei 飞笔色碎客尿嘴	uei 鬼追回	
əu 头走凑	iəu 九六		
an 男难看满	ian 盐咸天	uan 关玩乱	yan 远圆选
aŋ 忙挡	iaŋ 两讲	uaŋ 床望窗	

ən 针根	in 林亲	uən 孙滚顺	yn 云军
əŋ 等蒸坑	iŋ 硬平星	uəŋ 横	
oŋ 通风	ioŋ 永用		

声调：4 个

阴平 213	阳平 55	上声 324	去声 51

说明："猪"仅在"小猪"这个口语词中韵母为 y。

ʐ 母仅见于"日"这一个字的文读音中，日同时还有ø i213 这个白读音。

罗石片　夹山

声母：23 个(含零声母)

p 包冰病	p^h 泡喷皮	m 猫门米泥	f 福分肺蜂肥饭
			v 尾忘问瓦碗
t 刀等定	t^h 梯汤同	n 牛难年尿泥	l 梨流兰脸
ts 嘴走在井聚	ts^h 凑村泉钱请	s 伞小先详尿	
tʂ 追知肘镇住抓	$tʂ^h$ 超抽茶窗车穿	ʂ 瘦双书深时树	ɭ 耳儿二
tɕ 井经近结	$tɕ^h$ 气欠裙权去	ɕ 闲血现	
k 歌共敢	k^h 苦敲扛空	x 海火含盒	ø饿人软容日尾问

韵母：共 39 个

ɿ 字词思	ʅ 指诗湿石		
	i 泥寄急笛日	u 土突出哭	y 句玉猪举
ə 车蛇活	iə 接跌切热	uə 饿果落郭墨国	yə 靴月药角
ɛ 来	iɛ 写街矮	uɛ 快坏踹	
a 沙答法辣杀磕	ia 家鸭	ua 花滑袜	
au 毛包	iau 小腰		
	ei 飞笔色碎客尿嘴麦	uei 鬼追回	

əu 头走凑	iəu 九六肉		
an 男难看满	ian 盐咸天	uan 关玩乱万	yan 远圆选软
aŋ 忙挡	iaŋ 两讲	uaŋ 床望窗	
ən 针根	in 林亲	uən 孙滚顺春	yn 云军裙
əŋ 等坑通风农桶	iəŋ 永用穷	uəŋ 横	
	iŋ 硬平星		

声调：4个

阴平 213	阳平 55	上声 324	去声 51

说明：此音系为老派音系。夹山年轻人精组细音普遍腭化。

夹山通摄并入曾梗摄，韵母为 əŋ、iəŋ。

石洪片　李埝(南)

声母：24个(含零声母)

p 包冰病	pʰ 泡喷皮	m 猫门米	f 福分肺蜂肥饭
			v 尾忘问瓦碗
t 刀等定	tʰ 梯汤同	n 牛难年尿	l 梨流兰脸
ts 嘴走尊自在坐	tsʰ 次凑村词	s 四伞锁	ɭ 耳儿二而
tʂ 追知肘镇住抓	tʂʰ 超抽茶窗车穿	ʂ 瘦双书深时树	ʐ 人软容用
tɕ 井经近	tɕʰ 请钱气欠裙	ɕ 先袖寻详闲	
k 歌共	kʰ 苦敲扛空	x 海火含盒	ø 饿元安有圆王

韵母：共39个

ɿ 字词思	ʅ 指诗湿石		
	i 泥寄急笛日	u 土突出哭绿	y 句玉
ə 耳磕热活	iə 接跌切	uə 饿果落郭墨国	yə 靴月药角
ɛ 来矮	iɛ 写街	uɛ 快	
a 沙答法辣杀	ia 家鸭	ua 花滑	

au 毛包	iau 小腰		
	ei 杯飞笔色拍碎	uei 鬼追回	
əu 头走	iəu 九六		
an 男难看满	ian 盐咸天	uan 关玩乱	yan 远圆选
aŋ 忙挡	iaŋ 两讲	uaŋ 床望窗	
ən 针根	in 林亲	uən 孙滚顺	yn 云军
əŋ 等蒸坑	iŋ 硬平星	uəŋ 横	
oŋ 通风	ioŋ 永用		

声调：4 个

阴平 213	阳平 55	上声 324	去声 51

说明：此音系为李埝南部(南埝村)的语音系统，不同于北部石寨等地方言语音系统。

咸山摄字口语中多为鼻化韵。

二、江淮官话区各方言小片代表点音系

各方言小片选择了一至两个方言，曲张片(安峰、白塔)，新云片(新浦)，杨南片(杨集、长茂)对其音系作简要说明，作为这一代表点。单字音文读下标____，白读下标____。

曲张片　曲阳

声母：21 个(含零声母)

p 包病步布	pʰ 怕泡喷皮	m 门猫米木	f 福分肺饭
t 到定刀等	tʰ 太同梯汤	n 年女怒难尿	l 脸驴路拦
ts 嘴走字早	tsʰ 村次凑层	s 锁伞四送尿	
tʂ 知追站蒸	tʂʰ 吃吹称抄	ʂ 诗睡声烧	ʐ 日肉让人软
k 姑歌	kʰ 苦敢气敲	x 喊海火恨	
tɕ 井经机节	tɕʰ 钱请亲抢敲徐	ɕ 先咸新洗喊徐	ø 碗闻用圆午

韵母：42 个

ɿ 字词死滋	ʅ 知诗事吃		
	i 机弟泥姨	u 午五户	y 雨距驴去许
	ie 斜借写爷夜		
ə 哥课河		uə 多果饿	yə 靴
ɛ 来矮待该	iɛ 街	uɛ 快怪揣摔	
a 耳沙答法辣杀盒	ia 家假牙下	ua 花话画化	
ɔ 毛包闹照	iɔ 小腰		
	ei 杯飞碎退	uei 鬼追回	
əu 头走偷抽	iəu 九六牛秋		
ã男难看满喊	iã盐咸天喊	uã关玩乱转	yã远圆选圈
aŋ 忙挡张	iaŋ 两讲娘	uaŋ 床望窗	
əŋ 等蒸坑针根孙硬	iŋ 硬平星林亲	uəŋ 横	
oŋ 通风滚顺困	yŋ 永用云军		
əʔ 磕热日湿色客	iəʔ 接跌	uəʔ 盒落突骨出郭墨国活	yəʔ 月药角血
	iɪʔ 急笔		yɪʔ 玉
aʔ 磕活答法辣热角	iaʔ 鸭		

说明：入声韵喉塞尾大部分已消失，这里将其标出，仅作为入声的标记。

声调：5 个

阴平 213	阳平 13	上声 324	去声 35	入声 34

曲张片　白塔

声母：21 个（含零声母）

p 包病步布	p^h 怕泡喷皮	m 门猫米木泥	f 福分肺饭
t 到定刀等	t^h 太同梯汤	n 年女怒难	l 脸驴路拦

ts 嘴走字早	ts^h 村次凑层	s 锁伞四送尿	
tʂ 知追站蒸	$tʂ^h$ 吃吹称抄	ʂ诗睡声烧	ʐ 日肉让人软
k 姑歌	k^h 苦敢气敲	x 喊海火恨	
tɕ 井经机节	$tɕ^h$ 钱请亲抢徐	ɕ 先咸新洗喊	ø碗闻用圆午

韵母：40 个

ɿ 字词死滋	ʅ 知诗事吃		
	i 机弟泥姨	u 午武五吴	y 雨距驴去许
		ʊ 饿多果哥课河火	
	iɪ 姐借谢爷夜写		
ɛ 来矮待该耳	iɛ 街介鞋	uɛ 快怪揣摔	
a 沙答法辣杀盒	ia 家牙架夏	ua 花瓦	
ɔ 毛包闹照	iɔ 小腰		
	ei 杯飞妹内碎推	uei 鬼追回灰跪	
əu 头走偷抽牛	iəu 九六牛秋靴		
ã男难看喊	iã盐咸天喊	uã关乱转	
õ 半满酸官玩换碗			yõ 全选远圆圈软
aŋ 忙挡张	iaŋ 两讲娘	uaŋ 床望窗	
əŋ 等蒸坑针根孙	iŋ 平星林亲硬	uəŋ 横	
oŋ 通风滚顺困	yŋ 永用云军		
əʔ 日湿色客拍	iəʔ 跌切	uəʔ 活滑突骨出郭国	yəʔ 月药
	iɪʔ 急笔		yɪʔ 玉
aʔ 答磕法辣热角	iaʔ 鸭接跌		

说明：入声韵喉塞尾大部分已消失，这里将其标出，仅作为入声标记。

声调：5 个

阴平 213	阳平 13	上声 324	去声 35	入声 34

新云片　新浦

声母：17 个(含零声母)

p 包病步布	p^h 怕泡喷皮	m 门猫米木	
t 到定刀等	t^h 太同梯汤		l 脸拦年怒难尿泥
ʈʂ 追站蒸嘴早	$ʈʂ^h$ 吹抄村凑层	ʂ 睡声锁伞送尿	ʐ 日肉让人软
k 姑歌	k^h 苦敢气敲	x 喊海火恨福分肺饭	
ʨ 井经机节	$ʨ^h$ 钱请亲抢徐	ɕ 先咸新洗喊	ø碗闻用圆午

说明：蟹摄开口三四等及止摄开口三等，有舌尖化现象，这里不将其视作为声母系统的一类。

韵母：39 个

	ɿ 知事字死		
	i 机弟泥姨	u 午武五吴	y 雨驴去许
		ʊ 饿多果哥课河火	
	iɪ 姐借谢爷夜写		
ɛ 来矮耳	iɛ 街介鞋	uɛ 快怪揣摔	
	ei 杯飞妹内碎推	uei 鬼追回灰跪	
a 沙答法辣杀盒	ia 家牙架夏	ua 花瓦	
ɔ 毛包闹照	iɔ 小腰		
əu 头走偷抽	iu 九六牛秋靴		
ã男难看喊		uã关乱转	
	iẽ盐咸天喊		
õ 半满酸官玩换碗			yõ 全选远圆圈软
aŋ 忙挡张	iaŋ 两讲娘	uaŋ 床望窗	
əŋ 等蒸坑针根孙	iŋ 平星林亲硬	uəŋ 横	
oŋ 通风滚顺困	yŋ 永用云军		
əʔ 日湿色客拍磕热	iəʔ 跌接切	uəʔ 活滑突骨出郭国	yəʔ 月药角
	iɪʔ 急笔积		yʔ 玉
ɐʔ 答法辣八	iɐʔ 鸭瞎		

说明：蟹摄开口三四等及止摄开口三等，有舌尖化现象，这里不将其视为声母系统的一类。

入声韵喉塞尾大部分已消失，这里将其标出，仅作为入声的标记。

声调：5 个

阴平 213	阳平 13	上声 324	去声 35	入声 34

杨南片　杨集

声母：17 个(含零声母)

p 包病步布	pʰ 怕泡喷皮	m 门猫米木	
t 到定刀等	tʰ 太同梯汤		l 脸拦年怒难泥
tʂ 追站蒸嘴早	tʂʰ 吹抄村凑层	ʂ 睡声锁送尿	ʐ 日肉让人软
k 姑歌家角	kʰ 苦敢气敲	x 喊恨福分肺饭鞋蟹	
tɕ 井经机节家角	tɕʰ 钱请亲抢徐	ɕ 先咸新洗喊鞋蟹	ø 碗闻用圆午

说明：蟹摄开口三四等及止摄开口三等，有舌尖化现象，这里不将其视为声母系统的一类。

韵母：39 个

	ʅ 知事字死		
	i 机弟泥姨	u 午武五吴	y 雨驴去许
		ʊ 饿多果哥课河火	
	iɪ 姐借谢爷夜写		
ɛ 来矮耳	iɛ 街介鞋	uɛ 快怪揣摔	
	ei 杯飞妹内碎推	uei 鬼追回灰跪	
a 沙答法辣杀盒	ia 家牙架夏	ua 花瓦	
ɔ 毛包闹照	iɔ 小腰		
əu 头走偷抽	iy 九六牛秋靴		
ã 男难看喊	iã 两讲究	uã 关乱转	
	iẽ 盐咸天喊		
õ 半满酸官玩换碗			yõ 全选远圆圈软
aŋ 忙挡张		uaŋ 床望窗	
əŋ 等蒸坑针根孙横	iŋ 平星林亲硬		

oŋ 通风滚顺困	yŋ 永用云军		
əʔ 日湿色客拍郭	iəʔ 跌接切热	uəʔ 活突骨出国	yəʔ 月药雪角
	iɪʔ 急笔积		yʔ 玉
aʔ 答法辣八磕角	iaʔ 鸭瞎掐压	uɐʔ 滑刷刮控	
ʊʔ 六哭绿			

说明：蟹摄开口三四等及止摄开口三等，有舌尖化现象，这里不将其视为声母系统的一类。

声调：5 个

阴平 213　　阳平 13　　上声 324　　去声 35　　入声 4

杨南片　长茂

声母：20 个

p 包病步布	p^h 怕泡喷皮	m 忙帽米木	f 分付费饭
t 弟到都钉	t^h 挑同停摊		l（n）泥牛路烂女连
ʦ 嘴在住枝	$ʦ^h$ 村床穿愁	s 锁四深树	z 日人
k 干根骨家讲刚	k^h 苦烤坑公	x 害户咸鞋	ʐ 日人
ʨ 节家讲刚	$ʨ^h$ 去起穷强	ɕ 夏小咸鞋	ø硬远缘运

说明：n、l 并不分别对应古泥娘、来母。混用，不具有区别意义的作用，是同一个音位。

非止摄日母字多可 z/ʐ 两读，部分字读 l 和零声母ø。

韵母：40 个

ʅ 自字诗事			
	i 低踢泥米	u 五户猪初	y 雨女举徐
		ʊ 饿多果哥课河火	
	iɪ 姐借谢爷夜写		
a 二来矮家沙街	ia 街家	ua 花快	
ɔ 抱毛找少	iɯ 小腰叫桥		

əu 牛流抽	iy 油秋九修		
	ei 杯碎腿内飞车蛇	ui 回会追吹	
ã 男难看干咸闲	iĩ烟仙盐剪千	uã 关乱转	
ʊ̃短酸官居玩乱	iẽ 讲阳想样亮刚	yĩ 选远圆全卷	
in 亲清井星	ən 硬深蒸声	uən 顺滚闻春	yn 军云裙
aŋ 讲刚杭忙		uaŋ 黄王	
oŋ 通公风浓	yŋ 永用		
aʔ 答法辣杀	iaʔ 鸭压	uaʔ 滑	ʊʔ 磕活
oʔ 哭角竹肉毒桌		uoʔ 六绿郭	yoʔ 玉学乐
əʔ 湿日色直		uəʔ 突骨出国	
	iɪʔ 接跌笔热切急集		yɪʔ 月雪血

声调：5 个

阴平 21　　阳平 13　　上声 42　　去声 35　　入声 4

三、声调调查表

平	全清								次清	
	多	沙	瓜	输	飞	尖	间	专	村	通
	次浊					全浊				
	圆	毛	楼	年	咸	瓶	婆	台	船	裙
上	全清								次清	
	火	写	手	紧	嘴	响	打	胆	考	枪
	次浊					全浊				
	冷	我	买	软	网	竖	近	淡	棒	厚

续表

去	全清					次清				
	半	暗	税	送	店	炭	骗	唱	气	怕
	次浊					全浊				
	卖	外	岸	问	用	树	大	换	顺	害
入	全清								次清	
	急	笔	一	湿	黑	割	说	铁	七	尺
	次浊					全浊				
	肉	六	热	袜	麦	合	直	白	毒	薄

注：调查表来自《汉语方言词汇调查手册》(顾黔等，2006)。

	全清	次清	次浊	全浊
平				
上				
去				
入				

四、声母概况调查表

帮	包		冰						
滂	泡		喷						
並	皮		病						
明	猫		门		米				

续表

非	福		分						
敷	肺		蜂						
奉	肥		饭						
微	尾		忘						
端	刀		等						
透	梯		汤						
定	同		定						
泥(娘)	泥		牛		难		年		尿
来	梨		流		兰		脸		
精	嘴		走		尊		井		
清	次		凑		村		请		
从	自		在		坐		钱		
心	四		伞		锁		先		
邪	词		谢		袖		寻		详
知	追		知		肘		站		镇
彻	超		抽						
澄	茶		住		赵				
庄	债		抓						
初	抄		窗						
崇	愁		床						
生	瘦		双						
章	枝		砖						
昌	车		穿						
船	蛇		船						
书	书		深						

续表

禅	时		树						
日	人		软						
见	歌		经						
溪	苦		敢		气		欠		
群	共		裙		近				
疑	饿		瓦		元				
晓	海		火		血				
匣	含		盒		咸		闲		
影	安		碗						
云	有		圆		王				
以	容		用		野				

说明：此表以《汉语方言词汇调查表》中的“声母调查表”以及《方言调查字表》中的“声母调查表”为基础，选字稍有变动。

声母区分表

布—步　别　怕　盘　门—闻　飞—灰　冯—红　符—胡

到—道　夺　太　同　难—兰　怒—路　女—吕　连—年—严

贵—跪　杰　开　葵　岸—案　化—话　围—危—微　午—武

精—经　节—结　秋—丘　齐—旗　修—休　税—费

全—权　趣—去　旋—玄

糟—招—焦　仓—昌—枪　曹—巢—潮—桥　散—扇—线

祖—主—举　醋—处—去　从—虫—穷　苏—书—虚

增—争—蒸　僧—生—声　粗—初　锄—除　丝—师—诗

认—硬　绕—脑—袄　若—约　闰—运　而　日

延—言—然—缘—元　软—远

五、韵母概况调查表

果	多	饿	果	靴			
假	家	沙	写	花			
遇	土	苦	初	句			
蟹	来	矮	街	泥	杯	碎	快
止	指	字	诗	寄	耳	飞	鬼
效	毛	包	小	腰			
流	头	走	九				
咸	男	盐	咸				
深	林	针					
山	难	天	看	满	关	远	
臻	根	亲	孙	滚	顺	云	
宕	忙	两	床	望			
江	窗	讲					
曾	等	蒸					
梗	坑	硬	平	星	横	永	
通	通	风	用				
咸	答	磕	鸭	接	跌	法	
深	湿	急					
山	辣	杀	热	切	活	滑	月
臻	笔	日	突	骨	出		
宕	落	药	郭				
江	剥	角					
曾	墨	直	色	国			
梗	拍	客	石	笛			
通	哭	六	绿	玉			

注：此表以《汉语方言词汇调查表》中的“韵母调查表”以及《方言调查字表》中的“韵母调查表”为基础，选字稍有变动。

韵母区分调查表

资—支—知　耳　爬　河　蛇

第—地　架　姐　故　花　过

野—以—雨　色　虚　靴

直　日　辣　舌　合　割　北　百

急　接　夹　铁—踢　落—鹿—绿

木—出—刮　各—郭—国

活—确—缺　月—欲—药

丐$_{\text{乞丐}}$—介　倍　妹　饱—保　桃　斗—赌　丑　母

怪—桂—贵　帅　条　流　烧　收

短—胆—党　酸—三—桑　竿—间　含—咸　根—更

减—检—紧—讲　连—林—邻—灵　心—新—星

光—官—关　良—练　魂—横—红　温—翁　东

权—船—床　圆—云　群—穷—兄　劝—胸

六、专题调查表

1. 知庄章三组声母的今读类型

精组	左$_{\text{精开一}}$	租$_{\text{精合一}}$	嘴$_{\text{精合三}}$	钻$_{\text{精合一}}$	总$_{\text{精合一}}$			
知二	茶$_{\text{知开二}}$	摘$_{\text{知开二}}$	站$_{\text{知开二}}$	桌$_{\text{知开二}}$	罩$_{\text{知开二}}$	扎$_{\text{知开二}}$	桩$_{\text{知开二}}$	
庄组	愁$_{\text{庄开三}}$	初$_{\text{庄合三}}$	师$_{\text{庄开三}}$	生$_{\text{庄开二}}$	山$_{\text{庄开二}}$	窗$_{\text{庄开二}}$	庄$_{\text{庄开三}}$	
知三	抽$_{\text{知开三}}$	猪$_{\text{知合三}}$	追$_{\text{知合三}}$	知$_{\text{知开三}}$	展$_{\text{知开三}}$	镇$_{\text{知开三}}$	张$_{\text{知开三}}$	锤$_{\text{澄合三}}$
章组	周$_{\text{章开三}}$	春$_{\text{章合三}}$	诗$_{\text{章开三}}$	支$_{\text{章开三}}$	睡$_{\text{禅合三}}$	税$_{\text{书合三}}$	章$_{\text{章开三}}$	出$_{\text{昌合三}}$

2. 泥娘来母

泥(娘)	脑	怒	嫩	你	女	力
来	老	路	冷	礼	吕	历$_{\text{~史}}$

3. 见系开口二等字声母的文白异读

中原官话里通常读为细音字。例字：

例字	文读	白读	例字	文读	白读
角			吓		
刚			鞋		
解			秸		
街			喊		
敲$_{\text{~竹杠}}$			蟹$_{\text{螃~}}$		
间			虾$_{\text{鱼~}}$		
下$_{\text{底下}}$			械$_{\text{机~}}$		
衔			豇$_{\text{豇豆}}$		
巷			粳$_{\text{~米}}$		

4. 疑影母洪音字(开口一、二等字)的声母

在本区域内声母读音是否一致，如不一致，有何规律，有几种类型；开合口呼声母的区别。例字：

疑母	**开口**	鹅	我	牙	熬	咬	藕	岩	眼	岸	硬
	合口	卧	瓦	五	外	玩	顽				
影母	**开口**	丫$_{\text{丫头}}$	爱	袄	暗	鸭	按	恩	握	樱	
	合口	窝	蛙	豌	碗	挖	温	汪	屋	弯	

5. 微疑影云以母字开口、合口字今声母的形式及地理差异

微母	**合口**	无$_{\text{遇合三}}$	舞$_{\text{遇合三}}$	务$_{\text{遇合三}}$	雾$_{\text{遇合三}}$	味$_{\text{止合三}}$	晚$_{\text{山合三}}$	万$_{\text{山合三}}$	蔓$_{\text{瓜~子，山合三}}$
		袜$_{\text{山合三}}$	问$_{\text{臻合三}}$	物$_{\text{臻合三}}$	网$_{\text{宕合三}}$	忘$_{\text{宕合三}}$	望$_{\text{宕合三}}$		

续表

疑母	开口	鹅果开一	涯蟹开二	饿果开一	牙假开二	沂沂河,止开三	呆蟹开一	咬效开二	藕流开一
		牛流开三	岩咸开二	验咸开三	严咸开三	业咸开三	眼山开二	硬梗开二	
	合口	瓦假合二	五遇合一	午遇合一	鱼遇合三	外蟹合一	元山合三	月山合三	玉通合三
影母	开口	丫~头,假开二	哑假开二	矮蟹开二	医止开三	衣止开三	袄效开一	暗咸开一	鸭咸开二
		压咸开二	音深开三	安山开一	烟山开四	一臻开三	羊宕开三	阳宕开三	影梗开三
	合口	窝果合一	蛙假合二	委止合三	腰效开三	要效开三	吆~喝,效开四	呕流开一	豌山合一
		碗山合一	湾山合二	温臻合一	屋通合一				
云母	开口	邮流开三	有流开三	友流开三	又流开三	右流开三	佑流开三	炎咸开三	焉山开三
	合口	位止合三	围止合三	胃止合三	圆山合三	院山合三	云臻合三	往宕合三	荣梗合三
以母	开口	蝇曾开三	爷假开三	夜假开三	姨止开三	摇效开三	油流开三	盐咸开三	养宕开三
	合口	榆遇合三	遗止合三	沿山合三	容通合三	用通合三	勇通合三		

6. 古日母字的读音

止摄日母字的读音，止摄之外日母字的读音

止摄	儿止开三	二止开三	耳止开三				
非止摄	惹假开三	绕效开三	揉流开三	染咸开三	入深开三	然山开三	热山开三
	人臻开三	日臻开三	让宕开三	扔曾开三	如遇合三	软山合三	闰臻合三
	肉通合三	褥通合三					

7. 古邪母平声字的今读音

邪假开三	斜假开三	徐遇合三	词止开三	寻深开三	旬臻合三	巡臻合三	详宕合三	祥宕合三	松通合三

8. f、xu 的相混

房—黄、飞—灰、夫—呼、翻—欢，粉—哄，夫　　夫妻

傅　　师傅　　妇　　妇女　　辅　　辅导

发福　　反复　　犯法　　方法

费工夫　　发火　　废话

韵母

1. 果摄一等见系开合口字是否同音

哥—锅、个—过、贺—祸、饿—卧

2. 古蟹摄合口一等、止摄合口三等端系声母字，韵母今读开合口情况

堆	端	蟹合一灰	平
推	透	蟹合一灰	平
雷	来	蟹合一灰	平
腿	透	蟹合一贿	上
罪	从	蟹合一贿	上
对	端	蟹合一队	去
退	透	蟹合一队	去
队	定	蟹合一队	去
碎	心	蟹合一队	去
嘴	精	止合三纸	上
醉	精	止合三至	去

3. 止开三日母字不同方言区的分别

儿、而、耳、二

4. 古臻摄合口一等端系声母字，韵母今读开、合口情况

饨馄饨	定	臻合一魂	平
村	清	臻合一魂	平
存	从	臻合一魂	平
蹲	从	臻合一魂	平
孙	心	臻合一魂	平
顿	端	臻合一慁	去
扽	端	臻合一慁	去
[褪]	透	臻合一慁	去
嫩	泥	臻合一慁	去
寸	清	臻合一慁	去

5. 山摄一等桓韵与二等山删两韵字是否同音

在江淮话里不同音，韵母不同；但中原官话里，韵母相同。

桓	搬	潘	半	判	满	官	贯	换	玩	碗
山删	班	攀	办	盼	慢	关	惯	患	顽	弯

6. 咸山两摄舒声洪音、细音韵母

一二等	艰	减	**干**	眼	雁	**贪**	**南**	**暗**	**三**	**拦**
三四等	**盐**	俭	现	演	验	**帘**	**尖**	**钳**	**念**	连

7. 臻摄合口舒声字与通摄合口舒声字相混

婚	晓	臻合一魂	平
馄馄饨	匣	臻合一魂	平
温	影	臻合一魂	平
滚	见	臻合一混	上
捆	溪	臻合一混	上
棍	见	臻合一慁	去
困	溪	臻合一慁	去
椿橡椿	彻	臻合三谆	平
春	穿昌	臻合三谆	平
蚊	微	臻合三文	平
闻	微	臻合三文	平
军	见	臻合三文	平
裙	群	臻合三文	平
云	喻云	臻合三文	平

七、单字调查表

说明：此表依据《方言调查字表》，结合当地方言情况，修改而成。

此表依据韵摄的顺序排列。

果摄

多	左	过	火
拖	可	锅	伙(火)
他	我	科	祸
驼	大	和和气	簸簸箕

驮 拿,驮起来	驮 驮子	禾	破
挪	那	踒 踒了脚	薄 薄荷
罗	个 个人,一个	窝	磨 磨面,石磨
锣	饿	跛 跛足	剁
搓	贺	簸 簸一簸	唾 唾液,唾沫
歌	茄 茄子	朵 (躲)	糯 糯米
哥	波	椭 椭圆	摞 摞起来
蛾	菠 菠菜	惰	锉
鹅	坡	垛 柴垛	座
河	婆	裸 裸体	过
何	磨 磨刀	坐	课
荷 荷花	馍	锁	货
阿 阿胶,阿哥	脶 手指文	果	和 和面
舵	矬 矮	裹	瘸 瘸腿
哪 哪个？	嗦 啰嗦	颗 一颗珠	靴

假摄

疤	虾 虾蟆	搭 捕,捉,拿住	籍 籍贯
爬	丫 丫头	吓 吓一跳	席 席子
麻	把 把握,把守,一把	下 下降	泻
蟆 虾蟆	马	夏 春夏	卸
[妈]	洒	亚	谢
拿	假 真假	些	蔗

茶	下底下	邪	射
搽(涂)	夏姓	斜	夜
楂山楂	哑	爹	瓜
渣	坝堤坝	遮	蜗
叉	爸	车马车	夸
差差别，差不多	怕	蛇	花
茬	帕	赊	划划船
[查]调查	耙犁耙，耙地	爷	蛙
沙	骂	姐	傻
纱	诈	写	[耍]
家	榨榨油	者	刮
加	[炸]炸弹	扯	侉
牙	岔三岔路	舍舍弃	瓦
芽	假放假	社	跨
虾鱼虾	架	惹	化
哈哈腰	嫁	野	
霞	价	借	

遇摄

脯胸脯	炉	姑	壶
模模范	芦芦苇	枯	胡胡子
途	租	呼	乌
涂	粗	胡	污
图	苏	湖	补

浦
部
堵
赌
肚 鱼肚子
土
吐 吐痰
肚 腹肚
努
祖
组
古
鼓
苦
五
伍
午
虎
户
布
铺 店铺
步
妒
吐 呕吐

素
故
固
库
裤
误
互
护
瓠 瓠子，瓠瓜
庐 茅庐，庐山
驴
徐
猪
除
初
锄
梳 梳头
蔬
书
舒
如
居
渠
鱼

女
吕
旅
叙
绪
阻
所
煮
处 相处
暑
鼠
举
巨
拒
距
语
许
虑
滤
著 显著
助
处 处所
薯 白薯
据

孵 孵小鸡
麸 麦麸子
符
扶
无
趋
须
需
蛛
厨
朱
蛛
输
殊
拘
区 区域
府
斧
抚
醭 食上生白毛
父
武
舞
取

怒	渔	去 来去，去皮	娶
路	虚	预	聚
做(作)	嘘 吹嘘	夫	拄 拄拐杖
醋	淤	肤	柱
错 错误	余	敷	数 动词
主	羽	注	遇
竖	务	输 运输	芋
乳	雾	树	
矩 规矩	住	句	
雨	数 名词	具	

蟹摄

台	咳 咳嗽	捱 捱打，捱骂	题
抬	碍	鞋	提
来	爱	摆	蹄
猜	带	罢	泥
才	太	买	犁
材	癞	奶	妻
开	盖	洒	齐
呆	害	解 讲解，解开	西
孩	排	蟹	鸡
牌 打牌	埋	矮	溪
待	阶	派	倪
彩	秸 麦秸	卖	米

采
在
改
海
态
贷
代
袋
耐
菜
赛
剃
屉抽屉，笼屉
递
砌
细
婿女婿
计
继
系系鞋带
杯
赔
梅
媒

揩
挨挨近，挨住
介
戒
牌
差出差
柴
筛筛子
佳
街
崖山崖
推
雷
催
恢
灰
回
茴茴香
倍
每
腿
悔
辈
背

债
晒
败
厉
制
世
艺
批
迷
低
梯
妹
对
退
队
内
累极困
碎
块
蜕蛇蜕皮，蝉蜕
最
外
会开会
乖

底
体
弟
礼
挤
荠
洗
启
闭
谜
帝
怪
块
坏
歪
蛙
拐拐杖
挂
画
快
[筷]
话
脆
岁

煤	配	怀	闺
堆	背 背诵	拽 拉	

止摄

披	紫	议	尸 尸体
皮	纸	戏	姨
离 离别	只 只有	易 难易	比 比较
撕	是	悲	美
知	企	眉	死
蜘 蜘蛛	技	霉	指
池	倚	尼	屎
筛 筛子	椅	梨	几 茶几
支	被 被打，被迫	瓷 瓷器	秘
枝	避	私	屁
骑	翅	迟	备
移	寄	师	鼻
被 被子，被窝	义	脂	地
利	里	事	锤
次	理	志	[摔]
自	鲤	痣	谁
四	子	试	葵
二	耻	记	水
器	痔	忌	类
弃	柿	意	泪
慈	史	异	醉
磁 磁石	趾	几 几乎	穗

丝	址	机	季
思	齿	饥 饥荒	柜
词	始	沂 沂河	位
痴	市	希	飞
持	耳	衣	肥
轻 轻重	己	几 几个	归
之	纪 纪律，世纪	气	挥
诗	起	汽	威
时	杞	吹	违
而	拟	规	围
基	喜	亏	尾
欺	已	危	鬼
棋	以	为 作为	伟
期 时期	字	累 积累	费 费用
旗	思	嘴	味
疑	寺	跪	贵
医	饲	累 连累	胃
饴 高粱饴	置	睡	
你	治	为 为什么	
李	厕 厕所，茅厕	追	

效摄

毛	草	抓	烧
刀	草 雌性，草鸡	抄 略取，抄写	桥
叨 唠叨	皂	捎 捎带	腰
掏 掏出来	扫 扫地	交	摇
淘 淘米	嫂	教 教书	表

劳	考	敲	小
捞	烤	饱	赵
糟	好 好坏	爪 爪子	少 多少
臊 臊气	袄	炒	舀 舀水
高	抱 孵,抱小鸡	吵	票 车票
糕	帽	巧	笑
熬	到	咬	照
熬 熬白菜	套	泡 泡在水里	要 想要,重要
保	涝 旱涝	闹	挑
宝	糙 粗糙	笊 笊篱	条
抱	扫 扫帚	潲 潲雨	跳
倒 打倒,颠倒	告	觉 睡觉	浇
讨	靠	孝	幺 幺二三
道	傲	校 学校	吆 吆喝
稻	鏊 烙饼用具	膘 肥膘	钓
脑	好 喜好	标	掉
老	耗	苗	尿
早	包	猫	料
枣	跑	焦	叫
蚤	猫 猫腰	超	
澡	挠	潮	

流摄

兜	偷	头	楼
钩	凑	求	友

抠	嗽 咳嗽	球	溜 偷偷走开
喉	够	牛	就
亩	构	休	锈 铁锈
母	扣 扣住	优	袖
抖	流	邮	皱
走	留	油	瘦
狗	刘	纽	臭 香臭
口	榴 石榴	柳	寿
藕	秋 秋天	酒	救
厚	修	丑	旧
后	抽	手	嗅 用鼻嗅
斗 斗争	愁	受	右
透	馊 饭馊了	九	丢
豆	周	糗 面煮糗了	
逗	收	舅	
漏	揉	有	

咸摄

贪	喝 喝酒	磕	压
南	合	馋	帘 门帘
男	谈	咸	尖
蚕	蓝	减	沾
含	三	站	粘 粘贴
感	胆	蘸 蘸酱油	钳

暗	淡	馅	淹
答	敢	插	盐
搭	喊	炸 用油炸	渐
拉	担 挑担	夹	闪
杂	塔	鸭	检
脸	页	点	夹 夹菜
掩	欠	舔 以舌取物	协
验	业	店	帆
盐 用盐腌	添	念	范 范围
接	甜	贴	犯
叶	嫌	叠	法 方法,法子

深摄

林	深	婶	湿
淋 淋湿	今	枕 动词	十
心	金	粒	拾 拾起来
寻	音	集	急
沉	品	习	及
针	审	汁	吸

山摄

摊	烂	办	连
难 难易	岸	八	煎
拦	汗	抹 抹桌子	钱

餐	按	扎	仙
干	辣	杀	缠
看 看守	擦	班	剪
寒	割	板	浅
安	渴	慢	展
懒	山	瞎	善
伞	间 中间	鞭	件
杆	闲	编	演
赶	产	偏	变
旱	简	便 便宜	骗 欺骗
炭	拣	绵	便 方便
蛋	眼	棉	面
溅 溅一身水	电	乱	沿
贱	练	算	选
线	见	蒜	喘
战	现	灌	软
扇	铁	玩	恋
灭	节	换	卷
裂	切 切开	泼	院
折 折断	结	抹	绝
舌	搬	脱	雪
热	盘	夺	说 说话
杰	馒 馒头	活	翻
言	团	滑	烦

掀	酸	挖	元
揭	官	闩横插门后的棍子	园
边	宽	关	反
天	欢	环	晚
田	完	弯	远
填	伴	湾	饭
年	满	刷	万
千	短	刮	发头发
前	断断绝	全	发发现
先	暖	专	袜
肩	管	砖	月
牵	碗	川	县
烟	半	穿	缺
扁	判	船	血
遍一遍	断决断	圆	原
片	段	员	

臻摄

吞	信	饨馄饨	春
跟	镇	村	准批准
根	阵	存	允
痕	认	孙	俊
恩	笔	婚	顺
宾	蜜	温	出

民	七	本	分 分开
邻	漆	囤	坟
亲	膝	损	文
辛	侄	滚	蚊
新	虱	捆	闻
陈	质	混 相混	军
真	实	喷 喷嚏	群
神	失	闷	裙
身	室	顿	熏
伸	日	[褪]	云
人	一	嫩	粉
巾	斤	论 议论	吻
银	芹	寸	粪
忍	近	困	份
紧	劲 有劲	骨	问
引	盆	核	运
进	门	轮	倔

宕摄

帮	狼	缸	浪
旁	仓	行	薄
忙	藏	党	落
汤	刚	抗	作 工作
糖	钢	嗓	昨

各	伤	长 生长	脚
胳 胳膊	常	仗	药
凉	尝	闯	钥 钥匙
粮	两 两个	厂	光
将 将来	姜	上	黄
枪	强	养	广
墙	香	痒	方
箱	乡	亮	房
详	羊	辆	狂
张	洋	创	王
长 长短	阳	唱	网
场	两	尚	放
装	奖	让	访
床	抢	向	忘
章	想	样	
商	像	勺 勺子	

江摄

窗	胖	捉	乐 音乐
双	撞	角	学
江	双	饺 饺子	握
讲	降 下降	壳	
港 港口	桌	岳 岳父	

曾摄

朋	等	特	乘
登	肯	刻$_{\text{时刻}}$	绳
灯	北	黑	升
疼	墨	冰	蝇
能	得	蒸	证
层	德	称$_{\text{称呼}}$	剩
胜$_{\text{胜败}}$	息	织	国
兴	媳	食	
逼	直	识	
力	色	极	

梗摄

盲	摘	赢	停
撑	责	饼	青
生	隔	领	星
甥	平	井	经
坑	鸣	请	形
行$_{\text{行为}}$	明	静	顶
猛	京	逞$_{\text{逞能}}$	挺
打	迎	整	醒
冷	英	颈	定
省$_{\text{省长}}$	境	并$_{\text{合并}}$	壁
杏	影	净	滴
硬	病	姓	踢

百	命	正	笛
拍	镜	积	敌
白	庆	惜	绩
拆	名	席	吃
宅	精	支	获
窄	睛眼睛	尺	划
格	清	适	兄
客	正正月	石	荣
吓吓,恐吓	声	拼	泳
争	成	瓶	
幸	盛盛满了	听听见,听话	
麦	轻轻重,年轻	厅	

通摄

东	独	六	拥
通	读	竹	勇
同	速	祝	缝一条缝
笼	哭	粥	纵放纵
聋	屋	叔	种种树
聪	冬	熟煮熟,熟悉	供供养,上供
葱	农	肉	共
工	松松紧	育	用
红	统	封	绿
懂	毒	峰	足

桶	风	浓	俗
动	疯	从 从容	烛
总	丰	松	束
冻	中 当中	钟 时钟	属
痛	虫	冲	褥
洞	穷	胸	曲 曲折，歌曲
弄	融	容	局
粽	梦	捧	玉
送	众	宠	狱
空 空缺	福	重 轻重	浴
木	服	种 种类	
秃	目	肿	

参考文献

(一)著作

鲍明炜主编:《江苏省志·方言志》,南京大学出版社 1998 年版。
北京大学中国语言文字系语言学教研室编:《汉语方音字汇》,语文出版社 2003 年版。
北京大学中国语言文学系语言学教研室编:《汉语方言词汇》,文字改革出版社 1964 年版。
[美]布龙菲尔德:《语言论》,袁家骅等译,商务印书馆 1980 年版。
曹剑芬:《现代语音基础知识》,人民教育出版社 1990 年版。
曹树基:《中国移民史》(第五卷),福建人民出版社 1997 年版。
曹志耘:《汉语方言地图集》,商务印书馆 2008 年版。
蔡华祥:《盐城方言研究》,商务印书馆 2011 年版。
朝阳镇志编纂委员会:《朝阳镇志》,方志出版社 2005 年版。
陈保亚:《20 世纪中国语言学方法论》,山东教育出版社 1999 年版。
陈彭年等编:《宋本广韵·永禄本韵镜》,江苏教育出版社 2002 年版。
陈松岑:《语言变异研究》,广东教育出版社 1999 年版。
陈章太、李行健:《普通话基础方言基本词汇集》,语文出版社 1996 年版。
丁邦新:《历史层次与方言研究》,上海教育出版社 2007 年版。
丁声树、李荣:《古今字音对照手册》,中华书局 1981 年版。
东海县地方志编纂委员会:《东海县志》,中华书局 1994 年版。
董同龢:《汉语音韵学》,中华书局 2001 年版。

风笑天：《现代社会调查方法》，华中科技大学出版社 2005 年版。
[瑞典]高本汉：《中国音韵学研究》，赵元任、罗常培、李方桂译，商务印书馆 1995 年版。
赣榆县县志编纂委员会：《赣榆县志》，中华书局 1997 年版。
葛剑雄：《简明中国移民史》，福建人民出版社 1993 年版。
葛剑雄、安介生：《四海同根——移民与中国传统文化》，山西人民出版社 2004 年版。
耿振生：《近代官话语音研究》，语文出版社 2007 年版。
顾黔：《通泰方言音韵研究》，南京大学出版社 2001 年版。
顾黔、石汝杰、史皓元：《汉语方言词汇调查手册》，中华书局 2006 年版。
灌南县地方志编纂委员会：《灌南县志》，江苏古籍出版社 1995 年版。
灌云县地方志编纂委员会：《灌云县志》，方志出版社 1999 年版。
韩沛玲：《山西方言音韵研究》，商务印书馆 2012 年版。
韩世泳：《海州方言》，银河出版社 2004 年版。
何九盈：《中国古代语言学史》，广东教育出版社 2000 年版。
侯精一：《现代汉语方言概论》，上海教育出版社 2002 年版。
侯精一、温端政：《山西方言调查研究报告》，山西高校联合出版社 1993 年版。
胡士云：《涟水方言研究》，商务印书馆 2011 年版。
连云港市地方志编纂委员会：《连云港市志》，方志出版社 2000 年版。
连云港市海州区地方志编纂委员会：《海州区志》，方志出版社 1999 年版。
连云区地方志编纂委员会：《连云区志》，方志出版社 1995 年版。
江苏省地方志编纂委员会：《江苏省志·方言志》，南京大学出版社 1998 年版。
江苏省地方志编纂委员会办公室：《江苏地名溯源》，方志出版社 2004 年版。
江苏省和上海市方言调查组：《江苏省和上海市方言概况》，江苏人民出版社 1980 年版。
江苏省灌云县地方志编纂委员会：《灌云县志》，方志出版社 1999 年版。
江苏省连云港市地方志编纂委员会：《连云港市志》，方志出版社 2000 年版。
李荣：《切韵音系》，科学出版社 1952 年版。
李荣：《音韵存稿》，商务印书馆 1982 年版。

李荣：《语文论衡》，商务印书馆 1985 年版。
李荣：《现代汉语方言大词典》，江苏教育出版社 2002 年版。
李如龙：《汉语方言的比较研究》，商务印书馆 2001 年版。
李如龙：《汉语方言学》，高等教育出版社 2001 年版。
连云港市地方志编纂委员会：《海州区志》，方志出版社 1999 年版。
林焘、王理嘉：《语音学教程》，北京大学出版社 1992 年版。
刘传贤：《赣榆方言志》，中华书局 2001 年版。
刘俐李：《江淮方言声调实验研究和折度分析》，巴蜀书社 2007 年版。
刘纶鑫：《客赣方言比较研究》，中国社会科学出版社 1999 年版。
刘晓南：《汉语音韵研究教程》，北京大学出版社 2007 年版。
罗常培、王均：《普通语音学纲要》，商务印书馆 2002 年版。
[美]罗杰瑞：《汉语概说》，张慧英译，语文出版社 1995 年版。
马静、吴永焕：《临沂方言志》，齐鲁书社 2003 年版。
南京师院方言调查组：《新海连人学习普通话手册》，江苏人民出版社 1959 年版。
钱乃荣：《当代吴语研究》，上海教育出版社 1992 年版。
钱曾怡：《汉语官话方言研究》，齐鲁书社 2010 年版。
钱曾怡等著：《潍坊方言志》，潍坊市新闻出版局 1992 年版。
侍建国：《历史语言学：方音比较与层次》，中国社会科学出版社 2011 年版。
邵燕梅：《郯城方言志》，齐鲁书社 2005 年版。
邵燕梅、刘长锋等：《沂南方言志》，齐鲁书社 2010 年版。
苏晓青：《东海方言研究》，新疆大学出版社 1997 年版。
苏晓青：《赣榆方言研究》，中华书局 2012 年版。
孙宜志：《安徽江淮官话语音研究》，黄山书社 2006 年版。
唐作藩：《音韵学教程》，北京大学出版社 1991 年版。
汪平：《方言平议》，华中科技大学出版社 2003 年版。
王力：《汉语语音史》，中华书局 1985 年版。
王福堂：《汉语方言语音的演变和层次》，语文出版社 1999 年版。
王洪君：《汉语非线性音系学》，北京大学出版社 1999 年版。
王理嘉：《音系学基础》，语文出版社 1991 年版。

项梦冰、曹晖:《汉语方言地理学——入门与实践》,中国文史出版社2005年版。
徐大明、陶红印、谢天蔚:《当代社会语言学》,中国社会科学出版社2004年版。
徐通锵:《历史语言学》,商务印书馆1991年版。
许宝华、宫田一郎主编:《汉语方言大词典》,中华书局1999年版。
袁家骅:《汉语方言概要》,语文出版社2001年版。
游汝杰:《汉语方言学导论》,上海教育出版社2002年版。
于克仁:《平度方言志》,语文出版社1992年版。
詹伯慧:《现代汉语方言》,湖北教育出版社1991年版。
詹伯慧:《汉语方言及方言调查》,湖北教育出版社2001年版。
张惠英:《崇明方言研究》,中国社会科学出版社2009年版。
张琨:《汉语音韵史论文集》,华中工学院出版社1987年版。
张琨:《汉语方音》,台湾学生书局1993年版。
张维佳、张琨:《演化与竞争——关中方言音韵结构的变迁》,陕西人民出版社2002年版。
赵元任:《语言问题》,商务印书馆1948年版。
张拱贵:《江苏人怎样学习普通话》,江苏教育出版社1956年版。
张世方:《北京官话语音研究》,北京语言大学出版社2010年版。
中国社会科学院语言研究所:《方言调查字表》,商务印书馆1981年版。
中国社会科学院和澳大利亚人文科学院合编:《中国语言地图集》,朗文出版(远东)有限公司1987年版。
周振鹤、游汝杰:《方言与中国文化》,上海人民出版社1997年版。
祝畹瑾:《社会语言学译文集》,北京大学出版社1985年版。
祝畹瑾:《社会语言学概论》,湖南教育出版社1992年版。
[美]史皓元、石汝杰、顾黔:《江淮官话与吴语边界的方言地理学研究》,上海教育出版社2006年版。

(二)论文

鲍明炜:《六十年来南京方音向普通话靠拢情况的考察》,载《鲍明炜语言学文集》,南京大学出版社1980年版。

鲍明炜：《南京方言历史演变初探》，载《语言研究集刊》1986年第1辑，江苏教育出版社。

鲍明炜：《江淮官话的特点》，载《南京大学学报》1993年第4期。

鲍明炜、颜景常：《苏北江淮话与北方话的分界》，载《方言》1985年第2期。

鲍明炜、颜景常：《江淮方言北沿的入声——兼论北方话消失过程》，载《语言研究集刊》1988年第2辑，江苏教育出版社。

曹志耘：《老枝新芽：中国地理语言学研究展望》，载《语言教学与研究》2002年第3期。

曹志耘：《地理语言学及其在中国的发展》，载《中国方言学报》2006年第1期，商务印书馆。

陈天白：《苏北人学习北京语音应该注意的几点》，载《江苏教育》1956年第Z2期。

陈忠敏：《有关历史层次分析法的几个问题》，载《汉语史学报》2005年第5辑，上海教育出版社。

崔艳蓉：《日照方言语音研究》，南京大学硕士学位论文，2005年。

丁邦新：《论官话方言研究中的几个问题》，载《史语所集刊》1987年第4期。

方环海：《清末江淮官话音系中的声母系统述论》，载《徐州师范大学学报（哲学社会科学版）》2005年第2期。

冯青青：《日照巨峰方言音系及其特点》，载《山东理工大学学报（社会科学版）》2014年第1期。

高志用、徐铁生：《对〈江苏人怎样学习北京语音〉的意见》，载《中国语文》1957年第3期。

宫钦第：《从知系跟精组的层次看胶东方言和〈中原音韵〉》，载《语言研究》2007年第3期。

宫钦第：《胶东方言曾梗通摄分混与历史地理之关系》，载《郑州航空工业管理学院学报（社会科学版）》2010年第3期。

贡贵训：《安徽淮河流域方言语音比较研究》，河北大学博士学位论文，2011年。

顾劲松：《苏北江淮官话古阴声韵字收m尾现象考察》，载《语言科学》2011年第4期。

顾黔:《论盐城方言咸山两摄舒声韵与阴声韵的关系》，载《徐州师范学院学报(哲社版)》1993年第1期。
郝红艳:《江淮官话入声韵的现状》，载《殷都学刊》2003年第1期。
贺巍:《汉语官话方言入声消失的成因》，载《中国语文》1995年第3期。
胡士云:《涟水方言同音字汇》，载《方言》1989年第2期。
蒋希文:《赣榆方言的韵母》，载《语言研究集刊》1988年第2辑，江苏教育出版社。
蒋希文:《赣榆方言的声母》，载《中国语文》1961年第9期。
李慧敏:《江淮官话的归属与特征研究概述》，载《安徽师范大学学报》2004年第5期。
李荣:《官话方言的分区》，载《方言》1985年第1期。
李竹君:《赣榆方言词语例释》，载《方言》1995年第1期。
刘家斌:《连云港方音与北京语音的比较》，载《连云港教育学院学报》1998年第4期。
刘祥柏:《江淮官话的分区(稿)》，载《方言》2007年第4期。
刘新中:《方言研究的方法》，载《学术交流》2005年第6期。
刘雪霞:《河南方言语音的演变与层次》，复旦大学博士学位论文，2006年。
刘勋宁:《一个中原官话中曾经存在过的语音层次》，载《语文研究》2005年第1期。
刘迎秋:《山东临沭方言的声、韵、调调查简况》，载《科技视界》2012年第5期。
刘泽民:《客赣方言历史层次研究》，上海师范大学博士学位论文，2004年。
鲁国尧:《通泰方言研究史脞述》，载《方言》2001年第4期。
鲁国尧:《泰州方音史与通泰方言史研究》，载《鲁国尧语言学论文集》，江苏教育出版社2003年版。
陆勤:《扬州方言研究综述》，载《南京师范大学文学院学报》2002年第4期。
逯全秀:《莒南方言语音研究》，山东大学硕士学位论文，2010年。
牟海霞:《日照方言调查报告》，陕西师范大学硕士学位论文，2010年。
潘悟云:《吴语的语音特征》，载《温州师专学报(社会科学版)》1986年第2期。
潘悟云:《历史层次分析的若干理论问题》，载《语言研究》2010年第2期。

乔全生：《晋语与官话非同步发展》，载《方言》2003年第3期。
乔全生、余跃龙：《文水方言百年来的元音高化》，载《山西大学学报(哲学社会科学版)》2009年第3期。
阮咏梅：《温岭方言中侯韵字读音的内部差异及其变化》，载《汉语学报》2012年第1期。
桑宇红：《知庄章声母在现代南方方言的读音类型》，载《河北师范大学学报(哲学社会科学版)》2008年第3期。
邵燕梅：《郯城方言研究》，苏州大学硕士学位论文，2005年。
石汝杰：《汉语方言中高元音的强摩擦倾向》，载《语言研究》1998年第1期。
石绍浪：《江淮官话入声研究》，北京语言大学博士学位论文，2007年。
石明远：《山东省莒县方言音系》，载《方言》1987年第3期。
时秀娟：《汉语方言元音格局的实验研究》，南开大学硕士学位论文，2005年。
苏晓青：《赣榆(青口)方言见组细音声母变化的探讨》，载《徐州师范学院学报》1985年第4期。
苏晓青：《赣榆(青口)方言的连读变调》，载《徐州师范学院学报》1988年第1期。
苏晓青：《海州方言同音字汇》，载《方言》1990年第2期。
苏晓青：《江苏省盐城方言的语音》，载《方言》1993年第2期。
苏晓青：《赣榆(青口)方言的音变》，载《连云港教育学院学报》1997年第4期。
苏晓青：《东海方言声韵与北京声韵的比较》，载《徐州师范学院学报》1997年第4期。
苏晓青：《江苏北部地区所见地方字拾零》，载《方言》1997年第4期。
苏晓青：《江苏省连云港地区语言地理学研究概要》，载《汉语现状与历史的研究——首届汉语语言学国际讨论会文集》，中国社会科学出版社1999年版。
苏晓青：《江苏东北部方言的语音变化——以声母系统为例》，载《第七届国际粤方言学术研讨会论文集》，商务印书馆2000年版。
苏晓青：《江苏东北部多方言交界地区入声的演变类型》，载《徐州师范学院学报》2011年第6期。
孙小花：《山西方言语音历史层次研究》，上海师范大学博士学位论文，2006年。

孙夫荣：《山东莒县方言语音研究》，山东师范大学硕士学位论文，2010年。

万连增：《赣榆方言深入研究的几点思考》，载《连云港师范高等专科学校学报》2007年第4期。

王海燕：《江苏北部中原官话和江淮官话的分界再论》，苏州大学博士学位论文，2007年。

王力：《现代汉语语音分析中的几个问题》，载《中国语文》1979年第4期。

王临惠：《文水方言的文白异读及历史层次分析》，天津师范大学硕士学位论文，2007年。

王世华：《扬州口语中的破读》，载《扬州师院学报(社会科学版)》1986年第1期。

王世华：《扬州话的声韵调》，载《方言》1992年第2期。

王世华：《扬州话知系声母三等韵字的读音》，载《语言研究集刊》，1995年第4辑，江苏教育出版社。

王晓军：《山东方言语音研究》，上海师范大学硕士学位论文，2004年。

王伟：《临沂(兰山)方言语音研究》，西北大学硕士学位论文，2009年。

王彦：《梁山方言音变研究》，山东大学博士学位论文，2005年。

吴必虎：《明初苏州向苏北的移民及其影响》，载《东南文化》1987年第2期。

吴波：《江淮官话语音研究》，复旦大学博士学位论文，2007年。

吴波：《江淮方言的边音韵尾》，载《语言研究》2007年第1期。

吴波：《中古精组及知见系声母在江淮官话中的塞化音变》，载《语文研究》2008年第3期。

伍巍：《江淮官话入声发展演变的轨迹》，载《中国方言学报》2006年第1期。

邢公畹：《安庆方言入声字的历史语音学研究》，载《中国语言学报》1984年第2期，商务印书馆。

徐越：《杭州方言语音的内部差异》，载《方言》2007年第1期。

荀海燕：《江苏方言音韵个案研究》，北京语言大学硕士学位论文，2006年。

颜景常、鲍明炜：《江淮方言北沿的入声——兼论北方话入声消失过程》，载《语言研究集刊》1988年第2辑。

[日]岩田礼：《汉语方言"祖父""外祖父"称谓的地理分布》，载《中国语文》1995

年第3期。

[日]岩田礼：《江苏连云港地区方言的语言地理学研究概要》，载《汉语现状与历史的研究——首届汉语语言学国际研讨会文集》，中国社会科学出版社1999年版。

[日]岩田礼：《矫枉过正在语音变化中的作用》，载《语言教学与研究》2004年第5期。

扬振国：《东台方言的类定与人口地理因素(上篇)》，载《盐城师专学报(社科版)》1991年第4期。

扬振国：《东台方言的类定与人口地理因素(下篇)》，《盐城师专学报(社科版)》1992年第4期。

游汝杰、周振鹤：《方言地理和历史行政地理的密切关系——以浙江方言分区为例》，载《复旦学报(社会科学版)》1984年第2期。

岳立静：《日照方言知庄章和精见端的读音类型》，载《方言》2005年第3期。

张军：《响水县方言音系比较研究》，南京师范大学硕士学位论文，2004年。

张拱贵：《江苏人怎样学习北京语音》，载《中国语文》1956年第6期。

张树铮：《从寿光方言看〈中原音韵〉的知庄章声母》，载《〈中原音韵〉新论》，北京大学出版社1991年版。

张树铮：《山东方言"日"母字研究》，载《方言历史探索》，内蒙古人民出版社1999年版。

章婷、朱晓农：《苏北连云港方言的三域声调系统——普通发声态与张声、嘎裂声》，载《方言》2012年第3期。

张亚婧：《淮安方言与普通话词汇的比较》，载《语文学刊》2012年第5期。

张燕来：《兰银官话语音研究》，北京语言大学博士学位论文，2003年。

赵学玲：《山东方言音韵研究》，北京大学博士学位论文，2008年。

赵元任：《南京音系》，载《科学》1929年第8期。

郑海萍：《滨阜方言的入声调研究》，载《常州工学院学报(社科版)》2006年第3期。

郑伟：《太湖片吴语音韵演变研究》，复旦大学博士学位论文，2008年。

郑伟：《探索不同材料所反映的汉语以母字的音变》，载《语言研究》2011年第

4期。
周梅：《徐州市区方言研究》，江苏大学硕士学位论文，2003年。
周琴：《泗洪方言语法研究》，南京师范大学博士学位论文，2007年。
周慎钦：《海洒话和江淮话的分界》，载《江淮官话研究论文集》1991年。
周振鹤：《中国历代移民大势及其对汉语方言地理的影响》，载《人文地理》1988年第1期。
周祖慰：《在苏北方言区试教语音编的几点经验》，载《语文学习》1956年第12期。
朱晓农：《汉语元音的高顶出位》，载《中国语文》2004年第5期。
朱晓农：《元音大转移和元音高化链移》，载《民族语文》2005年第1期。
[瑞典]B. Malmberge：《方言学与语言地理学》，黄长著译，载《语言学论丛》1997年第1辑。